메이지 문학사 明治文學史

일 본 학 총 서 01

메이지 문학사

明治文學史

가메이 히데오 亀井秀雄

김춘미 옮김

고려대학교출판부
KOREA UNIVERSITY PRESS

MEIJI BUNGAKU SHI

by Hideo Kamei

Originally published in Japanese by Iwanami Shoten, Publisher, Tokyo, 2000.

This Korean language edition published in 2006

by Korea University Press, Seoul

by arrangement with the author c/o Iwanami Shoten, Publishers, Tokyo

한국어판 서문

저는 1985년부터 1986년에 걸쳐 미국 코넬대학 대학원에서 일본의 근대적 문체의 형성에 관한 강의를 했습니다. 이 책은 귀국한 후 그 강의 요약문을 바탕으로 쓴 것입니다.

코넬대학은 아시아 관계도서가 잘 갖추어져 있었습니다. 특히 메이지明治 초기에 도쿄대학에서 화학교수를 역임했던 윌리엄 엘리엇 그리피스의 컬렉션이 있어서 많은 참고가 되었습니다. 저는 정규강의 외에 그리피스 컬렉션을 사용해 에도시대江戸時代 후기 문헌을 다루는 기초 방법을 강의하고, 히구치 이치요樋口一葉의 〈키재기たけくらべ〉 '진필真筆'판을 교재로 사용하여 붓글씨로 쓰인 가나문자 읽는 법을 강의하는 등 즐겁고 충실한 시간을 보냈습니다.

그러나 격심한 논쟁이 없었던 것은 아닙니다. 제 강의에는 코넬대학 교수뿐 아니라 미국 동해안의 대학 교수들도 참가했는데, 그중에는 "메이지 중반기의 일본어 개량론이나 일본어 통일론과 메이지 후기에 구어문으로 완성되는 문체변혁 시도는 모두 '언문일치'라는 기치 하에 진행되었으며 국민국가 창출을 위한 '국어' 제정이라는 정치과정에 휘말려들었던 것"이라고 생각하는 사람들이 있었기 때문입니다.

그렇지만 저는, 가나쓰기론이나 로마자 채용론 방향으로 나아갔던 일본어 개량론과 실제로 다양한 문체실험을 거듭하면서 문체의 '정전canon'이 교체되어 가는 과정 사이에는 큰 갭이 있다고 생각합니다. 그럼에도 불구하고 양자를 '언문일치' 운동이라는 단어로 묶어버리거나 국민국가 형성이라는 그랜드 내러티브로 회수해 버리면 오히려 많은 것을 놓쳐버리기 쉽습니다.

저는 그런 입장에서 강의를 진행했고 그것이 강의에 참가한 사람들을 짜증나게 한 모양입니다. 대학원생들이 토론할 시간이 없어질 정도로 집요하게 논쟁이 계속된 적도 있습니다.

그러한 논쟁 속에서, 그러면 근대문체의 실질적인 변화는 어떤 시점과 방법으로 읽어낼 수 있을 것인가? 일본어 문장의 '주체'란 무엇인가? 그러한 문제가 야기되었습니다. 본서의 제6장과 제7장은 그 과제에 답하기 위해 강의 도중에 새로 설정한 테마입니다.

지금 생각해 보면 위와 같은 경위 덕분에 저는 이 책에서 표현론과 문학론의 깊이를 더할 수 있었으며 그 논쟁에 끈기 있게 동참해주신 분들께 감사하고 있습니다. 또한 그 논쟁을 통해 저는 '국민국가'를 키워드로 하는 패러다

임으로 근대화를 재단하는 역사학에 의문을 느끼고, 이전보다 한층 더 내셔널 히스토리를 참조틀로 하는 문학사에 대해 비판적이 되었습니다. 그 틀로부터 자립한 문학사나 문체사가 가능할까? 그러한 모티브에서 본서는 집필되었습니다.

이 시도는 반드시 헛된 것만은 아니었던 것 같습니다. 재작년에 영국의 케임브리지대학이 새로 '일본문학사'를 낼 계획을 세워 영어권과 일본에서 공동집필 예정자가 모였습니다. 그때 사전에 참조해야 할 문헌으로 데이비드 퍼킨스David Perkins의 "Is Literary History Possible?" 등과 함께 제 문학사 구상도 거론되어 있었습니다.

본서에는 위와 같은 많은 추억이 담겨 있으며 제게는 소중한 저서입니다. 그 저서를 이번에 고려대학교의 김춘미 교수님과 그 제자분들이 공동으로 번역해 주시게 되었습니다. 더 없는 영광스러운 일로 진심으로 감사하고 있습니다.

이 번역서를 한국의 독자들은 어떻게 읽을까? 그것은 저의 예측을 넘어선 일이며 또한 제가 미리 방향 짓는 것은 삼가야 할 것입니다. 그러한 사실을 충분히 알고는 있지만, 다만 한 가지 말씀드리고 싶은 점은, 본서가 앞서 언급한 다이얼로그를 바탕으로 씌어졌다는 사실입니다. 그 점을 고려해서 여러분도 다이얼로직하게 읽어주시길 바랍니다. 내셔널 히스토리를 참조

틀로 하지 않는 문학사나 문체사가 과연 가능한가? 이 서문을 읽고 본서를 읽고 그러한 의문을 핵으로 학문으로서의 문학사는 가능한가? 애초에 문학사란 무엇인가? 그러한 식으로 관심이 확대되어 가는 하나의 단초가 된다면 가메이 히데오로서는 더없는 기쁨이 될 것입니다.

2006년 11월

가메이 히데오

역자 서문

이 책은 가메이 히데오亀井秀雄 선생이 1995년 가을학기에 코넬대학에서 근대적 문체 형성을 중심으로 강의한 일본근대문학사를 정리한 것이다. 출판하면서 14회의 강의를 12장으로 정리한 것은 저자 후기에도 있듯이 수업의 뉘앙스를 그대로 남기면서 일본에서도 충분히 통용하는 메이지문학사를 만들기 위해서이다. 코넬대학에서 가메이 선생의 수업에 들어온 학생(?) 가운데는 도머스 라마 맥길 대학 교수를 비롯해 사카이 나오키酒井直樹 코넬대 교수, 나리타 류이치成田龍一 일본여자대학 교수 등 우리에게 친숙한 학자들 이름이 보인다.

일본의 지성을 대표하는 석학이며, 솟구치는 학문적 열정으로 끊임없이 새로운 시각으로 일본문학 연구에 진력하고 계시는, 그러면서도 한없이 겸손한 가메이 선생님을 늘 흠모하고는 있었지만, 선생님의 책이 교재로는 다소 난해한 느낌이 있어 주저하다가 본교에 강연하러 와 주신 것을 계기로 《메이지 문학사》를 2002년 고려대학교 일어일문학과 학부와 대학원 수업에서 교재로 사용해 보았다.

《메이지 문학사》는 연대기식으로 쓰인 기존의 문학사와는 달리, 문학사 기술의 새로운 발상과 가능성을 제시한 연구서이다. 일방적인 스토리 라인이 형성될 것을 우려하는 저자의 사고틀은 일본 메이지 시대의 소설과 문체에 독자와 작가, 자연, 문체, 서사 구조 등이 어떻게 서로 관련되면서 변화해 갔는지를 구체적인 작품을 통해 입체적으로 검토해 가는 방식을 취하게 만들고 있다. 따라서 기존의 일본근대문학사에 대한 기초적인 지식이 없는 학생들에게는 다소 난해하여 혼란스러울 수도 있지 않을까하는 우려도 있었지만, 대부분의 학생들은 일본의 근대문학을 단선적으로 이해하는 데서 벗어나 그것을 생산해 낸 생산자로서의 일본사회의 다양한 측면을 입체적으로 조명하는 저자의 사고의 궤적을 쫓아가는 데 지적 호기심이 유발되었던 것 같다. 기존의 단선적인 일본문학사에 만족하지 못하고 있던 학생들은 새로운 시각에서 일본문학을 바라볼 수 있는 가능성이 열린 것 자체가 매우 유익하고 흥미로웠던 것 같았다. 특히 "지구의 표면을 논하는 것으로 해륙海陸의 위치, 대소고저심천유동大小高低深浅流動 및 일체의 성질"이라고 지문학을 정의하며 그것을 문학의 영역에 끌어들여 그 계보를 논한다든가, 독자적인 생활·문화적인 공간으로서의 '교외'의 형성과정이나 그 계보를 구체적이고 생생한 예문을 들어 논하는 부분 등은 학생들에게 다른 문학사에서는 맛볼 수 없는 즐거움을 제공했던 것으로 생각된다. 〈이야기 속의 문학사〉 부분의 시마자키 도손의 〈봄〉에 대한 조명이나 다야마 가타이의 〈시골 교사〉 연표 등은 학생들에게 작품분석을 위한 하나의 길잡이가 되지 않을까 한다. 특히 저자가 강의와 토론내용을 정리하면서 그 느낌을 그대로 살리고자 대화체를 사용했기 때문에 학생들은 저자에게 직접 강의를 듣는 것 같은 현장감을 느꼈다고 할 수 있다.

이와 같은 본서의 문학사 기술의 참신한 발상과 방법, 다양한 시각에 의한 문학작품 생성의 현장검토, 그리고 평이한 이야기체 문체의 매력은 학생들에게 이 책을 번역하고 싶다는 마음과 다른 학도들에게도 소개하고 싶다는 필요성을 갖게 하였고, 수업이 끝난 후인 2003년 초부터 지도학생들의 자발적인 의지와 동참에 의해 정기적으로 모여 연구회 형식으로 번역작업이 시작되었다. 수업시간에 사용한 교재를 학생들이 자발적으로 번역하겠다고 나서는 일은 극히 드문 일로, 원저의 학문적 성취도의 높이와 표현의 탁월함이 돋보이는 저서이기에 비로소 가능한 일이라 하겠다.

그러나 본서가 다루고 있는 메이지시대의 문학은 고전문학의 전통 · 관습과 근대문학적 요소가 혼재되어 있던 시기의 문학으로, 표기법과 어휘에 일관성이 없는 데다가 일본고유의 표기법의 다양함을 다루는 내용이 많아, 일본문학에 대한 기초지식이 별로 없는 일본문학 전공 학부생 정도도 읽을 수 있도록 개념어를 쉽고 정확히 옮길 것을 전제로 하고 번역에 임했기 때문에 번역작업은 많은 노력과 시간을 요하게 되었다.

또한 직접 강의를 듣는 것 같은 현장감을 살린 대화체로 되어 있는 원작의 분위기를 가능한 한 그대로 전달할 수 있게 표현을 고르는 데도 많은 고심을 하였다. 이러한 사정으로 번역에 착수한 지 3년이 지나서야 이 책이 출판을 보게 된 것은 번역의 노고와 고심을 짐작케 하는 부분이다.

강의를 듣는 학생의 입장에서, 새로운 지식을 흡수하는 기쁨을 나누고 싶어서 시작한 번역작업이 드디어 탐스러운 결실을 맺게 된 것을 기쁘게 생각한다. 이 자리를 빌려 오랫동안 끈기 있게 묵묵히 번역에 참가해온 학생들 — 송혜경, 박선양, 신주혜, 박현주, 이현진, 채숙향, 임다함, 정수진, 성혜숙, 곽동곤, 신혜원, 이정욱, 김효순 — 의 노고에 감사드립니다. 특히 전체적 틀과 용어의 통일, 주석과 색인 작업을 총괄한 김효순 박사와 박선양 박사, 그리고 송혜경 예비 박사의 노고에 감사드립니다.

또한 끝까지 저희를 믿고 번역을 허락해 주셨을 뿐 아니라 오랫동안 번역이 지체되었는데도 말없이 기다려 주신 가메이 히데오 선생께도 진심으로 감사드립니다. 아울러 이 책이 번역될 수 있도록 가교역할을 해주신 와타나베 나오키渡辺直己 무사시 대학 교수님께도 감사드립니다.

더구나 본서의 한국어판이 일본학연구센터의 연구총서로 발간되게 된 것을 더없이 기쁘게 생각합니다.

본서가 한국 내 일본학 연구에 지적 자극을 주고 나아가 국내연구자와 학생들에게 일본문학연구의 소중한 자료로 활용되기를 바라는 바입니다.

2006년 11월
김춘미

차례

메이지 문학사
明治文學史

제1장

텍스트·생산 시스템의 문학사

지금부터 저는 12회에 걸쳐, 일본 메이지 시대明治時代(1868-1912)의 소설과 문체에 대해 독자와 작가, 자연, 문체, 서사物語 구조 등이 어떻게 서로 관련되면서 변화해 갔는지를 구체적인 작품으로 보면서 여러분과 함께 검토해 갈 것입니다.

우선 한두 가지 양해를 구해 두자면, 제가 의도하는 것은 변화를 계보적系譜的으로 살펴보는 것이지, 근대문학의 탄생과 근대적 문체의 형성을 연표적年表的으로 훑어보는 것은 아니라는 점입니다. 연표적으로 '탄생'과 '형성'을 파악하는 시점을 취하게 되면 아무래도 일방적인 스토리 라인을 만들게 될 가능성이 많기 때문입니다.

'탄생'이라는 시점을 취하게 되면, 예를 들어 '근대문학'의 탄생에 중대한 역할을 한 것을 탄생 조건으로 다루게 되어 작품의 전사前史pre-history로 밀쳐버리게 됩니다. 그렇게 해서 새롭게 탄생한 것의 계승이나 전개, 발전이라고 생각되는 작품을 연표적으로 정리해서 그 흐름을 중심으로 스토리를 만들게 됩니다. 이러한 경향은 '형성'이라는 시점을 취할 경우에도 마찬가지입니다.

저는 여기에서는 그렇게 되는 것을 피하기 위해 몇 개의 항목을 설정하여 그 계보를 찾아내고, 그들 다양한 계보가 동시적 · 병행적으로 존재하면서 상호 영향을 주고받던 양상을 파악하는 방식을 취하고자 합니다. 다양한 계보가 풍부하게 혼재되어 있는 문학사를 실감하길 바라기 때문입니다. 또한 이러한 입장에서 보면 개개의 문학 텍스트가 각각 다양한 계보의 교차점을 이루고 있는 그 풍요로움을 제 나름대로 재구성할 수 있게 되리라 기대하기 때문이기도 합니다.

한 가지 더 말해 두고 싶은 것은, 제가 지금 '독자와 작가', '자연', '문체', '서술 구조'라는 말을 썼습니다만, 반드시 독자나 작가, 자연을 문학 텍스트 외부에 있는 것으로 생각하는 것은 아니라는 점입니다.

상식적으로 생각해보면 어떤 문학 텍스트가 출현하기 위해서는 그에 앞서 작가가 존재해야겠지요. 그 작가가 자연을 묘사하고 인물을 형상화함으로써 비로소 문학 텍스트가 태어나는 것은 분명합니다. 그것이 종래의 사고방식이었습니다. 그러나 최근에는 일본에서도 그렇게 쓰인 텍스트는 소위 '문학'의 소재일 뿐 그것을 '문학'으로서 실현시키는 것은 어디까지나 독자라고 생각하게 되었습니다. 그런 의미에서는 독자의 읽는 행위야말로 '문학'을 낳는 것으로, 제 자신 그러한 생각에 반대하는 것은 아닙니다. 《고바야시 히데오론小林秀雄論》(1972, 하나와쇼보塙書房)을 집필할 무렵부터 작가는 문학 텍스트의 **원인**이라기보다는 오히려 문학 텍스트의 **결과**, 즉 독자의 읽는 행위를 통해 만들어지는 상像으로 봐야 한다는 입장에서 문학연구를 계속해 왔기 때문입니다.

그러나 그와 같은 견해든 최근의 견해든 모두 독자가 문학 텍스트 외부에 존재한다는 전제에 입각하고 있다는 사실에는 변함이 없습니다.

아마 이 전제를 전면적으로 부정할 수는 없을 것입니다. 그러나 '나'라는 독자 또한 문학 텍스트를 읽는 행위에 의해 만들어진 존재라는 점, 이 또한 경험적으로 인정하지 않을 수 없으며 논리적으로도 부정할 수 없는 사실임에 틀림없습니다. 그렇다면, 문학 텍스트 그 자체 속에 독자를 만들어 내는 장치가 내재되어 있을 것입니다. 그러면 그 장치는 역사적으로 어떻게 변해 왔을까요? 그러한 문제의식도 포함하여, 저는 여기서 텍스트 생산의 시스템이라는 관점뿐만 아니라 텍스트의 생산 시스템이라는 관점에서도 문학 텍스트의 변천을 짚어 나가고 싶습니다. 이것은 앞에서 언급한 다양한 계보를 찾아내기 위해서라도 반드시 필요한 시점이라고 생각합니다.

텍스트 생산이라는 말에서 여러분은 어쩌면 상호텍스트성Inter-textuality의 방법을 떠올릴지도 모릅니다. 말할 필요도 없이 이 방법은 어떤 하나의 언어 텍스트를 그에 앞서는 텍스트 인용의 직물織物로 파악하고 그 의존관계 혹은 비평관계를 밝히려는 것입니다. 물론 이 방법의 출현과 작가의 존재를 자명한 전제로 여기던 작가론적인 연구의 쇠퇴는 관계가 있습니다. 특히 이 방법이 이룬 성과는 선행텍스트Pre text를 소위 문학작품에 한정하지 않고 매스 미디어나 일상적 회화로까지 확대시키고, 그런 의미에서 매스 미디어나 일상 회화, 더 나아가서는 다양한 정보가 모여서 이루어진 도시공간까지도

텍스트로 파악할 수 있게 된 점입니다. 이에 의해 문학 텍스트 연구에 새로운 사회학적 또는 문화사적인 방법이 개척되어, 현재 고노 겐스케紅野謙介 씨의 《서적의 근대書物の近代》(1992, 치쿠마쇼보筑摩書房)와 다니가와 게이이치谷川恵一 씨의 《말의 행방言葉のゆくえ》(1993, 헤이본샤平凡社)과 같은 매력적인 업적이 나와 있습니다.

다만, 실제로 연구해 보면 알 수 있겠지만 이 방법도 자의적인 해석에 빠질 위험이 있습니다. 텍스트 간의 유사점을 찾아서 작가의 의도나 그 시대 독자의 이해방식을 다루게 될 경우, 추측에 머물 가능성이 많기 때문입니다. 그것을 피하려고 하면 이번에는 그 시대의 사회 상황과 문화 상황에 관한 포괄적인 역사 이야기historical story line 속에 작품을 위치 짓고 상황론적인 관점에서 과잉된 의미를 부여하게 됩니다.

문학 텍스트에서의 '본문' 문제

저는 상호텍스트성의 방법에 꼭 부정적인 것만은 아니며, 오히려 큰 가능성을 인정하는 입장입니다. 그렇기 때문에 지금 말한 문제를 극복할 하나의 시도로 여기서는 텍스트 생산이라는 문제를 글자 그대로 문학 텍스트의 인쇄, 출판, 유통 과정 속에서 파악하려고 합니다. 그것은 어떤 것일까요? 이야기가 추상적이 되지 않도록, 구체적인 예로 산유테이 엔초三遊亭円朝(1839-1900)[1]의 〈괴담모란등롱怪談牧丹灯籠〉(1884년 7월-12월, 도쿄 하이시

1 산유테이 엔초三遊亭円朝 : 1839-1900, 인정이나 세태를 전하는 데 능한 낙어가落語家. 〈시오바라 다스케塩原多助〉, 〈괴담모란등롱牡丹灯籠〉 등의 저작이 있다.

출판사東京 稗史出版社)을 들어 보기로 하겠습니다. 이것은 문학사적으로는 근대문학의 문체인 '언문일치체'의 선구적 작품으로 여겨지는 것으로, 그러한 점에서도 가장 먼저 예로 들기에 적당한 텍스트라고 생각합니다.

이것은 막부 시대幕府時代[2] 말에서 메이지 시대〔明治時代, 1868-1912〕에 걸쳐 활약한 유명한 만담가, 산유테이 엔초가 만담 무대에서 읊은 만담을 속기사인 와카바야시 간조若林玵藏와 사카이 쇼죠酒井昇造 두 사람이 속기를 맡아 도쿄 하이시출판사東京稗史出版社에서 중형본中型本의 전 13권 분책分冊 형식으로 출판한 것입니다. 현재 그 초판본을 손에 넣기는 극히 어렵지만, 그 대신 우리는 다음과 같은 세 가지 형태로 읽을 수 있습니다. 다만 그 세 가지 텍스트의 '본문'에는 미묘한 차이가 있기 때문에 우선 각 텍스트의 첫머리 부분을 소개해 보겠습니다.

> A – 제1회
> 흉한 만취하여 싸움을 걸다.兇漢泥酔挑争闘
> 장사 분노하여 화의 근원을 만들어 내다.壮士忿怒醸禍本
>
> 1743 간보寛保 3년 4월 11일 아직 도쿄東京를 에도江戸라 부르던 시절, 유시마텐신사湯島天神の社에서 쇼토쿠 태자聖徳太子의 제례를 거행挙行하였습니다. 그때 무척 많은大層 참배객이 몰려나와 혼잡이 극에 달했습니다. 그런데 혼고3번지本郷三丁目에 후지무라야신베에藤村屋新兵衛라는 도검상刀剣商이 있었습니다. 그 가게 앞店頭에 좋은 칼善美上等이 진열되어陳列 있는 것을 지나가던通行 한 사무라이가 나이年齢는 스물 한두 살쯤 되어 보이는데 — (1965년 6월, 치쿠마쇼보, 메이지 문학전집明治文学全集《산유테이엔초집三遊亭円朝集》도쿄

2 막부 시대 : 도쿠가와 이에야스徳川家康가 1603년 에도江戸에 연 막부幕府를 가리키는 말로 1867년까지 15대 265년간 지속되었다.

하이시출판사의 초판본을 저본으로 함. 1969년 12월, 고단사講談社, 일본현대문학전집日本現代文学全集 1 《메이지 문학집明治文学集》도 같음)

B (소제목은 A와 같음)

1743 간보寛保 3년 4월 11일 아직 도쿄東京를 에도江戸라 부르던 시절, 유시마텐신사湯島天神の社에서 쇼토쿠 태자聖徳太子의 제례를 거행いたし하였습니다. 그때 굉장한たいそう 참배객이 몰려나와 혼잡이 극에 달했습니다. 그런데 혼고 3번지本郷三丁目에 후지무라야신베에藤村屋新兵衛라는 도검상刀剣商이 있었습니다. 그 가게 앞店先에 좋은 상품よき商品이 늘어서ならべて 있는 것을 지나가던とおりかかりました 한 사무라이가 나이年の頃는 스물 한 두 살쯤 되어 보이는데 — (1967년 8월, 치쿠마쇼보, 《엔초괴담집円朝怪談集》)

C (소제목은 삭제)

1743 간보寛保 3년 4월 11일 아직 도쿄東京를 에도江戸라 부르던 시절, 유시마텐신사湯島天神の社에서 쇼토쿠 태자聖徳太子의 제례를 거행致しまして하였습니다. 그때 무척 많은大層 참배객이 몰려 나와 혼잡이 극에 달했습니다. 그런데 혼고 3번지本郷三丁目에 후지무라야신베에藤村屋新兵衛라는 도검상刀屋이 있었습니다. 그 가게 앞店先에 좋은 물건よい代物이 늘어져列べて 있는 것을 지나가던通りかかりました 한 사무라이가 나이年の頃는 스물 한 두 살쯤 되어 보이는데 — (1960년 6월, 이와나미문고岩波文庫, 《괴담모란등롱怪談牧丹灯籠》)

비교해 보면 한자의 표기가 상당히 다르며 덧말 가나仮名 사용에 있어서도 일부 차이가 보입니다. 그러나 음독을 하면 완전히 같은 문장임을 알 수 있습니다. 결국 이 세 종류의 문장의 동일성은 음독하는 소리에 의해 보증되고 있는데 이는 엔초가 실제로 구연한 것을 속기한 것이니까, 오히려 그렇지 않은 것이 이상한 것입니다. 다만 이와 함께 우리들은 다음 사항을 알아둘 필요가 있습니다. 그것은 이 이야기의 본문은 오히려 덧말 쪽에 있다는 점입니다. 보통 우리는 한자와 가나가 섞인 문장에서 덧말이 있는 문장을 접하게 되면, 한자와 가나 혼용문을 본문으로 취급하고, 덧말은 그 한자를 읽는 방법을 표시하기 위해 편의적으로 붙인 보조적인 문자라고 이해합니다. 그러나 이 이야기의 경우는 덧말이 본문이고 한자는 이른바 덧말에 해당하는, 아테지宛字[3]라 할 수 있습니다.

이 한자의 아테지는 엔초가 붙였다고 생각해도 되겠지만, 속기사인 와카바야시 간조와 사카이 쇼죠가 문장화할 때 대응시킨 것이라고 생각하는 것이 실제 정황상 합당합니다. 사카이 쇼죠의 회상 〈일본 속기 대가 경력담日本速記大家経歴談〉(1911년 11월, 《일본속기잡지日本速記雑誌》)에 의하면, 그들이 문장화한 것을 《우편통지신문郵便報知新聞》 기자가 첨삭을 부탁했다고 합니다. 만일 그랬다면, 이것은 극히 중요한 사항이라고 생각합니다. 즉, 이 문장은 엔초를 포함한 4명이 쓴 셈이 되는 것입니다. 그런 의미에서 우리가 보는 문장은 결코 한 사람이 쓴 것은 아닙니다.

이것을 다른 관점에서 보면, 같은 말을 다른 한자로 표기한다는 것은 그 말에 해석을 가하는 셈이 되는 것입니다. A의 텍스트 생산자들은, 예를 들어, "올렸습니다いたしまして"를 "집행했습니다執行まして"로 해석하고, "좋은 상품よきしろもの"을 "선미상품善美商品"으로 해석하며, "늘어서ならべて"를 "진열되어陳列て"라고 해석하고 있습니다. 그러나 B와 C에서는 각각 다른 표기를 하여 엔초의 말에 대한 이해가 미묘하게 다르다는 사실을 보여주

3 아테지 : ① 한자의 음이나 훈과는 관계없이, 뜻이 비슷하여 어떤 말을 두 자 이상의 한자로 표기한 것. ② 한자가 갖는 본래의 뜻과는 관계없이, 그 음이나 훈을 빌려서 어떤 말을 표기하는 한자.

고 있습니다. 그리고 이 차이에서 우리는 독자의 식자識字literacy에 관한 편집자의 인식을 읽어 낼 수 있습니다. A는 도쿄 하이시출판사의 초판본을 저본으로 삼고 있는데, 이는 메이지 문학 연구자에게 자료적 가치가 된다는 사실을 배려했기 때문이라 생각되며, B와 C는 그보다 오히려 쇼와昭和(1926-1989) 30년대, 40년대의 독자의 식자를 고려한 결과라 생각합니다. 이러한 점에서 보면 편집자가 상정하는 독자층 또한 텍스트 생산에 참여한다고 할 수 있을 것입니다.

이러한 텍스트 생산이 알파벳을 사용하는 다른 나라에서도 가능할까요? 저의 부족한 지식으로는, 19세기 영어권의 수사학 서적 중 하나인 쿼켄보스 G. P. Quackenbos의 *Advanced Course of Composition and Rhetoric*(1854)에 현재도 여전히 구두점 찍기를 식자공Printer에게 일임하는 필자가 있다는 지적이 있었음을 기억하고 있습니다. 설마 모두가 그렇게 한 것은 아니겠지만, 당시 아직 그러한 상황이 남아 있었다고 한다면 독자는 식자공의 해석을 거친 작품을 보게 되는 셈입니다. 왜냐하면, 구두점을 어디에 찍는가 하는 것은 일정한 약속이 있다고 해도 내용에 대한 이해나 해석 없이는 불가능하기 때문입니다. 이러한 문제는 구두점을 거의 찍지 않고 원고를 쓴 히구치 이치요樋口一葉(1872-1896)[4]의 텍스트의 경우와도 관련이 있습니다만, 그것은 나중에 거론하겠습니다. 어쨌든 이상에서 언급한 복잡한 텍스트 생산의 양식은 일본처럼 한자와 가나 혼용문을 기본으로 하고 덧말을 붙인다는 독특한

4 히구치 이치요樋口一葉 : 1872-1896, 소설가. 나카지마 우타코中島歌子에게 와카和歌를, 나카라이 도스이半井桃水에게 소설을 사사받았으며, 소설로 〈키재기たけくらべ〉, 〈니고리에にごりえ〉, 〈쥬산야十三夜〉 등이 있고 그 외에 일기를 많이 남겼다.

문장표기 방법에서 유래하는 면이 크다고 할 수 있을 것입니다.

또한 덧말도 당시에는 현재와 다른 기능을 갖고 있었습니다. 현재는 한자의 규범적인 훈독을 나타낼 때 덧말을 사용하게 되어 있습니다. 물론 당시에도 그런 방법을 취하는 경우가 있었지만 그 외에도, 예를 들면 "언행이 표리한 놈言行表裏奴"이라는 표현이 〈괴담모란등롱〉에 나오는데, 이것은 심층적인 의미를 나타낸 것이라 할 수 있을지도 모르겠습니다. "말만큼 대단하지는 않다くちほどでもない"는 말은 본인이 자랑하는 만큼 실력이 안 되는 경우에 그 인간을 경멸하는 말입니다. 그에 대해 말과 행동이 표리부동한 교활한 놈이라는 의미의 한자 숙어를 대응시키는 것은, 그것이 텍스트의 문맥에 맞춘 심층적인 해석에 근거한, 이른바 일회적으로 발화되는 말과 한자와의 대응이기 때문입니다. 이 텍스트를 벗어나 "말만큼 대단하지는 않다"와 "언행이 표리한 놈"의 결부를 규범화시킬 수는 없습니다. 쓰보우치 쇼요坪内逍遥(1859-1935)[5]의 《당세서생기질当世書生気質》(1885년 6월-1886년 1월, 반세이도晩青堂)의 〈서문〉에는, "영국英(イギリス)의 크레이크옹句レイク翁George Lillie Craik(1798-1866), 앨리번옹亜リボン翁Samuel Austin Allibone(1816-1869) 등은 비평가(트집쟁이) 批評家(あなさがし)의 태두(우두머리)尤物株(おやだまかぶ)이다. — 서생세계書生社界(しょせいしゃくわい)의 시비(헛점) 是非(あな)를 비평하고(찾아) 批評し(さがし)—"와 같은 재미있는 덧말 사용이 보입니다. 비평가를 "트집쟁이"로 읽은 것은 상대방의 핵심을 매우 예리하게 파악한 표현으로, 쓰보우치 쇼요는 이 덧말로 비평가 그 자체를 비평하고 있음을 알 수 있습니다.

---

5 쓰보우치 쇼요坪内逍遥 : 1859-1935, 소설가, 극작가, 평론가, 와세다 대학 교수. 문학론 《소설신수小説神髄》와 소설 〈당세서생기질当世書生気質〉로 문학개량운동과 연극개량운동에 힘썼다.

그뿐만 아니라, 〈괴담모란등롱〉과 마찬가지로 회화 속의 단어에 독특한 한자를 대응시켜 놓음으로써, 독자에게 미리 일정한 정보를 제공해 두는 방법도 보입니다. 예를 들면 도쿠토미 로카德富盧花(1868-1927)[6]의 《두견새不如帰》(1900년 1월, 민우사民友社)는 대중적인 인기를 얻은 소설로 다케오武男와 나미코浪子라는 젊은 부부의 대화에 "여보良人(あなた), 편지가", "아, 아버님乃舅(あとつたん)이시군"이라는 대사가 나옵니다. 이 "아버님"은 다케오의 아버지와 나미코의 아버지 둘 중 어떤 의미로 봐도 되는 단어인데, "乃舅"라는 한자를 씀으로써 이것은 나미코의 아버지이며 다케오에게는 장인이 됨을 알 수 있습니다. 또한 야마키山木와 치지와千千岩라는 두 남자의 대화에 "어쨌든 상대방競争者(あひて)이 시종 운동을 하고 있어서"라는 말이 나와 있어, 이 '상대'가 그들의 '경쟁자'임을 독자에게 미리 알리는 장치가 되고 있습니다.

그 "운동"이라는 것은 유력자에게 "위쪽이 과자고 아래쪽이 흰 것銀貨(しろいの)"인 과자 상자 뇌물을 보내는 것인데, "銀貨(흰 것)"라는 표현에 의해 두 사람 사이에서 "흰 것"은 은화의 은어임을 알 수 있습니다. 〈괴담모란등롱〉의 한자와 덧말 사용법은, 이와 같은 형태로 이야기의 방법에 흡수되어 갔다고 할 수 있을 것입니다.

이상과 같이 〈괴담모란등롱〉의 표현법을 파악하다 보면 한 가지 의문이 생깁니다. 그것은 언문일치란 도대체 어떤 운동이었을까 하는 것입니다. 지금까지 일반적으로 언문일치운동이란 한자 학습의 부담을 줄이고 동시

---

6 도쿠토미 로카德富盧花 : 1868-1927, 소설가. 대표작은 〈불여귀不如帰〉, 〈자연과 인생自然と人生〉이 있으며, 톨스토이에 심취하여 사회적 시야를 갖는 작품을 썼다.

에 가능한 한 일상적인 말에 문장을 대응시킴으로써, 유통성이 높은 표준적인 문체를 만들어 내는 운동이라고 이해되어 왔습니다. 분명히 당시의 언문일치운동가의 주장은 그렇게 해석할 수 있는 면이 있습니다. 〈괴담모란등롱〉은 속기 방법으로 엔초가 들려주는 괴담을 옮겨 재현한 글이기 때문에, 그런 점에서는 그들의 주장에 부합된다고 할 수도 있을 것입니다.

그러나 실제 문장을 보면 알듯이, 이는 독자에게 상당히 높은 한자 해독능력을 요구하는 글이었다고 할 수 있습니다. 좀더 명확하게 하기 위해, A의 텍스트에서 특수한 덧말만 남기고 다른 것들은 삭제하여 인용해 보겠습니다.

> 이리하여 메시시마 헤이타로飯島平太郎 님은 연세 스물둘에 흉한을 참살하고 미동도 하지 않는 호방한 담력을 지니셨으니, 연세를 더하심에 따라 점점 더 지혜를 갖추게 되었습니다만, 그 후 부친을 여의시고 헤이타로 님은 집가문을 상속받으시고 부친의 호적도 이어받아 헤이자에몽平左衛門으로 개명하고 스이도바시水道端에서 미야케 가문 장군가 직속 무사인 미야케 가문의 따님을 아내로 맞이하시어 얼마 후 낳으신 따님을 오쓰유님お露様이라 이름 지었는데, 대단한 절색이라 부모는 금이야 옥이야 애지중지하였는바 그 후에는 아이가 생기지 않아 세상에 둘도 없는 무남독녀 외동딸로 더욱더 애지중지 키우는 가운데, 세월은 유수같이 흘러 어느덧 따님은 열여섯의 봄을 맞이하시고 집안도 점점 더 번창하였습니다만, 달도 차면 기우는 법, 부인이 갑작스레 병을 얻어 결국은 다시는 돌아올 수 없는 길을 가시고 만 것을 —

에도 시대의 대중적인 읽을거리였던 닌죠본人情本[7]이나 기뵤시黄表紙[8]에

7 닌죠본人情本 : 19세기에 유행한 에도 서민의 연애생활을 그린 풍속소설이며 대표작가로는 다메나가 슌스이為永春水가 있다.

8 기뵤시黄表紙 : 에도 시대 구사조시草双紙의 일종으로 18세기 말에서 19세기 초에 걸쳐 유행한 노란 표지의 책. 유머와 풍자를 섞은 내용으로 어른을 대상으로 하는 읽을거리

는 이렇게 많은 한자 숙어는 나오지 않습니다. 문체는 분명히 대화체이지만, 한자 면에서 보면, 이것은 당시의 지식인을 독자로 상정했던 글로 봐도 될 것입니다. 속기사인 와카바야시 간조와 사카이 쇼죠, 어쩌면 《우편통지신문郵便報知新聞》의 기자는 지식인층 독자들에게도 평가받으려는 의도로 글을 썼던 것은 아닐까요?

물론 〈괴담모란등롱〉 그 자체가 반드시 언문일치를 꾀했다고는 할 수 없으며, 우연히 결과적으로 언문일치 실천가에게 힌트를 주는 문장을 낳은 것이기 때문에, 언문일치의 예로 드는 것은 타당하지 않을지도 모릅니다. 그렇다면, 후타바테이 시메이二葉亭四迷(1864-1909)[9]가 〈괴담모란등롱〉을 참고로 언문일치를 실험했다고 하는 〈뜬구름浮雲〉(제1편, 1867년 6월, 긴코도金港堂)의 경우는 어떠했을까요?

> 월신月神의 힘을 헤아릴 수 없어 단운일편斷雲一片의 그늘도 없는 창공 가득 비치는 청광소색清光素色이 단지 정정교교亭々皎々하여 찌르면 물방울이라도 떨어질듯, 처음에는 이웃집 사이에 놓인 대나무 울타리에 가려졌다가 마당을 가운데쯤부터 기어들기 시작하고 그 다음에는 툇마루 쪽으로 기어올라 방안까지 기어들어서 피분재稗蒔의 물에 흘러서는 금빛 잔물결金瀲灩, 파리로 된 풍경簷馬の玻璃을 통과해 옥영롱玉玲瓏, 감상座賞하는 사람에게 그림자를 던지며 고등 한 줄기孤灯一穗 빛을 빼앗으며 마침내 사이 벽으로 기어오른다.

달빛이 차차 이동하여 방안에까지 비치게 되는 정경을 묘사한 표현인데,

였다.

9 후타바테이 시메이二葉亭四迷 : 1864-1909, 소설가. 쓰보우치 쇼요에게 사사받고, 〈뜬구름浮雲〉(1887)의 언문일치체와 심리묘사로 문학의 새로운 국면을 열었다. 뛰어난 러시아 문학의 번역으로 〈밀회あひびき〉가 있다.

왜 이 사람은 호세를 부리듯 많은 한자어를 사용했을까? 그렇게 의심하고 싶을 만큼 이 문장은 응축된 미문으로, 한문 예문집을 참고하면서 썼다고 생각하지 않을 수 없습니다. 시험 삼아 이것을 누군가에게 음독하게 해서 들어보기 바랍니다. 음독을 듣는 것만으로 의미를 알 수 있는 사람은 당시에도 거의 없었을 것입니다. 〈괴담모란등롱〉처럼 말에 한자를 대응시킨 글도 아니고, 그렇다고 해서 일상적으로 자주 쓰는 한자 숙어에 덧말을 붙인 글도 아니기 때문입니다.

〈뜬구름〉 전체가 이런 문장으로 쓰였다는 것은 아니며, 좀더 일상적이고 속된 말투를 사용한 부분도 많이 있습니다. 그러나 어쨌든 이러한 글쓰기 방식은 음독해서 곧바로 뜻을 알 수 있는 회화체로 쓰고자 했던 당시의 일반적인 언문일치 주장과는 전혀 부합되지 않습니다.

다만 각도를 달리해서 보면, 이것은 덧말을 이용해 한어를 읽는 방법과 그 의미를 알리는 방법, 즉 한자의 독해 능력을 증대시키는 장치였다고 볼 수 있습니다. 한문 자체를 읽기 위한 한자 학습은 어떤 의미에서는 분명히 부담이 큽니다. 게다가 한문을 풀어서 읽는 문체의 유통 범위는 한정되어 있었습니다. 그에 반해 이와 같은 글쓰기 방법은 한자 숙어를 외우게 하는 데 편리했고, 사실 그것을 의도했다고 생각되는 팸플릿류의 글이 당시에는 많이 출판되었습니다. 그렇게 생각해 보면, 이 〈뜬구름〉뿐만 아니라 오자키 고요尾崎紅葉(1867-1903)[10]나 야마다 비묘山田美妙(1868-1910)[11]의 언문일

10 오자키 고요尾崎紅葉 : 1867-1903, 소설가. 1885년 야마다 비묘 등과 겐유샤硯友社를 만들어 '가라쿠다 문고我楽多文庫'를 창간하였다. 구성의 치밀함과 여성스런 문체로 인기를 얻었고, 대표작에 〈두 비구니 사랑고백二人比丘尼色懺悔〉, 〈다정다한多情多恨〉, 〈금색야차金色夜叉〉가 있다.

치 소설도 모두 비슷한 성격을 갖고 있습니다.

그런 의미에서 저는, 당시의 일반적인 언문일치 주장과 〈괴담모란등롱〉이나 〈뜬구름〉의 소설 문체는 구별해야 하고, 메이지 30년대(1897-1906) 후반부터 보급되기 시작한 구어문하고도 구별해야 한다고 생각합니다.

장르와 형식

대략 이상으로 제가 말하는 텍스트 생산이나 문체의 개념이 어느 정도 이해되었으리라 생각합니다만, 마지막으로 몇 가지 더 〈괴담모란등롱〉에서 주목해야 할 점을 간단히 지적해 두겠습니다.

〈괴담모란등롱〉은 처음에 소개한 대로 중형본 형식으로 출판되었습니다. 중형본이라는 것은 미농지를 넷으로 접어, 세로 약 19센티미터, 가로 13센티미터의 크기로 만든 책입니다. 에도 시대의 닌죠본이나 골계본滑稽本[12]은 이 사이즈로 출판되었습니다.

다만 이야기 형식은 요미혼讀本[13]에 가깝습니다. 형식이란, 예를 들면 각 회(현재의 각 장) 처음 부분에 한문 대구対句를 붙여서 주제를 드러내는 방법을 말합니다. 이것은 요미혼의 특징으로 현재는 거의 남아 있지 않지만 메이

11 야마다 비묘山田美妙 : 1868-1910, 소설가, 시인. 1885년 오자키 고요 등과 겐유샤硯友社를 만들어 언문일치체의 선구자가 된다. 소설 〈무사시노武蔵野〉 등이 있다.

12 골계본滑稽本 : 에도 후기 소설의 일종으로, 일상적 서민생활의 골계적인 이야기를 단편적으로 적은 것이 대부분이다.

13 요미혼讀本 : 에도 시대 중기에서 후기에 걸친 소설의 일종. 공상적인 구성과 흥미 위주의 복잡한 줄거리가 많고, 불교적 인과응보 · 도덕적 교훈 등의 내용을 담고 있다.

지 시대에는 정치소설로 계승되었습니다. 또한 요미혼은 장편 경향이 강하여 독자의 흥미를 이어나가기 위해 종종 "그 재앙은 후에 마침내 행복의 발단이 되느니, 이 단에서는 요원함이라. 보는 자는 그 여도둑의 원언怨言에 유념하여 읽어주시기 바라는 바임"(교쿠테이 바킨曲亭馬琴 〈난소사토미핫켄덴南総里見八犬伝〉 1집 제3권卷之三)과 같이, 복선적인 말로 그 권을 매듭짓고 있습니다. 이 형식은 메이지 시대의 신문 '연재물'에 사용되었으며, 〈괴담모란등롱〉에도 다음과 같이 답습되어 있습니다.

> 자, 이 뒤에는 이야기가 어떻게 될까요? 다음 회 後回(めうばん)를 기대하시길(제5회 마지막).
> 이 후에는 이야기가 어떻게 될까요? 다음 편을 기대하시길(제11회 마지막).
> 악사로현悪事露顕 대목은 다음 회를 기대하시라.

"다음 회 後回"를 "명일 밤 明晩"으로 읽는 것은, 엔초의 괴담이 며칠간에 걸쳐 게재되었기 때문입니다. 이를 포함해 속기사인 와카바야시와 사카이, 혹은 《우편통지신문》의 기자는 요미혼이나 그 흐름 위에 있는 '연재물' 형식에 맞춰 엔초의 구연口演을 정리했음을 알 수 있습니다. 아울러 요미혼은 결이 고운 큰 일본 창호지를 둘로 접은, 세로 약 24센티미터, 가로 약 17센티미터의 크기로 반지본半紙本이라 불렸습니다.

〈괴담모란등롱〉이 당시의 젊은 독자들에게 강한 인상을 준 것은 엔초가 등장인물의 대화를 음색을 이용해 기술적으로 구분해 들려주었기 때문이고, 그것이 속기에 의해 어느 정도 재현되었던 것 같습니다. 그 재현 방법은 다음과 같습니다.

이 후지신藤新의 가게에 들려 앞턱에 걸터앉아 늘어서 있는 칼을 훑어보며, 무사 "주인장, 거기 그 검은 실인지 곤색 실인지 알 수 없지만, 저 검은 색 칼자루에 남만철南蛮鉄날이 붙은 칼은 참으로 좋은 물건 같네 그려. 좀 보세나. 주인 "예, 예. 이것 참, 차를 올려라. 오늘은 덴신天神 제례라 사람들이 엄청 나왔으니, 필시 길이 먼지투성이라 힘드셨죠?라며 칼의 먼지를 털어 —.

이는 조금 전 인용한 A 문장에 이어지는 부분인데, 보면 알 수 있듯이 등장인물의 대사 앞에 그 인물의 이름이나 신분을 작은 글자로 표시하고, 대사가 시작되는 부분에 인용부호를 붙이고 있습니다. 그러나 마지막 부분에는 발화의 끝을 나타내는 인용부호가 없습니다. 이것도 에도 시대의 요미혼이나 닌죠본의 특징적인 형식으로, 와카바야시나 사카이는 그것을 따른 것입니다. 상호텍스트성의 관점을 취한다면, 이와 같이 텍스트의 형식이나 인쇄 형식과의 관련을 통해 작가와 편집자가 어떤 텍스트 생산을 지향했는지 파악할 필요가 있다고 생각합니다.

이문異文과 작가

한 가지 더 지적해 두고 싶은 사실은, 현재 남아 있는 〈괴담모란등롱〉은 많은 이문異文 중의 하나이지 결코 유일한 형태가 아니라는 점입니다. 엔초는 에도 시대 말기에 이 이야기를 지은 이래로 속기에 의한 구술 필기가 있기까지 몇 십번이나 무대에서 강담을 해 왔습니다. 이야기의 기본적인 스토리는 일찍부터 완성되어 있었지만, 세세한 부분은 시대와 청중에 맞추어 자유롭게 바뀌어졌을 것입니다. 우리들이 읽는 것은 그중의 하나이고 이야기의 내용은 에도 시대의 유령담과 무사의 복수극 이야기를 혼합한 스토리이지만, 분명히 메이지 시대의 풍조를 반영한 부분이 보입니다. 그 외에 청중의 반응에 따라 이른바 청중과 대화적으로 이야기를 진행해 가는 부분이 있습니다. 게다가 현재의 〈괴담모란등롱〉 후에도 엔초는 이 이야기를 무대에서 들려주었고, 당연히 그 세세한 부분은 우리들이 읽는 것과는 달랐을 것입니다.

이러한 사실은 강담을 한 장소와도 관계가 있다고 생각됩니다. 이 속기가 이루어진 것은 사카이 쇼죠의 회상에 의하면, 료코쿠両国의 다치바나테이立花亭나 이케노하시池之端의 후키누케테이吹抜亭 중 한 곳이고 와카바야시 간조의 《와카옹 자전若翁自伝》(1926년 10월, 고희 기념출판古稀記念出版)에 의하면, 닌교초人形町의 스에히로테이末広亭로 나와 있어, 사실 명확하지 않습니다. 단지 유령이 출현할 때에 "우에노上野의 밤 축시丑時를 알리는 종소리가 덩하고 시노바즈오카忍ヶ岡의 연못에 울리고 무카이가오카向ヶ岡의 맑은 물이 흐르는 소리가 졸졸 들리며"(제8회), "얼마 후 축시 종이 덩하고 시노바즈의 연못에 울려서 들리니"(제11회)라고 하고 있는데, 이것이 듣는 사람에게 리얼리티를 주는 방법이었다면, 그 장소는 시노바즈 연못不忍の池 옆에 있는 후키누케테이였다고 생각할 수 있습니다. 이와 같은 유령이 출현하는 조건 설정은 이야기를 하는 장소가 바뀌면 다시 바뀔지도 모릅니다.

물론 이것은 우연히 엔초가 〈괴담모란등롱〉을 강담했던 사실과 깊은 관계가 있습니다. 그러나 작가가 쓴 원고를 인쇄로 돌리는, 현재 보통 이루어지고 있는 텍스트 생산의 경우에도 비슷한 사정을 상정할 필요가 있을 것입니다. 그 일례로서 히구치 이치요의 〈키재기たけくらべ〉를 들어보겠습니다. 이 이야기는 《문학계文学界》에 7회(제25호〔1895년 1월〕, 제26호〔1895

년 2월〕, 제27호〔1895년 3월〕, 제32호〔1895년 9월〕, 제35호〔1895년 11월〕, 제36호〔1895년 12월〕, 제37호〔1896년 1월〕)에 걸쳐 발표되었는데, 발표된 호에 따라 부분 덧말(필요하다고 여겨지는 한자에만 다는 덧말 형식)인 경우와, 총總덧말(모든 한자에 덧말을 다는 형식)인 경우가 있어 차이를 보입니다. 예를 들면 《문학계》 제25호 제1장의 서두는 다음과 같이 부분 덧말 형식이었습니다.

> 돌아서면 대문이 나타나고 버들은 길게 늘어져 있는데 시커먼 도랑물에 등불 비치는 3층의 소란도 손에 잡힐 듯, 날이 새나 지나 수레, 한길에 헤아릴 수 없을 만큼 번성하여, 다이온지大音寺라고 이름은 절 냄새가 나지만, 알고 보면 활기찬 동네라고 주민들은 말하는데, 미시마 신사三島神社 모퉁이를 돌고나면 이렇다 할 집大廈(いゑ)도 없고, 높은 처마 아래 토끼장처럼 열 칸 늘어선 집 스무 칸 늘어선 집, 장사는 통 되지 않는 곳으로, 반쯤 내린 덧문 밖으로 이상한 모양으로 종이를 잘라 호분胡粉[14]을 발라 채색한 두부꼬치처럼 뒤에 부친 꼬치의 모습도 재미있다.

> 廻れは大門の見へり柳いと長けれど、おはぐろ溝に灯火うつる三階の騒ぎも手に取る如く、明暮れなしの車の行来(ゆきゝ)にはかり知れらぬ全盛をうらなひて、大音寺前と名は仏くさけれど、さりとは陽気の町と住みたる人の申き、三嶋神社の角を曲りてより是れぞと見ゆる大廈(いゑ)もなく、かたぶく軒端の十軒長屋二十軒長や、商ひハかつふつ利かぬ所とて半さしたる雨戸の外に、怪しき形(なり)に紙を切りなして、胡粉ぬりくり彩色のある田楽みるやう、裏にはりたる串のさまもをかし、

그러나 제27호에서는 총덧말로 바뀝니다. 이것은 히구치 이치요의 원

---

14 호분 : 조개껍데기를 구워 빻은 안료. 그림물감이나 도료의 재료로 쓰인다.

고가 바뀐 것일까요, 아니면 《문학계》 편집자의 변동에 따른 방침의 차이일까요? 후자 쪽으로 생각할 수도 있지만, 〈키재기〉의 제1장이 실린 제25호에는 총덧말 형식의 소설도 실려 있어 일괄적으로 편집자의 방침의 차이라고 할 수만은 없습니다.

게다가 이 문제를 복잡하고도 재미있게 하는 것은 히구치 이치요 자신이 붓으로 쓴 〈키재기〉가 남아 있어 — 연구가는 이것을 '진필真筆'이라고 부르고 있습니다 — 그 필자 정서 영인본이 1918년 하쿠분칸博文館에서 출판되었다는 사실입니다. 그 《진필》판에서는 앞의 인용 부분이 다음과 같이 되어 있습니다.

> 廻(まわ)れバ大門(おほもん)の見返(みかへ)り柳いと長(なが)けれど、お歯(は)ぐろ溝(どぶ)に灯火(ともしび)うつる三階(がい)の騒(さわ)ぎも手(て)に取(と)る如(ごと)く、明(あ)けくれなしの車(くるま)の行来(ゆきゝ)にはかり知(し)れらぬ全盛(ぜんせい)をうらなひて、大音寺前(だいおんじまえ)と名(な)ハ仏(ほとけ)くさけれど、さりとハ陽気(ようき)の町(まち)と住(す)ミたる人(ひと)の申き、三嶋神社(みしまさき)の角(かど)をまがりてより是(こ)れぞと見(ミ)ゆる大厦(いゑ)もなく、かたぶく軒端(のきば)の十軒長屋(けんながや)二十軒長(けんなか)や、商(あきな)ひハかつふつ利(き)かぬ所(ところ)とて半(はんば)さしたる雨戸(あまど)の外(そと)に、あやしき形(なり)に紙(かみ)を切(き)りなして、胡粉(ごふん)ぬりくり彩色(さいしき)のある田楽(でんがく)ミるやう、裏(うら)にはりたる串(くし)のさまもをかし、

이것은 거의 총덧말이지만, 차이는 그것만이 아니라서 꼼꼼히 비교해 보면 사용했던 한자도 다르고, 한자를 가나로 바꾸기도 하고 있음을 알 수 있습니다.

그러면 이것이 《문학계》에 발표된 원고였냐 하면 실은 그렇지 않습니다. 하쿠분칸의 영인본에 실려 있는 바바 고초馬場孤蝶[15]의 해설에 의하면,

1895년 말경, 히구치 이치요가 하쿠분칸 사장인 오하시 오토와大橋乙羽로부터 돈을 빌리기 위해 매우 급하게 《문학계》 게재 작품을 옮겨 쓴 것으로, 그 후의 연구에 의해 여동생인 구니코邦子도 필사를 도왔다는 사실이 밝혀졌습니다. 그래서 현재의 연구가는 이것을 원고로 취급하지 않습니다.

어쨌든 이러한 사정의 '진필'은 《문학계》에 게재된 부분덧말 형식인 자신의 소설에 히구치 이치요가 다시 덧말을 붙였던 것으로, 그것에 의해 새로운 해석을 가한 측면도 있었을 것으로 추측할 수 있습니다. 그뿐 아니라,

> 야스케(弥助 → 鮨［やすけ］). 사과받다(詫びられる → 謝罪［わび］られる). 소매를 잡고(袖を執らへて → 袖［そで］を捉［と］らへて). 노인(老年［としより］ → 年寄［としよ］り). 눈물(涕［なみだ］ → 涙［なみだ］). 잘(美く → 宜［よ］く). 칭찬을 받아(褒［ほ］められて → 賞［ほ］められて). 따라가서(追［つい］跡て行つて → 追［つい］従て行つて). 부러워하다(羨ましがる → 浦山［うらやま］しがる).

와 같이 총덧말로 바꾸면서 한자를 바꿔 이문을 만들고 있습니다. 그렇다면 히구치 이치요, 혹은 여동생 구니코에게 있어 〈키재기〉의 '본문'이란 한자가나 혼용문이었을까요? 아니면 〈괴담모란등롱〉처럼 덧말 쪽이었을까요? 다시 그런 의문에 부딪치게 됩니다.

이것은 예외적인 경우라고 생각할지도 모르겠습니다만, 꼭 그렇지만은 않습니다. 일본의 작가는 대부분의 경우, 먼저 문예잡지나 신문에 작품을 발표하고 그것을 단행본으로 출판할 때 손질을 하고, 전집으로 수록할 때

---

15 바바 고쵸馬場孤蝶 : 1869-1940, 영문학자, 번역가, 수필가. 급진적 서구파 지식인으로 《문학계》의 동인이었다. 작품에 〈메이지 문단 사람들明治文壇の人々〉이 있다.

다시 손질을 하며, 문고본으로 출판하는 경우에는 편집자의 판단으로 덧말이나 구두점을 붙입니다. 그러한 경우가 종종 있기 때문에 연구를 할 때 어느 것을 사용해야 하는지에 대한 논쟁이 발생할 정도입니다. 저는 모두를 이문으로 취급하고 있으며 연구 목적과 방법에 따라서는 문고본이라도 문제가 없다고 생각합니다. 왜냐하면 작가는 자신의 원고를 교정하고, 또 작품에 손질을 가할 때마다 자신의 작품을 읽는 독자의 위치에 서서, 자신의 표현에 책임을 지는 입장에서 이문을 만든다고 볼 수 있기 때문입니다. 거기에 다시 처음에 말했던 것처럼 편집자의 의도나 독자의 해독 능력에 관한 배려가 개입됩니다. 그런 의미에서 텍스트는 끊임없이 생성되어 가는 것이라 할 수 있을 것입니다.

이에 다시 〈괴담모란등롱〉으로 돌아가면, 만일 와카바야시들이 요미혼 형식이 아니라 별도의 이야기 장르, 예를 들면 닌죠본의 형식을 지향하여 한자 사용 레벨도 거기에 맞추었다고 한다면, 〈괴담모란등롱〉이 주는 인상은 상당히 달라지지 않았을까요?

제2장

미디어와 이야기

앞에서 저는 '연재물つづきもの'이라는 이야기物語 형식을 언급했습니다. 메이지 시대에 들어서서 일본에서도 신문이 발행되어 크게는 정치문제를 논하는 대신문大新聞[16]과 항간의 가십을 중심으로 하는 소신문小新聞[17]으로 나뉘어 있었습니다. '연재물'이라는 것은 현실에서 일어난 사건을 이야기화해서 소신문에 연재한 읽을거리를 말합니다.

단, 현실의 사건을 취재한다고는 해도 신문기사와는 성질이 달랐습니다. 신문기사는 사건이 일어난 직후부터 신문기자가 조사한 것을 기사화해서 사건이 진전되거나 새로운 조사 결과가 나올 때마다 신문에 게재하는

16 대신문大新聞 : 메이지 전기 신문의 한 형태. 지폭紙幅이 넓고 문어체로 쓴 정론 중심의 신문으로, 교양층을 대상으로 했다.

17 소신문小新聞 : 메이지 전기 신문의 한 형태. 항간의 사건이나 화류계의 염문 등을 중심으로 한 신문으로 담화체의 문장이 많고 덧말이 달려 있다.

것으로, 반드시 이야기로서의 통일성을 갖는 것은 아니었습니다. 그에 비해서 '연재물'은 사건의 결말이 난 후 그것을 이야기로 정리한 읽을거리입니다. 현재는 주간지에 종종 '사건의 내막'이라는 소설 형식의 읽을거리가 게재되는데, 그와 같은 종류라고 생각하면 쉽게 이해할 수 있을 것입니다. 그러한 읽을거리 중에서 평판이 좋았던 것은 나중에 단행본으로 출판되었습니다. 그것을 당시에는 실록소설이라고 불렀습니다.

이 장에서는 그 '연재물'에서 실록소설로 옮겨가는 대표적인 예로, 가나가키 로분仮名垣魯文(1829-1894)[18]의 〈다카하시 오덴 야차 이야기高橋阿伝夜刃譚〉를 들어 이 작품이 어떠한 성격이고 문학사적으로 어떤 의미를 갖고 있는지를 검토하기로 하겠습니다.

'연재물'의 경우

다카하시 오덴高橋阿伝이라는 여자는 1876년 8월 함께 여관에 묵은 남자를 살해한 용의로 체포되어, 1879년 1월 31일 도쿄재판소에서 참수형을 선고받았습니다. 여자가 칼로 남자를 찔러 살해했다는 사건이 충격적이었던 탓인지, 9월에 체포되었을 때에는 《요미우리신문読売新聞》, 《가나요미신문仮名読新聞》, 《우편통지신문》, 《도쿄아케보노신문東京曙新聞》에서 일제히 기사화했습니다. 1879년 1월 31일에 판결이 내려짐과 동시에 여자를 참수형에 처한 것이 또 커다란 화제가 되었던 것이겠지요. 다음 날인 2월 1일부

18 가나가키 로분仮名垣魯文 : 1829-1894, 막부 말기와 메이지 시대 초기의 게사쿠戯作 작가. 해학풍자에 능하며, 작품으로 〈서양도보여행西洋道中膝栗毛〉이 있다.

터 《우편통지신문》이 〈다카하시 오덴의 진술〉을 게재했고 《가나요미신문》이 〈오덴 이야기〉를 게재하기 시작하였습니다. 《도쿄신문東京新聞》은 오카모토 기센岡本起泉[19]의 〈오덴 이야기〉를 5월 6일까지 연재하였고, 이미 2월 11일에는 그때까지 게재했던 부분을 정리해서 《그 이름도 다카하시 독부 약전 ; 도쿄 기담其名も高橋毒婦の小伝 ; 東京奇聞》(도센도島鮮堂)이란 제목으로 제1편이 출판되었습니다. 《우키요신문有喜世新聞》은 하루 늦게 2월 2일부터 5일까지 〈독부 다카하시 오덴 이야기〉를 싣고 있습니다.

'독부毒婦'라는 것은 에도 시대에 처음 나온 말로, 성적인 매력으로 남자를 속여 악행을 일삼는 여자를 가리킵니다. 교쿠테이 바킨曲亭馬琴(1767-1848)[20]의 요미혼인 〈난소사토미핫켄덴南総里見八犬伝〉의 후나무시船虫 등이 그 대표격인데 메이지 시대의 사람들은 그 이미지에 맞추어 다카하시 오덴을 파악하여 요미혼 형식의 이야기의 주인공으로 삼았다, 아니 그보다는 오덴에 의해 그 이미지를 부활시켰다고 해야 할지도 모르겠습니다. 《우편통지신문》의 1876년 9월 12일자 기사는 "악귀 오마쓰お松와 도적 오무쓰お六의 전기는 구사조시草双紙[21]와 가부키 연극에서 보고 들었지만, 실제로 그런 사람이 또 있으리라고는 생각지도 않았는데, 그에 못지않은 독부가 조슈上州 누마타沼田에 있는 농부 다카하시 나미노스케高橋波之助의 아내(29세) 오덴

19 오카모토 기센岡本起泉 : 1853-1882, 에도 시대 전기의 게사쿠 작가, 신문기자. 폐병으로 사망.

20 교쿠테이 바킨曲亭馬琴 : 1767-1848, 에도 시대 후기의 게사쿠 작가. 대표작에 〈난소사토미핫켄덴南総里見八犬伝〉이 있다.

21 구사조시草双紙 : 에도 시대의 삽화가 들어간 통속소설. 표지 색이나 제본 형식에 따라 아카혼赤本, 구로혼黒本, 아오혼青本, 기뵤시黄表紙, 합권合巻으로 불렸다.

으로"라고 시작되고 있습니다. 오덴 외에도 독부로 불렸던 여자는 있었지만 오덴이 그 대표처럼 취급되면서 그녀의 이야기는 다른 장르로 파급되어 갔습니다. 가부키 대본작가인 가와타케 모쿠아미河竹黙阿弥(1816-1893)[22]의 〈가나로 된 오덴 편지 묶음綴合於伝仮名書〉(1879년 5월 28일부터 신토미좌新富座에서 상연. 《가부키신보歌舞伎新報》 17호, 1879년 5월 30일에 그 줄거리가 소개된다)이나, 요시다 쇼키치吉田小吉 편 〈다카하시 오덴 곡조高橋おでんくどき〉(1880년 5월), 가나가키 로분 작사, 후지마쓰 가가노 다유富士松加嘉太夫 작곡의 조루리浄瑠璃[23] 〈파도소리에 들려온 염문의 다카하시浪枕浮名高橋〉(1981년 10월), 기쿠치 산케이菊池三渓[24]가 〈다카하시 오덴 야차 이야기高橋阿伝夜刃譚〉를 한역漢訳한 〈연지호전 일명 독부남전 실록臙脂虎伝 一名毒婦男伝実録〉, 〈혼쵸구쇼신시本朝虞初新志〉(1883년 1월), 요다 갓카이依田学海(1833-1909)[25]가 오덴의 '진술'을 한역한 〈오덴 허위진술阿伝偽供〉(1884년 7월, 《단카이譚海》 제3권) 등이 있습니다.

실로 이것은 신문이라는 메이지 시대의 매스 미디어가 만든 사건이라고 할 수 있겠는데, 왜 이렇게까지 오덴의 사건이 당시 문예작가의 관심을 끈 것일까요? 오덴은 개화기 민중의 성적 몽상의 대상이었다거나 혹은 당시

22 가와타케 모쿠아미河竹黙阿弥 : 1816-1893, 가부키 각본 작가. 5대 쓰루야 난보쿠鶴屋南北 문하에 입문하여 28세에 교겐狂言 작자의 일인자가 되었다. 많은 풍속물과 인정물을 집필하였으며 메이지 시대에 들어와서는 사실물과 개화물, 무용극 등을 썼다.

23 조루리浄瑠璃 : 샤미센三味線의 연주에 맞추어 특수한 억양과 가락을 붙여 엮어 나가는 이야기의 총칭.

24 기쿠치 산케이菊池三渓 : 1819-1891, 한학자, 수필가.

25 요다 갓카이依田学海 : 1833-1909, 한학자, 연극평론가. 연극개혁에 참가하였으며, 그의 일기는 메이지 문단사상 귀중한 자료가 된다.

민중은 무의식적으로 방향성이 없는 자신들의 불만의 배출구를 오덴의 반사회적인 행동에서 발견하고 공감을 느낀 것이라는 식의 해석이 현재 있는데 지나치게 현대적인 것 같습니다. 중요한 것은 텍스트를 제대로 읽는 것이므로, 다음에 가나가키 로분이 편집한 《가나요미신문》의 1879년 2월 1일과 2일의 〈오덴 이야기〉를 소개하겠습니다. 조금 긴 인용입니다만, '연재물'이 어떤 성격의 것이었는지 보통의 문학사에서는 좀처럼 인용하지 않기 때문에 여기서는 전문을 들어 보겠습니다.

〔2월 1일〕

어제 도쿄 재판소에서 참수를 선고받은 예의 다카하시 오덴은 출생지 군마현 고즈케국 도네군 마키촌 44번지 평민 구에몬의 양녀입니다. 다카하시 오덴(29세 1개월)의 이야기는 일찍이 약속드린 바와 같이 오늘부터 호를 이어 보여드리겠습니다. 불교에서 말하는 인과응보, 어머니의 밀통의 죄가 결국 딸에게 미쳐 30여 년이 지난 지금에 이르러 비명횡사할 뿐만이 아니라 악명을 후세에 전하게 된 사정은 다음과 같습니다. 지금으로부터 30여 년 전인 '1859년경' 고즈케국 도네군 고칸촌에 구시부치 조헤이라는 농민이 있었다. 전에는 마을 내에서도 꽤 잘살았는데 매년 흉작에 불행이 계속되어 결국 소유하고 있던 땅마저 다른 사람에게 넘기고 지금은 그날그날의 끼니조차도 겨우 연명하며 살고 있는데, 그 여동생 오키노는 일단 다른 집에 시집을 보냈지만 이도 남편이 방탕하여 이혼하고, 가난한 오빠지만 친정이니 어쩔 수 없이 '당시 12세'였던 딸 오하루를 데리고 돌아왔는데, 오빠의 곤궁을 보는 여동생 오키노의 심정이란, 특히 오하루라는 딸도 있기 때문에 하다못해 오하루라도 다른 집에 보내 입을 줄이고자 고용살이할 곳을 찾고 있던 중, 같은 마을의 농민 시부야 고자에몬이라는 사람이 40이 되었지만 아직 아이가 없다는 말을 듣고, 오키노가 오하루를 받아줄 것을 청하자 고자에몬은 기뻐하며 당장 오하루를 양녀로 삼아 친자식처럼 사랑하였는데 벌써 17세의 한창 때의 여자가 되어 마을의 젊은이들이 자꾸만 오하루의 아름다운 용모에 끌려, 이리저리 구애하니 고자에몬도 성가시게 여겨졌고 또 다른 사정도 있었는지 이전부터 집안과 친분이 있던 이웃마을 마키촌의 농부 다카하시 간자에몬에게 시집을 보냈으니, 이에 일대 사건을 이끌어낸 이야기는 내일 자세히.

〔2월 2일〕

독부 오덴의 이야기 '어제의 계속' 고칸촌에 있는 시부야 고자에몬의 양녀 오하루는 다카하시 간자에몬과 혼인하고 아내가 되었지만 아직 17세. 여자로서는 한창때였고 시골에서 보기 드문 용모는 다른 사람들보다 뛰어났지만 마음씨는 경박했고 아무튼 고지식한 농민 따위는 싫어해서 일찍이 양부인 시부야 슬하에 있던 14세 말부터 근처 마을을 돌아다니는 도박꾼과 사귀었고, 손꼽히는 불량배인 신슈 출신의 아리가 기요키치 '24세'와 밀회했다. 양부의 눈을 속이는 일은 종종 있었지만, 소위 모르는 게 약이라고 간자에몬, 푹 빠져서 오하루를 사랑하고, 정부가 있는 줄은 꿈에도 모르고 1859년도 다 지나 1860년 봄을 맞이하여, 정월 중순 본채와 떨어져 있는 곳간에서 목욕을 하려고 간자에몬은 오하루와 함께 입욕했는데 문득 눈에 띈 것은 오하루의 유방이 아주 검고 평소보다 배도 부른 모습에 간자에몬은 수상한 생각이 들어, 오하루와 혼인한 것은 작년 9월 하순으로 단 5개월 만에 임신한다는 것은 납득이 가지 않아, 그때부터 혹시 정부가 있는 것은 아닐까 하는 마음에 달리 말은 않고 오하루의 행동을 눈여겨보고 있다는 것을 모르는 음탕한 여자 오하루는 같은 해 음력 2월 말경, 서낭신 축제 전야제로 마을 전체가 큰 혼잡을 이룰 때, 남편이 낮부터 다른 곳에 가서 오늘밤은 일박할지도 모른다고 미리 알리고 나가니 이를 기회로 그러한 사정을 기요키치(별명은 오니키요라 한다)에게 알려 뒤쪽 숲을 약속 장소로 정하고, 그날 밤 남편이 부재중인 것을 틈타 오니키요를 거실에 몰래 들이고, 머슴과 하녀들은 모두 서낭신사에 참배하러 가게 하고 그래도 신경이 쓰여 비밀 장지문을 단단히 잠가 두고 기요키치와 쌓인 이야기를 하러 병풍 속에 들어가자 하현달이 뜬다. 12시가 지나 마당 입구의 덧문을 거칠게 두드리며 오하루 문 열어 문 열어 하는 소리는 의심할 여지없이 남편의 목소리, 아무리 대담하다 해도 두 사람은 놀라 당황하며 도망갈 곳을 잃고 갈팡질팡하는데 급한 대로 이불장에 기요키치를 겨우 숨기고 앞자락을 여미고 촛불에 불을 밝히고, 시치미를 떼며 문고리의 열쇠를 풀고 문을 열어 남편을 맞이하고, 생각보다는 빨리 돌아오셨다고 하며 바로 응접실로 안내하니 오늘밤이야말로 따져 봐야지 하고, 간자에몬은 씁쓰름한 표정으로 주위를 둘러보면서 아내를 향해, 오하루 누군가 내가 집을 비운 사이에 왔느냐고 묻자, 깜짝 놀랐지만 켕기는 구석이 있는 몸 '아니요'라며 말끝을 흐린다. 마침 그 자리에 있던 베개를 들어 올리며 '아무도 오지 않았다면 이 베개 하나는 네 것이라 치더라도 나란히 있는 다른 하나에 기름을 배게 한 것은 누구 짓이지?', '네?'하며 놀라는데 이불장 속에서 소리가 나, '아니 그 베개는 내가 벴던 것이야'. 이 결말은 어떻게 될 것인지 또 내일모레.

이와 같은 기요키치와 오하루의 불륜에 의해 태어난 오덴은 당시 사회통념으로는 처음부터 죄를 짊어진 여자일 수밖에 없습니다. 물론 그것은 그녀가 살인을 저질렀다는 결과에서 필자가 인과응보의 이치로 만들어 낸 '출생의 비밀'이라는 상투적인 패턴에 지나지 않습니다만, 어쨌든 이 설정에 의해 그녀는 모친의 미모와 노름꾼인 친아버지 기요키치의 사악한 마음을 이어받아 악으로 내몰릴 것이라는 운명을 예고받게 된 것입니다. 일본의 자연주의 문학, 특히 초기 자연주의 소설의 특징의 하나로서 인간의 운명은 환경과 유전에 의해 지배받는다는 관념을 들 수 있습니다. 오덴 출생 이전부터 설명하기 시작한 이 이야기는 그러한 소설의 선행 형태로 볼 수 있습니다.

다카하시 오덴의 시대

그런데 이 '연재물'은 2월 3일은 쉬고, 4일에 다음과 같은 양해의 말과 함께 중단되고 말았습니다.

> 그저께까지 양해를 얻어 게재했던 독부 오덴의 이야기는 같은 날 광고에도 있듯이, 요코하마초의 쓰지분의 부탁을 거절할 수 없어 주필이 다망한 가운데에도 시간을 내서 〈다카하시 오덴 야차 이야기〉라는 제목의 그림을 넣은 요미혼으로 엮어, 늦어도 12, 13일경에는 첫 호를 발행할 예정이며, 그런 까닭에 신문지면의 긴 이야기는 그저께를 끝으로 뒷일은 각 사의 명필에게 넘기고 게재하지 않게 되었으니 여러분 양해해주시기 바랍니다(《가나요미신문》의 주필은 가나가키 로분을 말한다).

왜 이렇게 빨리 중단되어 버렸을까요? 마에다 아이前田愛(1931-1987) 씨의 연구《근대 독자의 성립》(1973, 유세이도有精堂)은《도쿄신문》에 오카모토 기센이 쓴 〈오덴 이야기〉가 도센도에서 단행본으로 출판될 것을 알고, 도센도의 라이벌 출판사인 쓰지분辻文의 쓰지오카야 분스케辻岡屋文助가 출판을 서둘렀을 것으로 추정하고 있습니다. 아마 그랬을 것입니다. 그 결과 가나가키 로분 작, 모리카와 가네시게守川周重 그림의《다카하시 오덴 야차 이야기高橋阿伝夜刃譚》제1편 3책 3천 부가 2월 14일, 활판 인쇄로 출판되었습니다. 인쇄 출판 형태로서는 이《야차이야기》제1편이 목판식 합권에서 활판 인쇄로 이행해 간 가장 빠른 예로 여겨지고 있습니다.

단, 위에서 말한 '연재물'의 필자가 로분이었는지는 모르겠습니다.

> 남녀가 그 성을 달리 하고 그 성질에 구별이 있는 것은 조물주가 주재하는 일로서, 단지 사람이 자식을 늘리는 묘한 기술은 골격에 사소한 변화가 있을 뿐이다. 필시 영혼의 선악, 여자이면서 남자보다 더 뛰어난 사람은 서양의 철학자가 말하는 소위 자웅양성의 혼성으로 태어나, 거기에다가 부모 교육의 친소에 의해 흰 실에 색을

> 물들이는 것과 같은 것일까. 그렇다고는 해도 외면이 보살이라고 해서 내심은 필시 야차 같다고 보아서는 안 될 것이다. 미녀에게 선행 있고 추녀에게 악행 있으니, 그것이 천품의 용모 절세의 미인이 있어 간사한 독부 달기나 여후와 다름없다. 현재 보고 들은 기적을 기록해서 장래의 징계로 삼고자 한다. 애당초 금년 1월 하순 형장의 칼 아래 혼이 되어 그 악명을 세상에 퍼뜨렸던 다카하시 오덴의 성장의 발자취를 더듬어 보니, 지금으로부터 30여 년 전, 세상은 구막부 정치에 속했던 1848년에서 1854년 사이였던가, 고즈케국 도네군 고칸촌에 구시부치 초베라는 농민이 있어. (구두점은 가메이)

이것이 〈다카하시 오덴 야차 이야기〉의 서두입니다. 로분은 산유테이 엔초와 같은 세대의 이야기 작가로, 에도 시대 후기부터 활약하고 있었습니다. 어떤 의미에서는 새로운 풍속이나 이론을 곧바로 받아들이는 것이 대중작가의 필요조건일지도 모릅니다. 그는 이 서두에서 미국에서 막 들어온 성과학性科学 사고방식을 사용해 오덴을 바이섹슈얼적인 요염한 아름다움과 남자 못지않은 성격을 가진 여자로 만들어, 그것을 '연재물'의, '부모의 인과가 자식에게 응보'라는 식의 인연설과 관련시켜 가면서 새로운 여자의 이미지를 만들려고 했습니다.

게다가 그는 오덴의 행동을 당시의 정치적, 제도적 변화와 훌륭히 연결시켜 리얼리티를 부여하였습니다.

그의 이야기에 의하면, 오덴은 에도 시대 말, 마을에서 도망치려고 기도했는데 가족들이 몰래 데리고 와서 나미노스케浪之助를 남편으로 맞이했다고 합니다. 그 무렵 고즈케국上野国(현재의 군마현群馬県)은 세상을 바로잡겠다는 봉기一揆Peasant riot demanding for social reformation(사회적 개선을 요구하는 농민폭동)가 빈발하였고, 특히 1867년은 치안이 불안했습니다. 오덴은 그런 사회불안에 현혹되어 도망을 기도했을 것입니다.

그러면, 왜 가족들이 '몰래' 데려왔는가 하면, 에도 시대의 막번幕藩 정치에서는 여행에 제한이 있었기 때문입니다. 당시의 농민은 — 이것은 상인이나 직인職人도 마찬가지이지만 — 3일 이상 자신의 거주 구역을 이탈할 때는 나누시名主(에도 시대의 촌장)에게 신고하여, 통행 증명서(일종의 여권)를 받아야만 했습니다. 이것을 지니지 않고 마을을 빠져나가 3일이 지나도 돌아오지 않으면 호적부人別帳라는 주민등록 명부에서 이름을 삭제당해(이것을 帳面外라고 한다) 도망자(또는 부랑자)로 간주되어 버립니다. 도망자(부랑자)는 어떠한 권리도 인정받지 못하고 인간으로 취급(보호)받지 못합니다. 예를 들면 도쿠가와 막부의 규정에서는 이러한 도망자를 마을 안에 들여서는 안 되고, 더구나 숙소를 제공해서도 안 된다고 되어 있었습니다. 당시에는 어느 마을이나 마을 입구에 반타番太라는 파수꾼을 두어 이상한 사람이 들어오면 내쫓게 했습니다. 그런 규정이 있었기 때문입니다. 그런 이유로 도망자의 존재가 허용된 공간은 겨우 길바닥뿐이었습니다. 결국 그들은 거지가 되거나 힘이 약한 여행자로부터 돈을 빼앗는 노상강도가 될 수밖에 없었고, 밤에는 길가의 절간에 숨어들어 밤이슬을 피하며 비참한 인생을 보내는 수밖에 없었습니다. 오덴의 가족은 그녀가 그런 신세가 되는 것을 걱정했다기보다는 오히려 자신들의 집안에서 도망자가 나왔다는 사실이 관리에게 알려지는 것을 두려워했던 것이겠지요. 그래서 '몰래' 오덴을 되찾아 집으로 데려왔던 것입니다.

그러고 나서 2, 3년이 지나 메이지 유신(1868)과 함께 상황은 일변했습니다. 정치개혁을 부르짖던 메이지 신정부는 우선 국내 여행의 자유를 인정했습니다. 이에 의해 일본인 누구나가 국내 어디든지, 또 언제라도, 통행 증명서를 지니지 않고도 여행할 수 있게 되었습니다. 그뿐만 아니라, 신정부는 1872년 국민을 전체적으로 장악하기 위해서 호적법을 실시했습니다. 에도 시대에도 호적人別帳 제도가 있었습니다만, 이것은 다이묘大名나 다이묘격의 신사나 사원에서 자기 영내에 거주하는 사람을 파악하기 위한 제도로 그 대상은 농민이나 상인, 직인에 한정되어 있었습니다. 메이지 신정부는 그것을 전 국민으로 범위를 넓혀 호적법을 제정하고 도망자들도 일단 자신의 본래 거주구역으로 돌아가 호적에 등록할 것을 명령했습니다. 이와 같이 해서 만들어진 호적부를 현재의 역사학에서는 진신호적壬申戸籍(1871년 공포된 호적법에 입각해서 임신년壬申年인 다음 해 1872년에 이루어진 최초의 전국적인 호적)이라고 합니다.

이것은 새로운 '귀향령人返し令'이었다고 할 수 있겠습니다. 에도 시대, 가난한 농촌에서 에도로 돈을 벌기 위해 나갔던 사람들의 대부분은 고용기한이 끝나도 고향에서 생활할 수 있는 전망이 없었기 때문에, 에도에 남아 부랑자로 살거나 빈민가를 형성했습니다. 도쿠가와 막부는 이 부랑자로 인한 과잉인구의 해결책으로서 그들에게 강제적으로 에도를 떠나게 하는 '귀향령'을 실시했던 것입니다.

메이지 정부가 실시했던 정책은 그것과는 다소 성격이 다릅니다만, 에도 시대 말기에는 잘 알려져 있듯이 존황양이尊皇攘夷를 지향한 무사가 마음대로 자신의 번을 이탈하여 떠돌이 무사가 되어, 막부나 다이묘의 제약을 받지 않고 자유롭게 정치활동을 개시했습니다. 그뿐만 아니라, 농촌의 젊은이가 부랑자가 되어 존황양이 지사를 자칭하며 번을 이탈한 떠돌이 무사의 무리에 들어갔고, 그들(번을 이탈한 떠돌이 무사, 또는 부랑자) 중에는 양이운동 자금을 내도록 부유한 상가나 농가를 위협하거나 강도질을 하는 이도 있었습니다. 그런 사람들의 대부분은 메이지 유신 이후에 신정부에서 자리를 얻을 수도 없고 본래의 번이나 촌으로 돌아가지도 못하여, 전국을 방황하면서 사회불안을 가중시키고 있었습니다.

신정부로서는 사회질서를 회복하기 위해서라도 그들을 본래의 번과 촌으로 돌려보낼 필요가 있어, 1874년의 〈개정율례改定律例〉[26]에서는 '무릇 본적(자신의 호적이 있는 장소)을 벗어나 도망하는(행방을 감추는) 자'의 도망죄에 대해서 도망자가 자수한 경우에는 '슈벤首免'을 허용하지는 않아도 평민은 벌금에 처하고, 화족과 사족은 신분은 복귀시키지만 녹을 지급하지 않는다'는 특례를 만들었습니다.

'슈벤'이란 《대한화사전大漢和辞典》에도 없는 숙어입니다만, 전후 문맥으로 판단컨대 아마도 'plea bargaining'(사법거래에 의해 감형을 얻는 것)이라는 의미였을 것입니다. 즉 신정부는 "자수했다고 해서 죄를 대폭 경감할 수는 없지만, 평민의 경우는 벌금으로 끝내고, 화족이나 사족의 경우는 신분 · 가문을 보장하지만 그 신분과 가문에 딸려있는 봉급은 지급하지 않는다"라는 방침을 내세운 것입니다. 현대적 시각에서 보면 꽤 엄격한 조치 같지만, 에도 시대의 형법을 계승한 1870년의 〈신률강령新律綱領〉[27]의 도망

26 〈개정율례改定律例〉: 1873년 공포된 형법. 이전에 공포되었던 〈신률강령〉을 개정 · 보완하여 집성한 것. 〈신률강령〉과 함께 1882년의 구형법 시행까지 행해졌다.

27 〈신률강령新律綱領〉: 메이지 정부 최초의 형법전서. 1870년 2월 공포. 구형법 시행에 의해 1882년 폐지.

자에 대한 형은 '곤장 80대'로 되어 있고 — 곤장으로 그 정도 맞는다면 도저히 살아남을 수 없을 것입니다 — 게다가 화족 · 사족의 경우는 파렴치심破廉恥甚이라는 형이 적용되어, 화족 · 사족의 신분을 빼앗고 서민으로 격하시킬 뿐만 아니라 서민과 같은 정도의 형도 받게 하는 가혹한 것이었습니다. 거기에 비하면, 〈개정율례〉의 신방침은 상당히 관대한 조치였다고 할 수 있을 것입니다. 이렇게 해서 신정부는 그들이 원래의 번이나 촌으로 돌아가기 쉽게 해주고, 호적법에 의해 그들의 동향도 파악하려고 했던 것입니다.

이러한 시대배경하에 가나가키 로분의 오덴 이야기를 보면, 그녀의 행동동기를 여러 방면에서 이해할 수 있습니다. 앞에서 소개했듯이 오덴은 도망갔다 잡혀와 나미노스케를 남편으로 맞게 되지만, 그 후에도 품행이 고쳐지지 않아 도박에 빠져 빚을 지게 되고, 다시 남편인 나미노스케와 도망을 쳤다가 1873년경 구마타니熊谷 재판소에 도망죄를 자수하여 면죄받고 친정으로 돌아왔습니다. 그때가 바로 〈개정율례〉가 실시된 해였습니다. 그리고 아마 호적도 만들었을 것입니다. 왜냐하면 그녀는 귀향 후, 오빠와 토지 소유권을 두고 다투어 재판에서 이겼기 때문입니다.

그 점에 대해서도 필요상 좀더 설명해 두겠습니다. 에도 시대의 농민은 물론 자신의 토지를 경작하여 농작물을 수확하고 있었습니다. 그러나 '자신의 토지'라고는 해도 그것은 소유권이라기보다는 경작권이었습니다. 토지는 영주인 다이묘의 것이었고 그 때문에 농민끼리의 토지 매매는 금지되어 있었습니다. 설명하는 김에 이 시대의 세금제도도 설명하자면, 다이묘는 자신이 지배하는 마을로부터 일정 비율(원칙적으로는 40%)의 농작물을 거두어들였습니다. 이것을 연공이라고 부릅니다. 주목해야 할 것은 연공은 농가별로 부과된 것이 아니라 마을별로 부과되었다는 점입니다. 연공이 부과된 마을에서는 나누시나 구미가시라組頭(나누시를 보좌한 사무장)라는 농민의 우두머리가 중심이 되어 마을 사람들과 의논하여 각 농가별로 연공 분담을 할당하였습니다. 그 당시의 〈전답목록부田畑名寄帳〉를 보면, 어느 집이 어느 곳의 토지를 경작하고 있는지에 관한 것뿐 아니라, 그 토지의 비옥 정도에 따라 상등전답上田, 하등전답下田, 최하등전답下下田이라는 식으로 세세하게 순위를 매기고 있습니다. 그에 따라 연공 분담을 결정했던 것이겠죠. 여기에서 알 수 있듯이 만약 마을에 일하는 사람이 병이 나서 경작을 못하는 집이 생기거나 오덴 부부처럼 경작을 포기하고 도망치면, 그 토지에 할당된 연공을 마을 전체에서 부담해야 합니다. 이를 피하기 위해서 병이 나서 일을 못하게 된 집의 경작은 마을 사람이 번갈아 가면서 도와주고 도망자의 토지는 그 친척이 대신 경작하여 연공 분담의 농작물을 바치고 있었습니다. 에도 시대의 농촌이 강한 공동체의식을 갖고 운영되고 있었던 것은 이 때문이었다고 할 수 있습니다. 가나가키 로분의 이야기에 의하면 오덴 부부의 토지는 오덴의 오빠가 경작하고 있었습니다. 당연히 그는 그 토지의 경작권은 자기에게 이행되었다고 생각하고 있었음에 틀림없었을 것이고, 마을 사람들도 그것을 인정하고 있었을 것으로 생각됩니다.

이 납세제도는 농민에게도 부담이 크고 지나치게 가혹한 것이었지만, 한편으로는 영주인 다이묘에게도 어려움이 있었습니다. 매년 농민이 바치는 농작물의 양이 일정하지 않아서 예산을 세우기 어려웠기 때문입니다. 예를 들면 한 다이묘가 지배하고 있는 마을 하나가 그 수확량을 도쿠가와德川 막부에 의해 천 석으로 평가받았을 경우, 원칙적으로 다이묘는 그 40%인

4백 석을 징수할 수 있습니다. 그렇지만 수해가 있는 해도 있고 냉해나 가뭄이 있는 해도 있어, 마을의 수확량 자체가 5백 석에도 미치지 못하는 경우가 종종 발생했습니다. 그러한 경우 다이묘는 관리를 마을에 파견해서 수해나 냉해나 가뭄의 피해 정도에 따라 그해의 연공을 반으로 줄이고, 그러고 나서 몇 년간은 연공의 70%만 바치면 된다는 식의 조치를 취해야만 했습니다. 그렇기 때문에 큰 수해를 당했을 때는 마을의 생산력이 회복될 때까지 수년간 다이묘는 예정된 연공의 반 이하, 또는 반 정도의 수입을 얻을 수밖에 없습니다. 그 수입으로 가신을 부양하고, 집안의 경제를 꾸려나가면서 다른 다이묘와의 교제를 유지해야만 했습니다. 만약 다이묘가 농민의 생활을 무시하고 규정대로 연공을 징수하려고 하면 농민봉기가 일어나기 쉽습니다. 그렇게 되면 정치가 서투르다는 이유로 도쿠가와 막부에 의해 영지를 몰수당하고 다이묘로서의 집안이 몰락하게 됩니다. 그런 결과를 피하기 위해서 다이묘는 부유한 상인에게 돈을 빌리지 않을 수 없게 되었고, 해가 갈수록 빌린 돈의 액수는 다이묘의 연간 연공 수입을 넘을 정도로 불어났습니다. 메이지 신정부가 각 다이묘에게 영지를 바칠 것을 명했을 때, 다이묘로부터는 저항이 거의 없었습니다. 그 이유는 다이묘가 그 명령을 만성적인 재정난으로부터 해방되는 좋은 기회로 받아들였기 때문이라고 현재의 역사가들은 이해하고 있습니다.

물론 신정부는 이 납세제도의 결함을 인식하고 재정 기반을 더 안정된 상태로 개선하고자 했습니다. 정부는 그 방책으로서 1872년 봄, 지세를 개정하고 농민의 토지소유를 인정하는 지권地券[28]을 발행함과 동시에 토지의 평가액을 정하고 그 평가액에 대해서 세금을 부과하도록 했습니다. 이렇게 하면 매년 풍작이나 흉작에 관계없이 지권의 평가액에 따라 세금을 거둬들일 수 있고, 세입 · 세출을 계산할 수 있게 됩니다. 그 세율도 도쿠가와 시대의 연공에 비하면 훨씬 낮은 것이었습니다. 그러나 그것으로 농민의 생활이 편해졌는가 하면 그런 것도 아니었습니다. 그 이유는 풍작인 해에는 농작물의 가격이 하락하고, 흉작인 해에는 농작물을 팔 여유가 없는데도 불구하고 농민은 지권에 따른 세금을 납부해야만 했기 때문입니다. 그래서 세금을 납부하지 못한 농민은 토지를 팔고 소작인이 되었고 여유가 있는 농민은 그 토지를 매점해서 지주가 되어, 계급분화가 일어났습니다.

시대배경에 대한 설명이 너무 길어졌습니다만 앞에서도 말했듯이, 오덴과 나미노스케 부부는 1873년 무렵 마을로 돌아와 오빠와 토지소유권을 놓고 다투어 재판에서 이겼습니다. 이것은 오덴 부부가 마을의 호적을 얻은 덕분에 토지의 소유권을 주장할 수 있었음을 의미합니다. 현실의 오덴과 나미노스케가 진신호적壬申戶籍이나 지세개정, 그리고 〈개정율례〉의 '귀향령'의 방침을 알고, 서로 계산하여 마을로 돌아왔는지는 모르겠습니다. 그러나 가나가키 로분은 확실히 그렇게 해석할 수 있도록 그들의 행동을 서술하고 있습니다. 달리 말하자면, 그는 오덴 부부의 행동을 메이지의 제도 변화에 맞춰서 이야기하고 있는 셈으로 이 이야기가 당시의 독자에게 리얼리티를 가질 수 있었던 이유도 거기에 있었다고 할 수 있습니다.

그와 동시에 오덴 부부의 행동이 '악'으로 간주된 이유도 이해할 수 있을 것입니다. 아직 에도 시대의 습관을 버리지 못하고 계속 따르던 사람들,

---

28 지권地券 : 메이지 정부가 발행한 토지 소유권을 증명한 증권. 이 지권에 기재된 지가를 기준으로 세금이 부과되었다. 토지 대장의 정비에 따라 1889년 폐지.

예를 들면 오덴의 오빠 입장에서 보면, 오덴 부부가 포기한 토지를 경작해서 연공 할당을 분담하고 있었기 때문에 당연히 그 토지는 자신의 것이 될 것이라고 생각했을 것입니다. 아니, 현재 법률도 오덴의 오빠의 기득권을 인정하리라고 저는 생각합니다만, 그러나 무슨 이유에서인지 구마타니 재판소는 오덴 부부의 주장을 인정했습니다. 이래서는 오덴의 오빠가 감정적으로 납득할 리가 없었고, 아마 마을 사람들의 눈에도 오덴 부부는 자신의 책임을 다하지 않은 주제에 자신의 권리만을 주장하는 탐탁지 않은 사람들로 비쳤을 것입니다. 필시 그 일이 감정적인 갈등을 야기시켰을 것입니다. 결국 오덴 부부는 마을에서 살기 어렵게 되어 토지를 처분하고 다시 마을을 떠나 버렸습니다. 단 이번에는 에도 시대처럼 도망자로서가 아니라 토지를 판 돈을 가지고, 말하자면 백주대낮에 버젓이 마을을 버리고 간 것입니다.

그 후의 오덴 부부의 행동은 생략하겠습니다만, 고토우 기치조라는 인물을 살해한 혐의로 체포되었을 때 오덴은 고토우 기치조가 자신을 죽이려고 해서 싸우던 중 실수로 그를 다치게 한 것으로 자기에게는 죄가 없다고 주장했습니다. 이것은 용의자가 자신의 무죄를 주장하는 경우에 자주 쓰는 억지라고도 할 수 있습니다. 그러나 1870년에 공포된 〈신률강령〉을 보면, 그 주장 또한 오덴이 당시의 법률을 방패삼은 법정투쟁이었다고 볼 수도 있습니다.

왜냐하면 〈신률강령〉의 '인명률人命律'의 '모살謀殺' 항에는 다음과 같은 내용이 나와 있기 때문입니다.

> 무릇 사람을 모살(혹은 마음에서 꾀하고, 어떤 때는 사람에게 시켜서 꾀하는 것 구별이 있겠지만, 여기에서는 사람에게 시켜서 꾀하는 것을 말한다)함에, 음

모자는 참수형, 공범이면서 가담한 자는 교수형, 가담하게 한 자(가담한 자부터 형벌을 한 등급씩 감한다)는 귀향 3등급.

즉, 미리 계획을 세워 사람을 살해한 경우, 주범은 참수형, 공범은 교수형, 한패이기는 하지만 손을 대지 않은 사람은 귀향이라고 되어 있었습니다. 이것은 공범자가 있는 경우의 조문이고 단독범인 경우는 위 조문의 설명에 다음과 같은 내용이 첨가되어 있습니다.

마음으로 꾀했을 경우는 알 수 있는 방법이 없지만, 혹은 적이 있어서 정사가 드러나고, 어떤 때는 흉기를 찾아내서 다치게 한 상처 자국과 맞춰봐서 알 수 있고, 혹은 사용한 독약의 근거를 알 수 있는 경우는 마음으로 꾀한 것이라 할 수 있다. 같은 마음에서 한 행동이라도, 우발적 살인은 일시적인 일이다. 모살은 이전부터 계획한 것이다. 그러나 이 문장의 취지는 음모와 가담 두 가지로 구분하고 있기 때문에 두 사람 이상의 일로서, 사람을 시켜서 꾀했던 모살이지만, 마음으로 꾀한 것은 한 사람으로 음모, 가담 두 가지 모두를 겸한 자이다.

이에 의하면 단독범은 주범과 공범을 겸한 셈이기 때문에, 참수형은 도저히 피할 수 없을 것입니다.

그에 비해 오덴의 변명이 인정된 것은 어떤 경우일까요. 당시에는 정당방위라는 개념은 없었습니다. "자신이 신체에 폭행을 당하자 갑자기 분노하여 폭행한 사람을 살상하는 자는 그 죄를 용서한다. 단, 부정한 소행으로 인해 폭행을 자초하는 자는 이 범위에 해당하지 않는다"라는 일종의 정당방위적인 개념이 보인 것은 오덴의 처형이 있었던 다음 해인 1880년 12월 《형법훈해 刑法訓解》에서였습니다. 그 전에는 살인은 어디까지나 살인으로 취급했는데, 단 미리 살의를 가지고 행한 모살(계획적 살인)에 반해 싸움 도중 살의가 생겨서 상대를 살해한 경우는 고살故殺(우발적 살인)로 취급했습니다. 우발적 살인은 〈신률강령〉에서 교수형이었지만, 1873년의 〈개정율례〉에서는 징역형으로 바뀌었습니다. 자신이 먼저 손을 대서 사람을 살인한 경우는 무기징역, 상대의 공격에 대해 나중에 손을 대서 살해한 경우는 징역 10년이고, 우발적 살인을 범한 사람이 불구자나 노인, 어린이, 여성인 경우에는 징역을 벌금으로 대신할 수 있게 되었습니다. 그 규정에 의하면 징역 10년은 80엔으로 되어 있습니다. 오덴은 이 적용을 노리고 있었던 것 같습니다.

재판에서의 오덴의 주장은 가와타케 모쿠아미河竹黙阿弥의 흥미를 끈 듯, 그는 〈가나로 된 오덴 편지 묶음綴合於伝仮名書〉이라는 가부키 대본을 써서, 재판소에서의 오덴의 취조 장면에 초점을 맞춘 드라마를 만들었습니다. 그리고 취조한 관리의 입을 빌려 메이지의 새로운 재판은 증거주의에 입각하고 있다는 점이나, "유신 이후에는 해가 갈수록 법이 바뀌어 사형도 종신형으로 바뀌어 되도록 목숨을 빼앗지 않도록 하는 문명개화된 세상의 고마움"을 오덴에 대해서라기보다는 관객을 대상으로 계몽하고 있습니다. 이와 같은 관리의 설득에도 불구하고 오덴은 끝까지 무죄를 주장한 탓에 결국 모살로 판단되어 참수당하고 말았습니다. 가와타케 모쿠아미는 오덴을 새로운 법률의 개념을 이해하지 못하는 여자로 묘사함으로써 오덴을 독부로 만들어 간 것입니다만, 가나가키 로분이 묘사한 오덴은 오히려 그 반대로 그녀는 새로운 법률을 기반으로 자신의 권리를 계속 주장합니다. 그 권리주의의 철저함을 당시의 민중은 이해하지 못하고, 그 철저함을 두려워하며 그녀를 독부로 만들어 버렸다고 할 수 있겠습니다.

실록소설의 참신성

그런데, 가나가키 로분의 〈다카하시 오덴 야차이야기〉처럼 현실에서 일어난 사건에 입각해서 쓴 이야기를 당시에는 실록소설이라고 불렀습니다. 원래 그것은 소신문의 '연재물'에서 시작했기 때문에 사건이 일어난 장소나 일시를 소상하게 기입하는 특징을 갖고 있습니다. 에도 시대에는 현실에서 일어난 사건을 이야기화하는 경우, 시대나 장소의 설정을 무로마치室町시대나 가마쿠라鎌倉 시대로 바꾸는 것이 일반적이었습니다. 에도 문학을 연구하는 사람들에 의하면, 이는 당시의 이야기 작가가 현실의 사건을 그대로 이야기화하는 경우 도쿠가와 막부로부터 정치비판으로 받아들여져 처벌받는 것을 두려워했기 때문이라고 합니다. 실제로 그것만이 이유였는지는 의문입니다. 단, 적어도 도쿠가와 시대의 그와 같은 이야기 작법과 비교해서 소신문에서 시작된 실록소설의 토폴로지topology(장소 설정의 방법)나 크로놀로지chronology(연대기적 방법)가 얼마나 새로웠는지는 쉽게 짐작할 수 있을 것입니다.

그와 관련해서 쓰보우치 쇼요의 〈당세서생기질〉에서는 메이지의 시세에 편승해 사회적인 상승을 이룬 인물을 이야기하는 경우에는 유신 전야의 우에노 전쟁上野戰爭(1868년 5월 우에노의 간에이지寬永寺를 본거지로 한 쇼기타이彰義隊를 관군이 토벌한 전쟁)을 '메이지 원년 5월'이라고 쓰고, 메이지 유신에 의해 몰락한 사람들을 이야기하는 경우에는 구막부 시대의 원호를 그대로 사용하여 '게이오慶応(1865-1868) 4년 5월'이라고 구분해서 쓰고 있습니다. 작중인물이 자신을 메이지의 신시대에 동일화하는지, 그렇지 않으면 에도 시대에 동일화하는지를 이처럼 구분해서 묘사했던 것입니다. 그 점에서 보면, 메이지 정부가 만든 원호와 크로놀로지를 따라야 할지 말지의 여부 또한 당시의 이야기 작가에게는 의식적인 선택을 해야만 하는 문제였다고 할 수 있을 것입니다.

그와 함께 또 한 가지 언급해 두고 싶은 점은 당시의 실록소설은 주인공의 행동범위를 가능한 한 광역화하였고, 또한 현지 탐방기자의 보고를 작품에 포함시키는 경향이 있다는 점입니다. 실제로 탐방기자가 현지를 탐방했는지는 알 수 없습니다. 이것도 작가의 허구였을지 모르겠습니다만, 한 가지 알 수 있는 것은 이와 같은 행동범위의 광역화는 신문의 판매망 확장 계획과 무관하지 않았다는 점입니다. 당시에는 아직 철도가 그다지 발달되지 않았고, 신문의 판매망도 극히 한정되어 있었습니다. 1881, 2년 무렵에는 도쿄의 신문이 삿포로札幌에 도착하는 데는 적어도 10일, 보통은 2주일이 걸렸습니다. 이와 같은 상황에서 신문이 판매망을 확장하기 위해서는 되도록 많은 지역의 독자의 관심을 불러일으키는 글쓰기가 필요했을 것이고, 현지 보고라는 장치는 그러한 글쓰기의 일환으로 볼 수 있습니다. 오덴의 행동반경은 거의 모든 간토関東지역 일대에 미치고 있었습니다.

'연재물'에서 신문소설로

'연재물'과 실록소설은 대략 이상과 같은 특징을 가진 새로운 장르의 이야기 형식이었는데, 얼마 후 '연재물'은 소신문 지면에서 종적을 감추고 신문소설로 바뀌어 갑니다. 그간의 사정을 말해주는 재미있는 자료로 렌가 간진聯画閑人(가토우 효코加藤瓢乎)의 〈신문지新聞紙의 소설〉(1885년 12월 27일, 《요미우리신문》, 〈요미우리잡담〉란)이라는 기사가 있습니다. 이것은 다른 문학사에서는 거론된 적이 없고, 또 당시의 신문기자가 소신문이나 대신문에 어떤 식으로 의미를 부여했는지를 이해하는 데에도 흥미 있는 자료이기 때문에 여기에 전문을 소개해 두고자 합니다.

> 어떤 사람이 간진을 힐책하며 말하기를, 너희들이 종사하는 요미우리신문에 기재하는 연재물은 일부러 기이한 이야기를 만들어 내거나, 외설적인 어구를 끼워 넣는 일은 없지만, 그 쓰는바 소설과 비슷하고 게다가 취지도 없고 우의도 없이, 그저 사실을 서술하는 데 지나지 않으니, 그와 같은 것을 다른 각종 사건과 섞어서 게재하기보다는 오히려 순수 소설을 엮어 정리해서, 다른 란에 기재하는 것만 못하다고 한다. 이것 참으로 정당한 설로 간진이 크게 상찬하는 바이다.
>
> 원래 신문이라는 것은 세상 공동의 일기로 사회의 모든 사건을 망라해서 빠뜨리지 말아야 하겠지만, 한정된 지면으로 수많은 사건을 다루는 것은 도저히 불가능한 일이다. 그러나 일에 대소가 있고, 신구가 있고, 필요한 것과 불필요한 것이 있는 탓에, 편집인은 모름지기 모든 사건 중에 크고 새롭고 또한 긴요한 사건을 정선해서 지상에 게재하는 것이야말로 본연의 의무일 것이다. 어찌 낡아빠진 연재물을 호를 잇고 날을 더해가며 오래도록 게재할 필요가 있겠는가.
>
> 그것도 당연한 말이다. 그러나 신문 역시 하나의 상품에 불과한 것이기 때문에 시류에 따라 독자의 뜻을 받아들이지 않을 수 없다. 지금 우리 지역에서 어떤 신문이 가장 널리 보급되고 있는지를 살펴보니, 보통 대신문이라고 하여 논설을 주로 하는 신문은 발행부수가 그다지 많지 않다. 이에 반해 소신문이라

는 덧말을 단 신문이 일반적으로 발행부수가 엄청나게 많은 것은 결국 우리나라의 개화문명 정도가 아직 대신문에 적합하지 않고 소신문 쪽이 적당하기 때문인가. 그리고 소신문은 대체로 연재물을 주된 기사로 삼고, 이것에 많은 삽화를 그려 넣어 지면을 채우는 일이 종종 있는데, 모두 독자의 환심을 사기 위해서이고 읽는 사람 또한 딱딱한 논설보다는 부드러운 연재물 쪽에 눈길을 주는 사람이 많다. 그렇기 때문에 이들과 어깨를 나란히 하며 함께 우열을 다투는 이상, 내 뜻에 맞지 않는다고 해서 함부로 배척하고 취하지 않는 것은 상책이 아니다.

그렇다고는 해도 진부하고 외설적인 연재물을 게재하는 것은 기자의 양심이 허락하지 않기 때문에, 탐방원이 들은 것 중 비방에 이르지 않고 외설이 되지 않고, 읽어서 재미있고 유익한 것만을 골라서 기재해야 함을 알고는 있지만 어떤 때는 소설처럼 되고, 그렇지 않으면 담화가 무미건조해서 독자의 갈채를 얻기 어렵다. 때문에 어떤 사람의 말처럼 소설과 유사한 긴 이야기를 잡보란에 섞어서 게재하기보다는 오히려 순수하게 소설을 다른 란에 게재하는 것이 낫다.

그 예를 구미의 신문에서 찾아보면, 매주 발간되는 신문에는 반드시 소설을 게재하고 매일 발간하는 신문이라도 그 예는 적지 않다. 현재 프랑스의 프티 주르날(소신문이라는 뜻) 같은 것은 일간지로, 지면은 그 이름처럼 아주 작아 우리 요미우리보다 3센티 이상이나 작은 소신문이면서, 매일 그 지면 하단에 두 편씩 소설을 게재하고, 게다가 프랑스 내에서 일어난 일은 대소 빠뜨리지 않고 기재하도록 해서 무척 사회의 신용이 두텁고 매일 발간부수가 60만여 부에 달한다고 한다.

그렇다면 우리 요미우리신문에 소설을 게재하는 것도 결코 나쁜 일이 아니니, 다음 봄부터는 별란을 개설해서 매일 한두 장씩 기자가 편집하고 기술한 것, 또는 구미의 소설 중 가장 좋은 것을 골라서 게재하고, 그 외의 소설과 유사한 연재물은 모두 폐지할 것을 희망한다. 그렇지만 그 기사들 중 황망히 기고하는 것이 많기 때문에 독자께서 기자의 엉성함을 나무라지 않으시기를 미리 간청한다.

이것을 일종의 예고로 해서, 《요미우리신문》은 1886년 초봄부터 소설란을 개설하고 '연재물'을 폐지했습니다. '연재물'은 어디까지나 동시대의 현실에서 일어난 사건에 입각해서 쓴 이야기였습니다만, 신문소설은 그러한 구속이 없어 허구적 이야기라도 괜찮았습니다. 현재 일본 신문에도 계속되고 있는 신문소설 형태는 이렇게 시작된 것으로, 위의 기술에서도 알 수 있듯이 초기의 신문소설은 전문적인 소설작가보다는 오히려 신문기자의 손에 의해 씌어졌고, 점차로 보도기자와 소설작가로 분화해 갔습니다. 후타바테이 시메이는 1904년에 《오사카아사히신문大阪朝日新聞》의 도쿄 출장소에 근무하게 되는데 그것은 기자로서였고, 〈그 모습其面影〉(1906년 10월 10일-12월 31일, 《도쿄아사히신문東京朝日新聞》)은 기자로서의 작업의 일환이었던 셈입니다.

제3장

독자의 생산

이야기 속에 이야기를 읽는 독자를 등장시키는, 이야기의 차이니즈 박스적인(상자 속에서 상자 꺼내기) 구조는 이야기의 역사상 초기부터 보이는 장치로, 어떤 의미에서는 이야기를 다른 담론 장르와 구별하는 중요한 지표 중의 하나라고 할 수 있을지도 모릅니다.

앞에서 저는 메이지 시대 전기에 일본의 이야기 속에서 어떻게 여성이 주인공의 위치에 놓이게 되고 묘사되었는지를 다카하시 오덴의 경우에 초점을 맞추어 살펴보았습니다. 이번에는 이야기를 읽는 독자, 특히 여성 독자가 어떻게 다루어져 왔는지를 에도 시대 후기부터 메이지 초기까지의 이야기를 통해 검토하고 싶습니다. 이는 후에 이야기를 쓰는 여성이 어떻게 출현했는지를 검토하기 위해서이기도 하지만 그 때문만은 아닙니다. 작가가 이야기 밖의 환경 속에서 어떤 요소와 조건을 선택하여 이야기 내용에 집어넣어 서사 구조를 바꾸어 왔는가 하는 시점에 의한 문학사는 아직 일본에서는 연구되지 않았습니다. 그것을 여기서 한번 시도해 보고 싶기 때문입니다.

에도 시대의 독자 생산의 전략(1) — 이야기 속의 독자

먼저 샤레본洒落本[29]이라는 도쿠가와 시대의 대중적 이야기의 하위 장르sub genre를 들어보겠습니다. 제1장에서 언급했던 요미혼이 그 판형에 따라 반지본이라 불렸고 닌죠본이 중본中本이라 불렸던 것에 비해 샤레본은 반지본의 절반 사이즈, 즉 가로 약 12㎝, 세로 약 17㎝ 정도의 소형으로 소본小本이라고도 불렸습니다. 왜 그렇게 작은 사이즈였는지는 잘 알 수 없습니다. 원래 샤레본은 유곽 안내의 성격도 가지고 있었기 때문에 유곽에 다니는 남자들이 품 안에 넣고 다니기 쉬운 크기를 의도했는지도 모릅니다.

샤레본은 그러한 성격 때문에 장면을 유곽으로 설정하고 손님과 유녀의 대화를 직접적으로 묘사하고 있으며 또한 각 등장인물의 사투리나 억양까지도 자세히 묘사하고 있어 현재는 언어 연구자들에게 에도 시대의 구어자료로서 중요시되고 있습니다. 만약 메이지 시대의 언문일치운동을 회화체를 그대로 문장화하는 운동이라고 본다면 이것은 메이지 시대에 앞서 실천된 언문일치 텍스트라 할 수도 있습니다.

다만 지금 제가 샤레본을 거론하는 것은 그러한 의미에서가 아니라, 거기에 그 샤레본을 읽는 독자가 등장한다는 독특한 홍취를 돋우기 위한 장치가

29 샤레본洒落本 : 유곽을 소재로 한 에도 시대의 소설로 대화를 골자로 하며 놀이의 핵심을 주로 한다.

있기 때문입니다. 이것은 샤레본이 실제 손님과 유녀와의 회화를 몰래 베꼈다는 일종의 사실주의적 취향을 표방한 데에서 파생된 또 하나의 취향이었다고 할 수 있겠지요.

예를 들어 우메보리 고쿠가梅暮里谷峨는 〈유녀 사기 두 방법傾城買二筋道〉(1789)에서 두 가지 사랑을 묘사했습니다. 하나는 고로五朗라는 용모가 뛰어난 남자와 스마에すま依라는 유녀의 사랑 이야기로, 스마에는 처음에는 고로에 대해 사랑하는 마음을 가지고 있었지만 고로가 자신의 용모를 자만하여 돈을 달라고 보챘기 때문에 결국 그에게 완전히 정나미가 떨어졌다는 스토리입니다. 또 하나는 분리文里라는 추남이 히토에一重라는 유녀를 좋아하게 되어 유곽에 다니게 되는데, 히토에는 처음에는 분리를 싫어하지만 점차 그의 진심에 이끌려 반대로 히토에 쪽이 분리에게 빠져 버린다는 스토리입니다. 즉, 고쿠가는 "용모를 자만하는 남자가 너무 우쭐대는 것보다는 못생긴 남자가 조심스러우나마 계속 진심을 보여주는 것이 유녀에게 호의를 갖게 한다"는 테마를 이야기화한 것으로, 굉장한 호평을 얻었습니다. 시대적으로는 훨씬 뒤지만 가와타케 모쿠아미의 유명한 가부키 〈산닌키치세 유곽 첫경험三人吉三廓初買〉(1860)에 분리와 히토에의 대화가 그대로 삽입되어 있을 정도입니다. 여하튼 고쿠가는 호평에 자신을 얻었던지 〈유녀 사기 두 방법〉을 발표한 다음 해 〈유곽버릇郭の癖〉(1790)을 쓰고 히토에를 찾아 온 손님으로 하여금 다음과 같이 말하게 합니다.

> 그 사정을 잘 알고 있지. 처음에는 너도 정말로 싫어한 것 같았지만 점차 신세를 지게 되고 의리 때문에 그가 꼭 싫지만은 않게 된 것을. 그건 그렇고 작년 봄에 나온 고쿠가의 작품, 두 방법이라는 책은 네가 분리를 싫어하는

> 데서부터 조금씩 끌리기 시작하는 부분까지 쓰여 있더라. 그것을 어차피 알고 온 것이라고.

즉, 이 손님은 〈유녀 사기 두 방법〉이라는 샤레본은 읽고 히토에와 분리의 사랑의 경위를 알고 있기 때문에 히토에에게 흥미가 생긴 것이라는 것이지요. 물론 이것은 히토에와 분리가 실존하는 인간으로 보이게 하기 위한 장치이며, 또한 이 손님도 실제로 존재하는 인물이라고 여기게끔 하기 위한 시도였다고 할 수 있을 것입니다. 바꾸어 말하면 이 〈유녀 사기 두 방법〉도 〈유곽버릇〉도 둘 다 만든 이야기가 아니라 실제로 일어난 일을 묘사한 것이라고 독자들에게 믿게끔 하는 방법이었던 것입니다.

게다가 고쿠가는 그 다음 해에 〈초저녁 무렵宵の程〉(1791)에서 작가인 '고쿠가'까지 등장시켜 다음과 같이 분리의 부모님을 설득시키고 있습니다. 왜 고쿠가가 등장했는가 하면 오토키お時라는 아내와 자식이 있음에도 불구하고 유녀인 히토에에게 빠져버렸기 때문에 화가 난 그의 양친이 집에서 그를 내쫓고 부모 자식 간의 연을 끊어버렸기 때문입니다.

> 부모님 이 여자는 초면이시지만 진작부터 알고 계시던 유녀 히토에. 자세한 내용은 '두 방법' 후편에 자세히 나와 있기 때문에 말씀드리지 않겠습니다. 한마디로 말하면 인간의 도리가 아닌 일이지만 부모님께서 이를 언짢게 여기시고 또 오토키의 일도 걱정하시니 다만 가엾은 것은 오토키의 성실함. 이를 보시고 아무 말씀 마시고 허락해 주시기를 바라며 (히토에를) 제 딸로 삼고 싶습니다. 옆에 두고 써 주시기 바랍니다.

이 인용만으로는 알기 어려울지도 모르겠습니다만, 한마디로 고쿠가가 여기서 말하고 있는 것은 "부모님께서 초면이시겠지만 이 여자가 소문에 듣는 유녀 히토에입니다. 사정은 〈유녀 사기 두 방법〉과 〈유곽버릇〉에 자세히 써 놓았기 때문에 더 이상 설명하지 않겠지만, 간단히 말하면 인간의 도리를 벗어난 일이라 부모님께서는 오토키를 가엾게 생각하여 분리를 집에서 쫓아내고 자식의 연을 끊었습니다. 그러나 오토키가 오히려 그것을 부담스럽게 생각하여 괴로워하고 있습니다. 옆에서 보면 오토키가 딱해서 견딜 수가 없습니다. 그러므로 오토키의 성실함을 헤아리셔서 이 이상은 아무 말씀 마시고 오토키의 청을 받아들이시어 분리를 용서해 주십시오. 히토에에 대해서는 그녀를 저의 양녀로 삼고 그러한 연후에 댁에 보내겠으니 심부름하는 여자로 써 주시기 바랍니다"라는 내용입니다. 고쿠가는 이렇게 사건을 중재함으로써 분리 일가 가족의 화목을 꾀하고 있는 것입니다.

이러한 해결을 위해 고쿠가는 유녀인 히토에를 자신의 양녀로 삼아 분리의 집에 바친다는 수고스러운 방법을 취하고 있습니다. 이것은 일단 히토에를 신원이 분명한 가문의 딸로 세간에 인지시킨 다음, 사회적 지위가 있는 남자와 결혼시키는 절차를 밟는 것을 의미합니다. 에도 시대에는 신분이 다른 남녀를 결혼시키는 경우, 이러한 방법이 자주 사용되었습니다. 메이지 시대에 들어와서도 이러한 방법이 남아 있었는데, 쓰보우치 쇼요도 연인이 유녀였기 때문에 일단 우가이 쓰네치카鵜飼常親라는 인물의 양녀로 들인 후, 그녀를 부인으로 맞아들이는 수순을 밟았습니다.

다만, 앞의 이야기의 경우 히토에를 고쿠가의 양녀로 삼은 뒤 분리의 집에 바친다는 것은 분리의 부인으로서가 아니라 그의 첩으로 바친다는 것입니다. 이것은 현대인에게는 이해하기 힘든, 아니 힘들다기보다는 이해하고 싶지 않은 일이겠지만 당시에는 부인이 있는 남자가 유녀를 좋아하게 된 경우 그 유녀를 첩으로 집에 들여 부인과 함께 살게 하는 방식을 취했습니다. 이것을 처첩동거妻妾同居라고 합니다. 이러한 해결방식은 메이지기에 들어와서도 종종 있었던 것 같습니다.

이야기가 조금 빗나갔지만 어쨌든 이상과 같은 해결법 덕분에 분리의 가족에게 행복이 돌아왔다는 형태로 이야기는 끝이 납니다. 이같이 해결을 지은 장본인이 고쿠가라는 이 이야기의 작가로, 그가 그 경과를 보고한 것이 〈초저녁 무렵〉이라는 작품입니다. 이러한 장치를 통해 이야기의 등장인물은 전부 실존 인물들이고, 그것을 읽은 독자가 다음에는 손님으로 등장하는 것으로 착각하게 만듭니다. 이것이 우메보리 고쿠가가 고안한 새로운 흥을 돋우기 위한 장치였습니다.

이 방법은 시키테이 산바式亭三馬(1776-1822)[30]의 〈다쓰미후겐辰巳婦言〉(1798)부터 시키 산진四季山人의 〈센도신와船頭深話〉(1806), 또 조키 산진猪牙散人의 〈센도베야船頭部屋〉(1807) 연작에도 사용되었습니다. 언뜻 보기에 이것은 세 명의 작가가 릴레이식으로 계승해 온 것처럼 보입니다만, 시키 산진, 조키 산진 모두 시키테이 산바의 다른 이름입니다. 산바는 고쿠가의 성공에 자극받아 더욱 공을 들인 연작 형식을 고안해 본 것이겠지요. 참고로 〈센도(전등)신와船頭深話〉라는 제목은 중국의 백화소설로 일본의 괴담 이야기에 큰 영향을 준 〈센도(전등)신와剪灯新話〉의 음을 딴 것으로 생각됩니다.

---

30 시키테이 산바式亭三馬 : 1776-1822, 에도 후기 초닌町人들의 인정과 세태를 묘사한 게사쿠 작가로 합권, 샤레본, 골계본 등을 집필했다. 대표작은 〈우키요부로浮世風呂〉, 〈우키요도코浮世床〉이다.

에도 시대의 독자 생산의 전략 (2) — 텍스트 생산의 뒷이야기

샤레본은 앞에서도 말했듯이 주로 유곽에서의 유녀와 손님의 대화를 그리는 데에 주안을 둔 읽을거리였습니다. 다메나가 슌스이為永春水(1790-1843)[31]라는 작가는 유녀와 손님의 연애에 여염집 처녀를 개입시키는 새로운 취향을 사용하여 닌죠본이라는 하위 장르를 창시했습니다. 왜 이것이 새로운 취향이었는가 하면, 에도 시대의 통념상 '연애'라는 것은 유녀와 손님 사이에서 이루어지는 문화로 유녀 이외의 여성은 — 당시 일반 여성들은 지온나地女라고 불렀습니다 — '연애'를 하지 않는 존재로 간주되었기 때문입니다. 물론 유녀 이외의 여성과 남성 사이에서 연애 감정이 싹트지 않을 리는 없었겠지만 그것을 연애행동으로 옮기려면 《겐지모노가타리源氏物語》[32] 등의 교양이 뒷받침된 방법, 매너를 알아야 했습니다. 그러한 의미에서 '연애'는 사치스러운 행위로, 게다가 파멸의 위험이 동반되는 만큼 한층 달콤하고 스릴로 가득했습니다. 유녀란 그것을 능숙하게, 스스로 진심이라고 생각되는 한계까지 연기해서 그 달콤한 감정을 남성에게 맛보게 해주는 문화적인 존재였다고도 할 수 있습니다. 유곽은 그러한 고도로 섬세한 감정을 연기하는 특별한 공간이었고, 그러한 환경과는 관계없는 일반 여성, 즉 지온나地女가 '연애'에 빠지는 것은 금기시되어 있었습니다. 또한 그것을

---

31 다메나가 슌스이為永春水 : 1790-1843, 에도 후기의 게사쿠 작가. 1832년 〈슌쇼쿠우메고요미春色梅児誉美〉를 간행하여 닌죠본의 양식을 확립했다. 많은 작가들과 문인들에게 영향을 주었고 스스로 "에도 닌죠본의 원조"라 칭했다.

32 《겐지모노가타리源氏物語》 : 무라사키 시키부紫式部의 작품으로 총 54권으로 구성된 소설이다. 4명의 천황과 70년의 세월을 허구화한 것으로 왕조 시대의 사상과 미의식의 결정판으로 평가된다.

이야기로 그려내는 것도 감히 금기를 범하는 위험한 행위였던 것입니다.

그런 시대 통념 속에서 다메나가 슌스이가 굳이 여염집 처녀에게까지 '연애'의 범위를 넓힌 것에 닌죠본의 신선함이 있었다고 할 수 있겠습니다. 그와 함께 주의해야 할 것은 이 닌죠본이 자신이 등장하는 이야기를 화제로 삼는 유녀를 등장시켰을 뿐만 아니라 닌죠본의 출판 사정을 소상히 알고 비평을 시도하는 여염집 처녀까지도 독자로 등장시킨 점입니다.

> "어머머머, 이 책은 싫어. 딱 내 이름으로 나와 있잖아." "그렇게 말하지만 속으로는 기쁘겠지. 아참, 여기에 네 애인 이름도 나와 있네." "아이고 정말이네. 어떻게 이렇게 자세히 알고 있는 것일까. 얄미운 작가야." "그러면 네 이야기도 여기에 자세히 쓰여 있을 테니까 읽어보자."(1839, 다메나가 슌스이, 〈슌쇼쿠우구이스닛키春色鶯日記〉)

이것은 실제 유녀가 자신들의 이야기를 쓴 '작가'에 대해 불만을 토로하면서도 어떤 식으로 씌어져 있는가에 흥미를 느껴 계속 읽는다는 취향에 의한 것이지만 다음 텍스트에서는 책을 좋아하는 오타마お玉라는 일반 처녀가 등장합니다. 원문은 이어져 있지만 그대로는 대화의 흐름을 알기 어렵기 때문에 이해하기 쉽도록 대사마다 행을 바꾸어 보았습니다.

> 다키자부로滝三朗는 오늘도 절에 참배를 하고 돌아오는 길에 들르니 오타마가 툇마루에 걸터앉아 무릎 위에 중형본 요미혼을 놓고 비녀 끝으로 글자를 짚어가며 읽고 있다가 다키자부로를 보고서
>
> 〔…〕
>
> 오타마　저, 이것은 신판 샤레본이래요. 지금 막 빌려왔습니다.
>
> 다키　아, 제목이 무엇인가. 잠깐 보여주시오.

오타마　읽고 얘기해 주세요.(다키사부로에게 내민다)

다키　아, 뭐지. 유녀사기 전수의 권契情買伝授の巻. 이것 재밌어 보이는군. (두세 장 앞을 넘겨서 목록 부분을 펼치고서) 첫 만남부터 유녀를 반하게 하는 비법. 유녀와 정사를 하는 비법. 유녀에게 돈을 받아내서 재미있게 노는 비법. 이것 참 색다른 이야기를 썼군.(아래에 내려놓고는) 오타마 씨, 당신이 책을 좋아해서 지금 사왔습니다.(신판 합권合巻[33]을 5, 6권 주머니에서 꺼내 오타마에게 준다)

오타마　어머, 이것 재미있어 보이네요.

다키　보세요. 내년의 구사조시가 지금 나오게 되어서야. 설이 지나자 곧바로 히나 인형雛人形을 장식해야 하는 셈이네요.

오타마　정말 빠르네요. 잘도 나오네요.

다키　모두 줄 테니까 읽어보세요. 그중에는 정취 있고 재미있는 것도 있겠지요.

오타마　감사합니다.(받아서 기쁜 듯이 우선 그림만 쓱쓱 보고 뒤를 돌아보며 바느질을 하고 있는 어머니에게) 어머니, 이것을 다키 씨에게 받았어요. 신판이니까 보세요.

(1822, 하나산진鼻山人, 〈사토카가미花街鑑〉)

오타마라는 처녀가 무릎에 놓고 읽던 〈유녀 사기 전수의 권〉이라는 '중형본 요미혼'은 산토 교덴山東京伝[34]의 샤레본 〈유녀 사기 48수傾城買四十八手〉(1790)와 앞서 소개했던 우메보리 고쿠가梅暮里谷峨의 〈유녀 사기 두 방법〉의 패러디라고 생각됩니다. 앞에서도 얘기했듯이 샤레본 사이즈는 원

---

33 합권合巻 : 에도 후에 유행한 구사조시草双紙의 일종이다.

34 산토 교덴山東京伝 : 1761-1816, 에도 후기의 게사쿠 작가, 우키요에浮世絵 작가. 기뵤시黄表紙 〈에도우마레우와키노카바야키江戸生艶気樺焼〉를 써 기뵤시계의 일인자로 활약했다.

래 소형이었습니다. 그러한 점에서는 '중형본 요미혼'이라는 말과 모순되는 것 같지만 〈유녀 사기 두 방법〉에서 〈초저녁 무렵〉에 이르는 연작 과정에서 중형의 크기로 변해가는 과정이 보이므로 이 중형본의 요미혼도 샤레본이라고 생각해도 무방할 것입니다. 닌죠본은 중간 크기의 책입니다. 〈사토카가미〉 자체는 여주인공인 오타마가 후에 유녀가 되어 다키자부로와의 사랑의 갈등으로 고민한다는 줄거리를 가지면서 대화의 묘사를 주로 하고 있습니다. 이 때문에 샤레본으로 분류되는 경우도 있습니다. 그러나 사이즈가 중간 크기라는 것과 오타마가 다키자부로에게 오해를 받아 절망해서 자살해 버리는 가련한 결말 속에 여자의 마음이 그려져 있다는 점에서는 닌죠본으로 분류되고 있습니다. 그런 의미에서 이 텍스트 자체가 샤레본에서 닌죠본으로 이행해 가는 과도기적인 성격, 혹은 양쪽의 요소를 갖춘 상호텍스트라고 할 수 있겠지요. 그런 성격이 앞의 인용문에 반영되어 있는 것입니다.

또 하나 언급해 두고 싶은 것은 다키자부로의 "내년의 구사조시가 지금 나오게 되어서야"라는 대사에 관해서입니다. 구사조시라는 것은 기뵤시와 합권 등 당시의 대중적인 소설을 합친 말인데 그 당시의 일반적인 관습으로서 구사조시는 음력 8월 15일의 오본お盆 전과 연말에 출판되었습니다. 당시는 책의 가격이 비싸서 구사조시를 좋아하는 사람들이 책을 사서 읽는 경우는 극히 드물고 책 대여점에서 빌려 읽는 것이 보통이었습니다. 구사조시를 산다는 것은 오본과 연말에 선물로 쓰려는 것이고, 그렇기 때문에 그 시기에 맞춰서 책을 출판했던 것입니다. 그런데 분세기文政期(1818-1829)에는 서점의 경쟁이 치열해져서 그러한 상관습이 지켜지지 않게 되었고, 그런

사정을 가리켜서 다키자부로는 "내년의 구사조시가 벌써 출판되어 설날의 소나무 장식을 치우자마자 즉시 삼월의 히나 인형雛人形을 꺼내지 않으면 안 되겠죠"라는 의미의 농담을 합니다. 이것이 앞서 인용한 대화의 의미입니다.

이렇게 당시의 닌죠본과 구사조시는 텍스트 자체의 출판사정에 관한 자기언급적인 성격을 강하게 가지고 있었습니다. 샤레본을 좋아하는 오타마라는 처녀가 샤레본에 그려지는 유녀의 운명에 몰락해 버린다는 상호반영적인 취향도 그러한 성격의 일종이라고 할 수 있습니다.

이러한 성격은 점점 더 가중되어 다음과 같이 텍스트 생산의 뒷이야기까지 도입하게 되었습니다. 이번에는 대화마다 행을 바꾸지 않고 원래의 텍스트 그대로 인용해 보겠습니다.

> 소노その "이봐요 한判 씨. 이 책은 재미있어 보여요. 그리고 아직 출판은 되지 않은 초고 같은데 사본일까. 어머, 그림도 들어가 있어요. 뭐 그것은 출판사에 조금 문제가 있어 출판은 불가능하지만 정말 재미난 책이에요. 좀 읽어 봐요." (소노) "그래요?"라고 말하면서 다른 아가씨들의 이런저런 이야기는 듣지 않고 대여섯 권 있는 중본 중에 상중하를 골라내어 제목에서 시작하여 서문과 표지 그림을 빼놓지 않고 열심히 읽는 풍경은 닌죠본에 능통하여 우메고요미梅暦와 하루쓰게도리春告鳥를 줄줄 외는 아가씨라 할 만하다. 소노 "어머 제목이 참 좋군요. 슌쇼쿠무스메히나가타春色乙女雛形. 이것 봐요. 이 작가의 이름이 평소와는 조금 다른 것 같아요. 한 씨, 이 글자는 교에샤狂詠舎인가요?" "맞아요. 역시 닌죠본에 능통하시군요. 잘 읽으시네요." 소노 "호호호호호. 박식하지요? 교에샤 다메나가 슌스이 작! 어머 이건 교쿤테이狂訓亭라는 작가의 제자인가? 그래요? 한 씨?" "아니 뭐 그 다메나가조합 사람들은 스승인지 제자인지 전혀 알 수 가 없어요. 산야보리山谷堀 와카타케若竹의 오쓰가お津賀가 도와준

부분이 잔뜩 있어서 작가가 쓴 것보다 오쓰가의 초고 쪽이 더 재미있어요."
소노 "어머 그래서 책에 다메나가 쓰가온나為永津賀女라는 이름이 나오는군요"라고 말하면서 표지 그림과 본문 사이를 읽는다.(1841, 다메나가 슌스이, 〈슌쇼쿠우메후네春色梅婦禰〉)

닌죠본이라는 구사조시의 하위 장르를 시작한 다메나가 슌스이는 단지 이야기를 만드는 것이 아니라 스스로 출판에 손을 댐과 동시에 다메나가조합이라는 공동 제작 그룹을 조직했습니다. 게다가 그 공동 제작의 상황을 밝히는 형태로 이야기 속에 집어넣어 등장인물이 "다메나가조합 사람들은 스승인지 제자인지 전혀 알 수가 없다"라든가, "산야보리 와카타케의 오쓰가의 〔…〕 초고 쪽이 더 재미있다"라고 말하게끔 하고 있습니다. 이 '오쓰가'라 불리는 여자는 실존 인물로 기요모토清元의 스승이었습니다.

또, 다음에 등장하는 사쿠라가와 젠코桜川善好는 흉내내기 에 능한 사람으로 알려져 있으며 다메나가조합원의 한 명입니다. 이 사람들은 자주 실명으로 이야기 속에 등장했습니다. 그러한 작중인물로서의 젠코가 이야기 속에서의 자신의 역할이 마음에 들지 않으면 작가에게 불만을 토로합니다. 이 점이 재미있습니다만 이리하여 다메나가조합은 '작가에게 불만을 이야기하는 작중인물'이라는 기법을 고안하게 된 것입니다.

젠코 "이것만 말씀드리고 바로 처리하겠습니다. 어쩌면 저는 이 책의 작가에게 미움을 받고 있는지도 모릅니다. 나쁜 부분이다 싶으면 저를 끌어내어 씁니다. 뭐 그렇지만 그것으로 선악을 구분할 수 있다면 경사스러운 일입니다." (1833, 다메나가 슌스이, 〈슌쇼쿠우메고요미春色梅児誉美〉 4편)

또, 당시의 구사조시에는 많은 삽화가 사용되어 오히려 그림 쪽이 텍스트의 매력이 되었기 때문에 출판사는 작가보다 삽화를 그리는 화가에게 더 많은 돈을 주었다고 합니다. 그러한 점에서 당시의 이러한 책들은 패션 잡지로서의 성격을 가지고 있었는지도 모릅니다.

> 구메 "지난번에 내가 아는 미용사가 그러는데 말이야 〔…〕 평소 머리를 해 주러 다니는 부인이 시골겐지田舎源氏를 옆에 놓고 삽화의 머리대로 해 달라고 해서 정말 곤혹스러웠다고"(다메나가 슌스이 작, 우타가와 구니사다歌川国貞[35] 그림, 〈다마우사기多満字佐喜〉, 출판연도 불명)

여기에 나오는 "시골겐지"는 류테이 다네히코의 〈가짜 무라사키 시골겐지偐紫田舎源氏〉(1829-1842)를 말하는데 합권合巻(그림이 들어간 서적을 몇 권 합친 것)의 대표적 작품으로 각 페이지마다 우타가와 구니사다의 화려한 삽화가 실려 있으며 그것이 인기의 핵심이었습니다. 작가인 다메나가 슌스이는 이를 언급하여 자기 작품의 삽화를 담당하고 있는 우타가와 구니사다에게 서비스하고 있습니다. 이는 바꿔 말하면 〈시골겐지〉의 삽화로 평판이 높은 우타가와가 자신의 작품 삽화를 그려주고 있다는 사실을 독자들에게 주지시켜 자기 작품의 위상을 알리고 있다고 할 수도 있습니다.

또 당시에는 요미혼이라는 장르가 있었는데 크게 묶어 게사쿠의 일종이라고 할 수 있습니다. 장편의 구상과 지식인의 비평에 견딜 수 있을 만큼의 학식을 내포하고 있다는 점에서 샤레본, 닌조본, 합권과는 확연히 차이가 있습니다. 그 때문에 별도의 장르로 다루어졌던 것이겠지요. 그러한 차별

35 우타가와 구니사다歌川国貞 : 1876-1864, 에도 후기의 우키요에 작가. 미인화를 주로 그렸으며 시대의 유행을 민감하게 표현한 것으로 유명하다.

의식은 다음과 같은 표현에서 엿볼 수 있습니다.

> 오로쿠 "오토요お豊야. 이 책을 좀 읽어보렴. 정말 가엾고 슬픈 부분이 있어." 오토요 "아 그건 요미혼이군요" 오로쿠 "응, 고분시덴好文士伝(좋은 문장을 쓰는 문사전)이라는 다메나가의 신작이야." 오토요 "난 그런 책은 딱딱해서 싫어요. 그것보다는 하루쓰게도리春告鳥나 우메노하루梅の春같은 요전에 나온 교쿤테이狂訓亭의 제자인 슌쇼春笑라는 사람이 쓴 슌쇼쿠모모치도리春色百千鳥 같은 닌죠본이 세련되어서 좋아요." 오로쿠 "뭐 그렇지만 이 책이라고 딱딱한 것만 쓰여 있는 건 아니야. 후타가와婦多川 같은 것을 옛말로 고쳐 놓아서 얼마나 재미있는데."(1840, 다메나가 슌스이 작, 게사이 에센渓斉英泉 그림, 〈무스메나나쿠사処女七種》)

'교쿤테이'란 다메나가 슌스이의 별명으로 교쿤狂訓은 교훈教訓을 빗댄 말입니다(일본어로 광훈과 교훈은 발음이 같습니다). 그는 오토요라는 유녀의 입을 빌어 요미혼 같은 딱딱한 즉, 교훈성이 짙은 장편의 이야기는 여성들에게 사랑받지 못하고 있음을 암시하고 있습니다. 그와 함께 교쿤테이 · 다메나가 슌스이가 쓰는 요미혼은 그렇게 딱딱하지만은 않아서 유녀들도 쉽게 읽을 수 있는 작품임을 밝히고 누구나 쉽게 친해질 수 있는 요미혼에까지 자신이 진출했음을 선전하고 있었던 것입니다.

자, 꽤 긴 소개가 되었습니다만, 이상과 같이 에도 시대의 샤레본이나 닌죠본에는 독자를 등장시키는 수법이 자주 사용되었습니다. 지금까지 지적해 온 이러한 특징은 출판 산업에 있어서 독자 생산의 전략이며 또 작가와 독자 사이에 새로운 관계의 탄생을 촉구했다고도 볼 수 있습니다. 이러한 시점과 서지학書誌学을 연관시키면 에도 시대와 메이지 시대의 관계가 여러 형태로 보이게 되지 않을까요.

독서 자세

재미있는 것은 에도 시대의 구사조시는 독자를 등장시킴과 동시에 읽는 자세까지 언급하고 있으며 그에 의해 책의 계층성을 시사하고 있었다는 점입니다.

예를 들어 산토 교덴 작, 기타오 마사노부 그림의 기뵤시 〈에도우마레우와키노카바야키江戸生艶気樺焼〉의 경우, 엔지로艶次朗라는 돈 많은 상인의 아들이 엎드려 담뱃대를 들고 쇼혼正本(연극의 대본)을 보면서 "이렇게 보면 더 재미있지. 좋은 시대에 태어났어"라고 중얼거리는 모습이 묘사되어 있습니다. 기뵤시라는 것은 그림을 중심으로 그 옆에 간단한 설명이나 대사를 쓴 그림책으로 구사조시의 하나입니다. 당시에는 대중적인 읽을거리를 구사조시(구린 책)라고 불렀으며 때로는 '구사조시嗅双紙'라고 낮추어 쓰는 경우도 있었습니다.

기뵤시 전에는 아카혼赤本[36]이나 구로혼黒本[37]이라는 그림책의 역사가 있으며 기타노 마사노부 글 · 그림의 기뵤시 《고존지노쇼바이모노御存商売物》(1782)는 그러한 그림책의 역사를 이야기하고 있습니다. 이것도 구사조시의 자기언급성의 하나라 할 수 있겠지요. 그 내용은 아카혼이나 구로혼, 기뵤시의 유행의 변화를 〈겐페이 성쇠기源平盛衰記〉[38]의 미나모토 씨源氏와

---

36 아카혼赤本 : 에도 시대에 간행된 구사조시草双紙의 하나. 빨간 표지를 사용한 어린이용 그림 이야기 책.

37 구로혼黒本 : 그림 중심의 구사조시草双紙를 말한다. 부녀자를 대상으로 한 읽을거리로 표지 색깔에 따라 아카혼赤本, 아오혼青本, 구로혼黒本으로 나누어 불렀다.

38 〈겐페이성쇠기源平盛衰記〉 : 군기모노가타리軍記物語 48권. 성립 시기는 가마쿠라鎌倉시대에서 남북조南北朝시대에 걸쳐 많은 설이 있다. 다이라노 기요모리平清盛의

다이라 씨平氏의 싸움에 빗댄 것으로 아카혼, 구로혼, 기뵤시 모두 의인화되어 가난한 상인의 모습으로 등장합니다. 이 상인들의 싸움을 보다 못한 학자 모습의 《겐지모노가타리》와 무사 모습의 《당시선唐詩選》이 중재에 나서게 되는데 《겐지모노가타리》가 '우리가 위에서 보니' 아카혼과 구로혼이 도리에 어긋났다고 주의를 줍니다. 《당시선》도 같은 주의를 줍니다. 그러자 기뵤시, 아카혼 등은 "독서대에 올라가는 치들은 역시 다르군(독서대에 올라갈 수 있는 사람들의 말은 우리와는 달라 도리에 맞다)"라며 탄복하고 싸움을 멈추고 이야기는 끝이 납니다.

독서대라는 것은 책을 읽을 때 사용하는 것으로 가는 세로 봉 위에 책을 놓는 판자가 비스듬히 붙어 있습니다. 학문을 하는 사람은 정좌하여 앞에 독서대를 놓고 거기에 책을 놓고 읽습니다.

음악을 연주할 때의 악보대, 그것을 생각하면 독서대의 기능과 의미에 관해서 대강 짐작을 할 수 있겠죠. 즉, 《겐지모노가타리》 같은 국학자의 중요한 텍스트나 《당시선》과 같은 한학자의 교양서를 읽는 경우에는 읽는 자세까지 규범화되어 있었던 것입니다. 그러한 책들은 읽은 후에는 도코노마床の間39에 장식되기도 하고, 책상 위에 놓아두는 등 중요하게 다루었습니다. 만일, 방바닥에 내버려 두었다 무심코 그 책을 넘어가기라도 하면 책 속의 지식과 사상에 실례를 범했다 하여 선생님과 부모님께 심하게 꾸지람

영화를 중심으로 미나모토 씨와 다이라 씨 두 집안의 흥망성쇠를 서술했는데, 에피소드가 많고 유려함이 결여되어 있다.

39 도코노마床の間 : 객실인 다다미방의 정면 상좌上座에 바닥을 한 층 높여 만들어 놓은 곳. 벽에는 족자를 걸고, 바닥에 도자기나 꽃병 등을 장식해 두는 곳.

을 들었다는 이야기도 전해져 오고 있을 정도입니다.

그러면, 기뵤시를 비롯하여 구사조시는 어떻게 다루어졌는가 하면, 〈에도우마레우와키노가바야키〉의 엔지로艶次郎처럼 아무렇게나 누워서 읽기도 하고 다다미 위에서 턱을 괴고 읽어도 전혀 지장이 없었습니다. 가벼운 읽을거리는 역시 편한 자세로 읽어야 하므로 만약 독서대에 얹어두고 읽으면 오히려 그쪽이 구사조시를 읽는 방법을 모르는 행위라고 해서 웃음거리가 되어 버렸죠.

《고존지노쇼바이모노》 같은 기뵤시들은 그런 입장에서 《겐지모노가타리》 등을 가리켜서 "독서대에 올라가는 치들"이라고 칭하고 서적으로서의 사회적인 차이를 인정하며 자신들의 투쟁을 그만두었습니다. 그런 의미의 이야기였던 것입니다.

덧붙여 기타오 마사노부北尾政演는 산토 교덴의 화가로서의 이름으로, 실은 동일인물입니다. 그는 〈에도우마레우와키노가바야키〉의 경우에는 마치 두 사람의 합작처럼 보이게 했고 《고존지노쇼바이모노》에서는 화가 이름으로 발표했던 것입니다.

기생과 젊은 일반 처녀가 구사조시를 읽는 모습은 당시의 우키요에浮世絵 화가들의 새로운 모티브였을지도 모릅니다. 앞서 소개했던 〈다마우사기多満字佐喜〉의 삽화를 담당했던 우타가와 구니사다歌川国貞는 일반 처녀가 다다미 위에 펼쳐둔 구사조시를 몸을 숙이고 읽는 모습과 세 명의 처녀가 빙 둘러앉아서 각자 그림책을 보고 있는 모습들을 그렸는데 그중에는 이야기 내용과는 전혀 관계없는 것도 있었습니다.

또 기타가와 우타마로의 우키요에에서는 기생이 베개를 베고 누워서 책

(《에혼다이코키絵本大閤記》)을 보고 있습니다. 가쓰시카 호쿠사이葛飾北済[40]의 《교시에혼초라이젯쿠슈狂詩絵本潮来絶句集》에서는 유녀가 엎드려 책을 읽고 있고 남자아이가 그 등 위에 응석 부리듯 업혀 있으며 그녀가 턱을 괴고 있는 비스듬한 오른손 앞에는 담뱃대가 놓여 있었습니다.

메이지 시대 전기 독자상의 분리

이와 같이 에도 시대 서사물의 특징을 파악한 후 메이지기 소설로 눈을 돌려 보면 흥미로운 차이를 알 수 있습니다. 그 예로 쓰보우치 쇼요의 〈당세서생기질〉을 살펴봅시다. 이 작품 안에 등장하는 독자상에는 두 가지 형태가 보이는데 먼저 중요한 등장인물을 간단히 소개하자면, 대학생인 오마치다 산지小町田粲爾와 기생인 다노지田の次는 의남매로 자랐습니다. 다노지라는 이름은 기생으로서의 이름으로 물론 본명은 아닙니다. 실은 그녀 자신도 부모님이 지어주신 이름은 알지 못합니다. 그녀가 아직 세 살의 어린 나이로 메이지 유신의 우에노 전쟁 중에 양친과 헤어져 울고 있을 때 세탁과 바느질로 생활하고 있는 가난한 노파가 그녀를 데려가는데 그녀는 그 후 오요시お芳라는 이름으로 자라게 됩니다. 하지만 그녀가 열 살 때 그 친절한 할머니가 죽어버리자 할머니의 양자가 그녀를 괴롭히고 오요시는 그곳을 도망쳐 나와 갈 곳이 없어 고생을 합니다. 그러던 참에 지나가던 산지의 아버지가 그녀를 딱하게 여겨 집으로 데리고 와 산지의 여동생으로 키웠습니다.

---

40 가쓰시카 호쿠사이葛飾北済 : 1760-1849, 에도 후기의 우키요에 작가. 이전의 우키요에에는 없었던 인간과 자연의 조화를 추구한 획기적인 작품으로 유명하다. 유럽 인상파 화단에도 영향을 주었다.

산지가 15세, 오요시가 12세 때 산지의 아버지가 직장을 잃게 되어 생활이 어려워졌기 때문에 오요시를 자신의 첩이었던 오쓰네お常라는 여자에게 맡기게 됩니다. 오쓰네는 본래 기생, 즉 게이샤였기 때문에 산지의 아버지한테서 첩이란 신분에서 벗어난 후 다시 게이샤로 돌아가 오쓰네라 하고 오요시에게도 게이샤 수행을 시킵니다. 게이샤가 된 오요시는 2대 오쓰네라는 이름을 가지게 되는데 당시 유명한 가부키歌舞伎[41] 배우였던 사와무라 다노스케沢村田之助와 매우 닮았기 때문에 다노지란 별명이 붙고 그 편이 손님이 많다고 해서 이름을 다노지로 바꾸게 됩니다.

한편 산지는 열일곱 되던 해 대학에 들어가고 이렇게 해서 두 사람은 서로 다른 운명의 길을 가게 됩니다만 수년 후 벚꽃 구경꾼으로 붐비는 아스카飛鳥산에서 우연히 재회하게 됩니다. 이것은 에도 시대에 자주 이용되었던 남매 재회 이야기 패턴을 이용한 스토리로 그 패턴대로 두 사람은 밀회를 거듭해 깊은 연인 사이가 되어갑니다.

그런데 두 사람의 일이 산지가 다니는 대학 총장 귀에 들어가 대학생으로서 품행이 나쁘다는 이유로 산지는 정학을 당하게 됩니다. 또 산지 자신도 반성하고 집에 틀어박혀 공부에 힘쓰며 다노지와 만나는 것을 스스로 금했습니다.

다노지도 그 일을 알고 고민하여 기력을 잃어버리게 되는데 그것을 보기 안쓰러워하던 오쓰네가 다음과 같은 예를 들어 다노지를 위로합니다.

---

41 가부키歌舞伎 : 에도 시대에 발달한 노래, 춤, 연기로 구성된 대중연극. 약 350년 전 여자들이 중심이 되어 시작되었는데, 풍기문란을 이유로 정부에서 규제가 가해져 점차 남자만의 연극이 되었다.

지금은 산지 씨도 수행중이기 때문에 지금의 사정으로는 도저히 안 돼. 적어도 3, 4년은 참고 마음으로만 만나고 헤어져 있으면서 장래의 일을 기대하는 것이 좋아. 삽화 신문에 나와서 유명했던 와카시카노 요시에若鹿のよし江를 보렴. 하찮은 예기芸妓 이지만 지금 같은 박정한 세상에는 실로 드문 진실한 사랑. 그러기에 끝에 가서는 원하는 바를 달성하여 이와키리岩桐라는 연인과 함께 살게 되었다고 하잖아.

여기에서 오쓰네가 예로 든 와카시카노 요시에의 이야기는 《도쿄 삽화 신문東京絵入新聞》이라는 소신문에 연재되었던 〈아사오 요시에의 이력浅尾よし江の履歴〉이라는 연재물이었을 것으로 생각됩니다. 이것은 후에 쇼테이 가쿠센松亭鶴仙의 실록소설 《아사오 이와키리 마코토 구라베浅尾岩桐真実競》로 출판되었습니다. 그 내용은 미야자키현의 이와키리라는 젊은 관리가 와카시카라는 게이샤와 정이 들었으나 사정이 있어 헤어지게 되었다가 고생을 거듭한 후에 결혼한다는 스토리입니다. 오쓰네도 그리고 다노지도 실록 소설의 히로인의 운명에 자신의 처지를 중첩시켜 인생의 위로를 얻으려고 한 독자이고 이러한 독자상은 샤레본이나 닌죠본에 등장하는 독자의 계보에 속한다고 할 수 있겠지요.

그런데 이 이야기에는 그것과는 다른 성질의, 그리고 일본의 이야기 역사 속에서 전혀 새로운 타입의 독자가 등장합니다. 오마치다 산지는 다노지와의 사랑을 단념하려고 하나 그럴 수 없어 고민하고 있었습니다. 그에 대해 구라세倉瀬라는 친구가 쓰보우치 쇼요가 번역한 〈리엔지 외전莉延自外伝〉(1885, 반세이도, 후에 〈가이세시덴慨世士伝〉으로 제목을 바꿈. 원작은 Bulwer Lytton의 *Lienzi*, 1835)이라는 역사 이야기를 예로 들어 이렇게 격려합니다.

리튼이 쓴 리엔지 외전을 읽어보게. 리엔지 정도의 영웅 호걸조차도 레이디 나이나가 있기 때문에 천하의 대세를 바꾸겠다는 뜻을 관철할 용기를 유지할 수 있었다고 하지 않는가. 〔…〕 이것을 보면 미녀를 사랑하는 것은 인지상정이야. 자기의 윌will(의지)만 확고하다면 조금도 거리낄 이유가 없네.

당시 일본에서는 아직 극소수의 엘리트(후보자)였던 대학생이 유럽의 소설을 모델로 해서 인생 문제를 생각하려고 합니다. 이것은 새로운 타입의 독자의 등장이라고 할 수 있습니다만, 이야기에서 모범을 찾아내려고 한다는 점에서는 아직 오쓰네와 같은 위치에 있다고 할 수 있겠습니다. 제가 전혀 새로운 타입의 독자라고 한 것은 이 구라세가 아니라 그의 격려에 대해 다음과 같이 반론하는 산지를 가리키는 것입니다.

자네는 대단히 오해해서 내가 she(그녀)를 잊지 못하고 있다고 생각하는 것 같은데 내 속마음은 크게 다르네. 내가 부족하기는 하지만 몇 해 전부터 남몰래 뜻을 세워 To be something(쓸모 있는 사람)이 되겠다고 맹세한 이상 어찌 한 여자 때문에 일생의 업을 그르치겠는가. 단지 유감스러운 것은 내가 너무나 ideal(이상주의자)이라서 때때로 묘한 망상을 일으켜 서양 사상을 일본 사회에 fallaciously(바보같이) 응용하기 때문에 그래서 실책을 범하는 경우가 있지. 그러나 이 폐해는 나뿐만이 아닐세. 일본 전체가 그렇지. 자네 또한 확실히 그러하네. 지금 자네가 리엔지의 예를 들었는데 어째서 그것이 처세의 example(모범)이 된단 말인가. 회천回天(천하의 형세를 일변시킴)의 큰 뜻을 품고서 미인 덕에 용기를 잃지 않고 겨우 공을 세웠다니. weak(나약하기) 그지없는 이야기 아닌가. 그것은 리튼이 뛰어난 글솜씨로 인정의 깊은 뜻을 통찰한 것이지 본래 칭찬받을 일은 아니지.

이와 같이 쓰보우치 쇼요는 산지의 입을 빌려 자신이 번역한 소설에 대해 비평을 가하고 있습니다. 이점을 가리켜 저는 새로운 타입의 독자라고 한 것인데, 더 중요한 것은 산지의 비평이 서양의 사상을 성급히 적용하려고 한 일본 사회의 흐름에 대한 반성과 비평으로까지 나아간 점입니다. 이러한 문명 비평적인 시점을 가진 독자의 등장은 그때까지의 이야기에는 보이지 않았습니다.

쓰보우치 쇼요는 산지의 발언 중에 나온 이상적ideal이란 말에 대해서 "이상적이라는 것은 현실에서 일어날 것 같지 않은 일을 실제로 해 보고 싶다고 생각하는 경향을 말한다. 프랑스의 빅토르 위고도 정치상의 일에 관해서는 대단히 이상주의자였다고 한다"라는 주를 달고 있습니다. 쇼요는 이 이상주의에 대해서는 상당히 신경이 쓰였던 듯 이 소설의 다른 장면에서도 이상주의에 대해서 "이상주의라는 것은 예전의 요미혼이나 구사조시에나 있을 듯한 현실에 있을 법하지 않은 일을 실제로 해 보고 싶다고 생각하는 경향을 말하는 것"이라고 주를 달고 있습니다. 이 같은 개념에서 보면 오쓰네나 다노지는 요미혼이나 닌쇼본의 이상주의에 사로잡힌 독자가 됩니다. 그뿐 아니라 산지와 구라세를 포함한 일본의 젊은 지식인 전체가 '문명개화 = 서양화'라는 포괄적인 담화grand narrative에 경도되어 있는 셈입니다. 그중에서 겨우 산지만이 그 부조리를 깨닫기 시작하고 있습니다. 바꿔 말하면 산지처럼 이야기 세계와 현실과의 차이를 자각한 독자를 만들어 내는 데에 〈당세서생기질〉의 목적이 있었다고 할 수 있습니다.

관점을 달리해 보면 이 소설에서 남성에게는 세상에서 유익한 인물이 되려는 의지가 주어져 있지만 여성에게는 주어져 있지 않습니다. 만약 여성에게도 남성과 공유할 수 있는 의지가 주어지고 남성의 협력자로 설정되면 그것은 당시 활발히 씌어진 정치소설이 됩니다. 다만 정치소설에는 그 반대 설정은 없었으며 여성독자를 상정했다고 생각되는 부분도 거의 보이지 않습니다. 〈당세서생기질〉은 정치 소설의 이상주의에 대한 비판으로서 착상된 면도 있지만, 이점에 대한 비판은 염두에 두지 않았던 듯 결국 쓰보우치 쇼요는 소설 내의 여성독자를 에도 시대의 구사조시의 독자로 머물게 한 채 소설을 끝맺고 있습니다.

이러한 소설 내의 독자상의 차별은 스토리 그 자체의 상징적인 예고이기도 해서 다노지와 산지의 사랑은 다노지가 꿈꾼 구사조시적 실록소설적인 해피 엔딩에는 이르지 못했습니다. 다노지는 친부모를 찾게 되고 그 다노지의 오빠는 실은 산지의 친한 친구였던 사실이 밝혀지는 시점에서 이 소설은 끝나고 있습니다.

이야기가 길어졌습니다만, 한 가지 더 후타바테이 시메이의 〈뜬구름〉의 경우를 언급하고 싶습니다. 이 소설의 제1편은 그 후의 단행본부터는 삭제되는 중요한 특징을 가지고 있습니다. 그것은 표지에 '쓰보우치 유조 저著'라고 되어 있고, 목차 앞에 후타바테이 시메이의 〈'뜬구름' 서문〉과 하루노야 슈진春のや主人의 〈'뜬구름' 제1편 서序〉를 싣고 또 본문 앞에는 '하루노야 슈진 · 후타바테이 시메이 합작合作'이라고 되어 있는 점입니다. 제2편(1888년 2월, 긴코도)의 경우도, 표지의 '쓰보우치 유조 저'와 본문 앞의 합작은 제1편과 같습니다만 서문은 없습니다. 쓰보우치 유조는 쓰보우치 쇼요의 본명이고 하루노야 슈진 혹은 하루노야 오보로 라는 것은 쓰보우치 쇼요가 소설을 발표할 때의 아호雅号였습니다.

결국 이 소설을 선전하는 데 있어 출판사는 쓰보우치 유조 · 하루노야 슈진을 전면에 내세우는 전략을 선택하였는데, 이는 에도 시대의 다메나가 조합과 같은 공동제작 습관이 남아 있었음을 말합니다. 소설의 문체 역시 쓰보우치 쇼요가 손을 댔으리라고 여겨지는 부분이 특히 제1편에서는 곳곳에 보이며 그러한 의미에서 그 문체를 후타바테이 시메이 개인의 표현으로 보는 것은 대단히 위험하다고 할 수 있을 것입니다.

이 역시 당시의 문학 텍스트의 생산양식의 하나였는데, 그렇다면 그 이야기 속에 어떠한 독자가 등장했을까요?

이 소설의 주요인물은 우쓰미 분조內海文三라는 청년과, 오세이お勢라는 처녀인데, 우선 분조를 소개하자면 그는 현재 23세입니다. 아버지는 도쿠가와德川 장군가의 하타모토旗本(직속무사로 만 석 이상을 받던 상류층)로, 마지막 장군인 도쿠가와 요시노부德川慶喜가 시즈오카靜岡현으로 옮겼을 때 함께 가, 분조가 14살 때 세상을 뜨고 말았습니다. 그 때문에 집안이 가난해지는데, 그는 1878년, 15살의 봄에 도쿄의 숙부에게 맡겨져 숙부의 도움으로 근처의 사숙에 다닙니다. 그 후, 운 좋게도 어느 학교의 장학생이 되어 기숙사에 들어가고 졸업 후에는 다시 숙부의 집으로 돌아왔습니다. 얼마동안 무직으로 지내다가 모 부처의 준판임어용담당准判任御用係이라는 하급 관리가 되고 그로부터 약 2년이 흐릅니다. 그러나 이 소설의 이야기가 시작되기 직전에 그는 면직이 되어버렸습니다.

한편 오세이는 현재 18살, 아버지는 소노다 마고베園田孫兵衛門입니다. 어머니인 오마사お政에 관해서는 "첩에서 슬슬 후처로"(첩에서 후처로 들어앉은 것을 암시)라고 소개하고 있습니다. 그녀는 아버지의 바람대로 소학교에 다니며 기요모토淸元(일본의 전통적 샤미센 음악의 일종)를 배우기도 하면서 분조가 상경했을 당시 12살로 — 그러나 만약 분조와 3살 차이라면 지금은 스무 살이겠지만 — 두 사람은 남매처럼 친하게 지냈습니다. 그러나 그녀는 이웃집 관리의 딸에게 자극을 받아 좀더 공부하고 싶은 생각에 소학교를 졸업한 후에 시바芝의 어떤 사숙에 들어갑니다. 이것이 지금으로부터 2년 전 일입니다. 그러한 오세이에 관해서 이 소설의 화자는 "오세이는 천성이 경박한 사람", "그 이후 영어공부를 시작하고부터는 못된 짓도 한층 더 해 쥬반襦袢(일본 속옷의 일종)이 셔츠가 되는가 하면 틀어 올린 머리가 땋은 갈래머리로 바뀌고 손수건을 목에 감고 거추장스러운 것을 감수하면서도 안경을 쓰고 혼자 잘난 체하는 것이 웃음거리가 되는 신식여성이 되었습니다"라고 그녀가 서양물이 든 것을 한껏 비꼬아 소개하고 있습니다.

그녀는 올 봄이 끝나갈 무렵, 학교를 그만두고 집으로 돌아와 여름이 시작될 무렵부터 분조에게 부탁하여 영어 공부를 시작하였습니다. 이른바 학문에 뜻을 둔 여성 독자의 등장입니다. 이때 분조가 고른 교과서로는 내셔널national의 《포스*force*》가 나오고 있습니다만 이것은 뉴 내셔널 리더스New National Readers의 제4편 소설로 번즈Bernes출판사에서 출판되었으며 일본에서는 도다 나오히데戸田直秀의 복각판이 보급되어 있었습니다. 또한 '스윈턴'이라는 서명도 나오고 있는데 이것은 스윈턴W. Swinton의 《만국사万国史》입니다. 분조는 이러한 교과서로 영어를 가르치는 한편 일본 부인의 속발束髮(서양풍 헤어스타일)의 득과 실 또는 남녀 교제의 득실 등을 오세이에게 들려주었던 듯합니다. 이러한 문제들은 당시 막 창간된 여성 권리의 계몽잡지 《여학잡지女学雑誌》[42]가 한창 논의하고 있던 테마였습니다. 그러한 점에서 분조는 오세이에게 있어서 《여학잡지》적인 계몽가의 역할을 하고 있었다고도 할 수 있겠지요. 분조는 그 사이에 오세이에게 사랑을 느껴 결혼을 생각하게 되었습니다.

분조의 오세이에 대한 이러한 태도는 미래의 배우자에 대한 교육이라는 면을 지니고 있어 〈당세서생기질〉의 다노지에 대한 산지의 태도와는 확실히 다릅니다.

그러나 오세이 쪽은 자신이 받은 교육을 뽐내며 어머니인 오마사에게 "어차피 하등한 인간", "품위가 없다", "외설", "부조리", "교육받지 못했어" 등의 경멸하는 말을 내뱉는 건방진 딸이 되어버렸습니다. 학문을 한 여자의 이러한 동성멸시는 그 여자가 당시의 서구주의적이고 계몽적 지식인에 자기를 동일화시키는 데서 비롯된 것입니다. 때문에 그것은 간접적으로는 분조의 영향이라고도 할 수 있습니다만 분조는 그 점에 대해서는 전혀 생각이 미치지 못하고 있습니다. "아, 너는 맑고 깨끗한 사람이야, 결백한 사람이야… 부모보다도 소중한 것은 진리… 아, 결백한 사람…" 그는 이런 식으로 오세이를 진리를 사랑하는 여성으로 미화시키고 자신에게 호의를 가지고 있다고 굳게 믿고 있었습니다.

한편 이 소설의 작가는 오세이와 오마사의 언쟁을 놀리는 어조로 다음과 같이 비평하고 있습니다.

> 그러나 이것을 부모 자식 간의 싸움이라고 생각하면 여장부의 본의本意에 반한다 …그런 부도덕한 것이 아니다. 이는 황공하옵고 감사하게도 일본 문명의

---

42 《여학잡지女学雑誌》: 기독교에 기초한 여성잡지로 1885년 창간되어 1904년 폐간되었다. 이와모토 요시하루巌波善治가 편집하였고 여성의 지위 향상을 주로 다루었다. 후에 《문학계》의 모체가 되었다.

한 원소가 될 신주의와 시대에 뒤쳐진 구주의가 충돌하는 것이니 잘 봐주기 바란다.

앞서도 소개한 것처럼 화자는 오세이를 서양물이 들기 쉬운 경박한 성격으로 보고 있고 그렇기 때문에 여기서도 오세이와 오마사의 언쟁을 세대 차이, 신구사상의 충돌로 평하고는 있지만, 그 놀리는 어조로 보아 심각한 문제로 받아들이고 있지 않은 것이 분명합니다.

〈뜬구름〉의 특징은 이렇게 화자의 오세이에 대한 평가와 분조의 오세이를 미화한 견해의 어긋남에 의해 스토리가 진행되어 가는 점에 있습니다. 독자는 그 두 견해를 상호 대조하면서 자신의 해석을 새롭게 만들어 가야 하는데, 결국 이야기는 분조가 오세이의 '정체'를 알아차린다는 즉, 화자의 견해에 근접해 가는 형태로 끝을 맺습니다. 견해를 달리해 본다면 젊은 여자가 학문을 좋아한다는 것은 단지 유행을 좇는 외면적인 허식에 지나지 않으며 상황이 바뀌면 곧 바닥이 드러나는 것이라는 관념을 스토리화한 이야기였던 것입니다.

이 관념은 삽화에도 단적으로 나타나 있습니다. 오세이의 방을 묘사한 삽화에는 앉은뱅이책상 위에 양서洋書가 놓여 있는데 물론 이것은 오세이에게 책상 앞에 정좌하여 읽는다는 신체 규범이 부여되어 있음을 보여주고 있습니다. 이러한 서적의 종류와 신체 규범의 관계는 그 후에도 계속되는데 《문예구락부文芸俱楽部》[43]라는 잡지의 1896년 8월호에 실린 〈품평しなさだめ〉에는 "《태양》, 《와세다》 등은 경건하게 책상 앞에서 읽어야 하지만

43 《문예구락부文芸俱楽部》: 문예잡지. 1895년 하쿠분칸 창간. 이즈미 교카, 히구치 이치요 등의 작품을 실었다. 점차 대중잡지로 변모. 1933년 1월호로 폐간.

이 책(《문예구락부》)만은 겨울에는 낮 고타쓰火燵(난방 장치가 되어 있는 테이블) 속에서 귤 바구니를 옆에 두고, 여름에는 밤 툇마루에 앉아서 한 손에 부채를 들고 보는 것이 보통이다"라는 말이 보입니다. 그 의미는 《태양》이나 《와세다문학早稲田文学》[44] 등의 고급문학 잡지는 똑바로 책상 앞에 정좌하여 읽어야 하겠지만 《문예구락부》 같은 대중적 · 통속적인 잡지는 좀더 자유로운 자세로 읽어야만 재미도 증가한다는 것입니다. 이른바 책의 종류와 신체규범에 관한 사회적 제도를 역으로 이용하여 자신의 대중적인 흥미를 과시한 것입니다. 이것은 그만큼 이 이분법이 뿌리 깊다는 증거라 볼 수 있겠지요. 이러한 이분법으로 볼 때 《여학잡지》는 당연히 정좌하여 읽어야 할 잡지가 됩니다.

그러나 〈뜬구름〉의 다른 삽화에는 오세이가 《여학잡지》를 서서 읽으면서 혼다 노보루本田昇라는 젊은 남자 손님이 와 있는 오마사의 거실에 들어가는 장면이 있습니다. 그리고 작가의 설명에 의하면 "까딱 노보루에게 인사만 하고서는 웃어 보이지도 않고 이야기하면서 어머니가 가져온 찻잔을 사양하는 말도 없이 집어서 한 모금 마시고 내려놓은 채 읽던 잡지를 다시 집어 읽기" 시작한다는 모습이 있습니다. 이런 버릇없음은 학문하는 인간의 신체규범이 전혀 몸에 배어 있지 않음을 암시합니다. 게다가 이때 오세이가 구사조시처럼 취급하던 잡지가 여성의 권리와 지위의 향상을 꾀하는 《여학잡지》이기 때문에 이것은 당시의 여성 교육론에 대한 불만을 비판한 것이었다고 할 수 있습니다.

---

44 《와세다문학早稲田文学》: 문학잡지. 1891년 와세다 대학의 전신, 도쿄전문학교 문학과의 기관지로서 창간. 그 후 단속적断続的으로 간행. 자연주의를 특색으로 한다.

이처럼 메이지 시대의 소설에 등장하는 여성독자는 오히려 부정적 인상을 주는 것이 많아 그것이 에도 시대의 샤레본, 닌죠본과 결정적으로 다른 점이었습니다. 에도 시대의 대중 서적에 여성독자가 등장하는 것이 여성독자를 생산하려는 전략에 의한 것이었다고 한다면, 메이지 시대의 이른바 근대문학에 있어서 여성 독자의 묘사는 그 반대로 여성 독자의 감정이입이나 자기투영을 좌절시켜 버린다는 의미에서 여성 독자의 소외 지향을 내포하는 것이었다고 할 수 있습니다.

또 마지막으로 덧붙이자면, 이상과 같은 〈뜬구름〉이 왜 오랜 세월 근대적 소설의 최초의 실현으로 평가되어 왔는가 하면 앞서 소개했듯이 분조는 오세이가 자신에게 호감을 가지고 있다고 믿고 그러한 생각(기대)으로 오세이의 말이나 행동을 이해했지만 얼버무리는 오세이에 의해 좌절되고 실망과 낙담을 반복하다 커뮤니케이션의 좌절에 빠졌기 때문입니다. 좀더 추상적으로 말하면 오세이가 자신에게 호감을 가지고 있을 것이라는 자기환상을 오세이의 내답에 의해 확인하려 했으나 실패하여 디스커뮤니케이션 상황에 빠진다, 그리고 오세이에게도 다른 사람에게도 하지 못했던 말을 자기 자신을 향해 내적으로 반추하는 내향적 인간이 되어버렸습니다. 이러한 심리와 내적 독백의 표현에 의해 〈뜬구름〉은 일본 문학사상 처음으로 근대인의 '내면'을 묘사해 낸 소설로 평가되어 온 것입니다.

제4장

언문일치의 실험

지금까지 일본에서 메이지 시대 전기의 언문일치운동에 관한 연구는 주로 근대적 문학문체가 어떻게 생성되었는가 하는 점을 중심으로 이루어졌습니다. 이는 문학의 근대화와 문체개량이 긴밀하게 관계된다는 생각에 기반을 둔 것으로, 앞 장에서 언급한 후타바테이 시메이의 〈뜬구름〉이 언문일치체의 실험으로 높은 평가를 받아온 것은 바로 이 때문입니다. 이러한 사고방식에 일종의 진화론적 혹은 진보주의적인 관념이 포함되어 있음은 부정할 수 없습니다. 왜냐하면 연구는 언문일치체가 일본문학뿐 아니라, 사회 전체의 근대화에 필수불가결한 조건이었고, 역사적 필연이기도 했다는 전제하에 있기 때문입니다.

야마모토 마사히데山本政秀의 《근대문체발생의 사적연구近代文体発生の史的研究》(1965, 이와나미 쇼텐岩波書店), 《언문일치의 역사논고言文一致の歴史論考》(1971, 오후사桜楓社), 《근대 문체형성 사료집성 발생편近代文体形成史料集成

発生篇》(1978, 오후샤), 《근대 문체형성 사료집성 성립편同 成立篇》(1979, 오후샤)은 방대한 문헌에 입각한 기념비적인 역작들로 지금도 언문일치론의 역사를 더듬는 데 빠뜨릴 수 없는 자료입니다만, 기본적으로는 이제까지 설명한 것과 같은 전제에서 문헌을 정리하고 의미를 부여한 것이었습니다. 앞으로의 연구는 그러한 전제를 배제하고 오히려 이를 검토의 대상으로 삼는 형태로 거기에 수록된 문헌을 다시 읽어 가는 작업이 요구됩니다.

한편 최근 미국과 유럽의 일본학 분야에서는 일본어의 '국어'로서의 제도화와 국민국가 형성이라고 하는 문제의식에서 언문일치운동에 대한 관심이 높아지고 있습니다.

그것 또한 지극히 중요한 시점이지만, 일본에서의 언문일치운동에 대한 문제의식이나 '언문일치체'라는 용어의 개념과 반드시 일치하는 것은 아닙니다. 문학문체로서의 언문일치체의 성립과 제도로서의 '국어'의 성립은 별개의 사항으로 간주되기 때문입니다. 이러한 차이는 문체에 있어 '주체'라는 관념의 문제와도 관련이 있는 것 같습니다.

그렇다면 이 두 문제의식을 어떻게 통합해 갈 것인가? 즉 두 가지 문제의식을 기반으로 어떻게 새로운 시점을 만들어 나갈 것인가? 이를 목표로 여기서는 구체적으로 '언문일치'란 무엇이었는지를 정리해 가도록 하겠습니다.

문장 개량론에 대한 담론

이는 자주 지적되는 것이지만, 메이지 초기 일본에서는 신분, 성별 혹은 장르에 따라 사용하는 문체가 달랐습니다. 이를 통일하여 누구나 읽고 쓸 수 있는 평이하고 간결한 문체를 만들려면 어떻게 해야 하는가? 이를 위해서는 구어를 기초로 하는 문장을 쓰면 된다 — 아주 간단히 말하자면 이것이 언문일치운동의 기본적인 개념인데, 구체적으로 언문일치운동은 한문폐지에 의한 가나仮名쓰기론과 알파벳론이라는 두 가지 흐름을 가지고 있었습니다.

이러한 의견 중 가장 빠른 것은 마에지마 히소카前島密(1835-1919)가 1866년 당시 장군인 도쿠가와 요시노부德川慶喜(1837-1913)에게 올린 〈한자 폐지의 의의漢子御廃止之議〉라는 건백서建白書였습니다. 건백서란 가신이 정치 이외의 정책을 주군에게 건의하는 문서를 말합니다. 마에지마 히소카는 후에 근대적인 우편제도를 만든 것으로 유명한 인물인데, 당시에는 도쿠가와 요시노부의 가신으로 '일본으로 하여금 다른 열강the great powers of Europe and America과 나란히 할 수 있게 하는' 방책을 다음과 같이 설명하고 있습니다.

> 배우는 것을 간단하게 보통교육을 실시하는 것은 백성의 지식을 개도開導하고 정신을 발달시키며 도리예술道理芸術 전반에 걸친 첫걸음으로, 국가부강을 위한 초석이 되는 것이니, 될 수 있는 한 간단히 될 수 있는 한 널리 그리고 될 수 있는 한 빨리 구석구석 미칠 수 있도록 배려해 주시길 바랍니다. 그러나 이러한 교육에 한자를 사용할 때는 그 글자의 형形과 음훈音訓을 학습하기 위하여 긴 세월을 허비하여 학문을 이루는 시기가 늦어지고 또한 배우기 어렵고 익히기 쉽지 않기 때문에 배우는 사람이 심히 희소한 비율이 됩니다. 〔…〕 실로 소년이야말로 사물의 도리를 캐기에 가장 좋은 시기이나, 이러한 형상문자의 무익한 고학古学 때문에 이를 허비하여 그 정신지식精神知識을 좌절시키는 것은 진정 비통하다 생각합니다.

즉 한자학습에 많은 시간을 소비하는 비경제적인 교육을 개선하여 남은 시간과 지적 에너지를 다른 활동에 사용해야 한다는 주장입니다. 그렇다면 더욱 경제적인 문자학습, 문장작법을 위해서는 어떻게 해야 하는가 하는 문제가 발생하는데, 그는 이 점에 대해서 "입으로 말해서 담화가 되고 글로 써서 문장이 되니, 말하고 쓰는 두 가지가 다르지 않도록 해야 한다고 생각합니다"라고 설명하고 있습니다.

단지 이때 그가 말했던 "입으로 말해 담화가 되"는 말은 현재 우리들이 사용하는 '데스です', '마스ます', '다로오だろう', '닷다だった'와 같은 구어가 아니라, '쓰카마쓰루つかまつる', '고자루ござる'와 같은 무사계급의 정중어였습니다. 그는 이러한 언어사용을 이른바 고문古文의 문말표현인 '하베루はべる'나 '게루카나けるかな'와는 다른 '현재 보통의' 언어라고 생각하고 있었기 때문에 지금 인용한 문장도 그것의 실천이라고 생각했습니다. 그렇게 보는 한 당시 공용문 문체였던 소로분条文과 실질적으로는 거의 다르지 않습니다.

그러나 이 때문에 그의 이론과 실천 사이에 모순이 있다거나 그의 생각은 아직 미숙했다고 생각하는 것은 타당하지 않습니다. 왜냐하면 당시에는 구어라는 개념은 아직 없었고 자율적인 언어 시스템으로서의 일상 회화체는 아직 나타나지 않았기 때문입니다. 이러한 상황에서 마에지마 히소카는 우선 비교적 유통성이 높은 언어라고 생각되는 것을 거론하는 수밖에 없었다고 할 것입니다. 유통성이라는 관점에서 보면 신분과 성별, 지역에 따라 구별된 언어사용보다 규범화된 문체 쪽이 유통성이 높다는 것은 충분히 있을 수 있는 것으로, 당시 문장 개량론이 항상 이 문제에 부딪혔다는 사실을 간과해선 안 될 것입니다.

후쿠치 오우치福地桜痴 역시 에도 시대의 도쿠가와徳川 막부의 번역을 담당한 가신으로 메이지 유신 이후 저널리스트로 활약한 인물인데, 〈문장론〉(1881년 5월 23일, 24일, 《도쿄일일신문東京日日新聞》)에서 "내가 입으로 자주 말하는 언어와 붓으로 자주 쓸 수 있는 문장을 서로 같게 하고자 한다"는 문장 개량론을 주장하였습니다. 주목해야 할 것은 그러한 문장 개량론을 부르짖는 전제로서 그는 이후 〈언문일치〉(1901년 10월 26-29일, 《야마토신문日出国新聞》)에서 "막부 시대에는 언문이 다소 일치했었다. 소로候라는 글자를 빼면 언어와 문장이 서로 비슷하여 별 차이가 없었던 사실은 관공서의 문서와 관리의 언어가 특히 그 증명이다"라는 인식을 가지고 있었습니다. 즉 앞에서 소개한 마에지마 히소카의 건백서와 같은 문장에서 '소로'라는 글자를 빼면 이는 당시 회화체와 거의 일치했습니다. 바꾸어 말하면, 후쿠치 오우치는 당시의 회화체에 '소로'를 붙이면 그대로 문장이 된다고 생각했던 것입니다. 막부의 공용문과 관리들의 구어의 관계에 관한 한 이는 상당히 정확하게 실정을 파악한 시각이라 할 수 있습니다.

그렇다면 이러한 언문일치는 왜 붕괴되었을까요? 후쿠치에 의하면 이를 붕괴시킨 것은 메이지 정부의 고관과 관료 및 그들에게 협력한 계몽지식인이었습니다. 이들의 문장의 기초는 젊었을 때 배운 한학이어서, 메이지 정권이 시작되자 어려운 한자를 사용한 한문 풀어쓰기체로 정부의 방침이나 논설을 썼기 때문에 일반 민중뿐 아니라 소로분에 익숙한 사람들에게도 상당히 어려웠던 것이었습니다. 이런 의미에서 관료나 계몽지식인들은 자신의 손으로 언문일치 상황을 붕괴시키면서 일반 민중이나 젊은 세대의 문자해독능력의 부족이라는 문제에 부딪쳐 문자학습의 경제성과 문체개량의 필요성을 통감하게 되었습니다. 후쿠치는 언문일치운동의 배경으로 이러한 역설적인 사정이 작용하고 있다는 사실을 간파하고 있었습니다. 이것도 당시의 실정을 잘 파악한 의견이었다고 할 수 있습니다.

가나문자의 가치 발견

이상과 같이 정리해 보면 문자해독능력이라는 관점에서 보았을 때, 그들에게 있어 유럽의 문자가 얼마나 효율적으로 비쳤을지는 쉽게 상상할 수 있을 것입니다.

이 점에 관해 《횡문자독학横文字独学》이라는 영어 학습서 〈서문〉에는 다음과 같이 쓰여 있습니다.

> 앞에서도 말한 대로 영국에서는 26자 외에 글자가 없지만 이 26자만으로 2, 3자, 혹은 5, 6자로부터 17, 8자까지 전후 편성하여 한 단어가 되고 수백만 개의 말을 조합한다. 그것으로 충분한 것은 일본, 중국에서 산더미처럼 사용하는 수백만의 글자가 있는 것이나 마찬가지이지만, 글자 수가 적기 때문에 서양에서는 벙어리, 맹인, 귀머거리라고 하더라도 대강 글자를 알지 못하는 자가 없다. 글자 수가 아주 적어 읽기 쉽고 또한 배우기 쉽기 때문에 남녀 모두 약 14, 5세 정도까지는 대강의 학문, 산술 등을 익히고 18, 9세까지는 천문, 지리, 물리로부터 상업, 교역의 원리 혹은 각각 자기의 직업을 수행하여 점점 지식을 연마하기 때문에 마침내 좋은 도구를 발명하여 현재는 한 사람이 20인분, 30인분의 일도 하고 또한 백여 리 길을 하루에 왕래하고 또한 천 리, 이천 리 떨어진 사람과 앉아서 대화하는 것도 자유롭다. 이 모든 것이 학문의 성과이다.

마치 알파벳 26자가 영국 문명 발달의 첫 번째 원인이었다고 하는 어조인

데, 이러한 종류의 의견은 당시 유럽과 미국의 문명에 대해 언급한 어느 담론에서나 찾아볼 수 있습니다. 문자의 종류는 문명 발달단계의 표상이라 해도 결코 과언이 아닙니다. 이 문장을 쓴 사람은 나아가 서양의 학습하기 쉬운 문자를 배우는 효과에 대해 "모두 생산의 길을 알고 가난한 사람도 점차 줄고, 소매치기, 강도는 절대로 없게 될 것이니, 실로 고마운 세상이다. 이러한 문명 세상에 태어나 문자를 알지 못하는 부끄러움은 없어야 할 것이니, 세상의 젊은이들은 일찍이 여기에 주목하여 지식을 닦고 부귀태평을 즐겨야 할 것이다"라고까지 하고 있습니다.

이 시대의 서문이 통상 그렇듯이 자기선전을 한 과장이 보이나, 메이지라는 시대는 단순히 학문의 보급을 지향할 뿐 아니라, 에도 시대에는 금지되었던 외국어학습도 개방되었다는 의미에서 문명개화의 시대입니다. 이러한 고양감이 그러한 과장된 표현을 가능하게 했다고 볼 수 있을 것입니다.

또한 알파벳 26자에 관한 가치 발견은 일본의 이로하いろは 48문자의 가치 발견을 가져왔다는 사정도 알 수 있습니다. 중국과 같은 한자문화권에서는 이 세상의 사물이나 개념에 대응하는 문자를 계속해서 만들어가야만 했습니다. 결국 몇 만 개라는 한자의 중압에 괴로워하는 상태에 빠져버렸다, 그러나 일본의 경우는 불과 48자로 이 세상 모든 사물이나 개념을 표현할 수 있다 ― 이러한 인식은 이미 에도 시대의 국학자에게도 있었습니다만, 48문자를 알파벳과 비교하여 이를 문명개화를 가능하게 하는 문자시스템으로 새삼 인식하는 사고가 시작된 것입니다.

여기에서 가나문자에 의한 문장개량론이 생겨났는데, 예를 들어 시미즈 우사부로清水卯三郎는 화학 입문서인 《화학의 사다리ものわりのはしご》(1874,

미즈오야みづほや)의 〈서문〉에 다음과 같은 쓰기를 시도하였습니다.

むかしのひとハはなしぶりといふむきにかきつづりて、よのひとををしへミちひいたれど、からぶミをうつすときハやはりそのふミのおもむきになづミて、おのづからそのあやをのこす、ゆゑにちかごろハすべてそのさまにかきうつりて、つひにハそのふミならねバいミをつくさぬなどいふて、からふミをつづり、からうたをよむをまなひとして、ただそのひとたちのもてあそびものとなり、いつかよのひとををしへミちびくことをおこたりてある、およそこのひとにこのことばのあるハそのこころをいひつたへ、そのさまをときうつすあひづである、このあひづをしるすハもし、すなハちいろはである、されバひとのくちでかたらふことハいかなることもいろはでかきうつされぬやうにいひとなへたこともありといふ、かかることハミなひらけぬよのさまにて、おのれのくにことばをかきつづることをしらぬさきに、まつほかくにのふミをよミならうたことがくせとなりたわけで、すこそもふしぎなことハない〔…〕

이와 같이 히라가나로만 표기한 문장은 현대 독자들에게는 오히려 읽기도 어렵고 이해하기도 힘들기 때문에 제가 한자 가나 혼용문으로 바꾸어 보겠습니다.

昔の人は話しぶりといふむきに書き綴りて、世の人を教へ導いたれど、漢文(からぶみ)を写す時はやはりその文の趣きになづみて、おのづからその綾を残す。故に近ごろは全てそのさまに書き移りて、遂にはその文ならねば意味を尽くさぬなど言ふて、漢文を綴り、漢詩(からうた)を詠むを学びとして、ただその人たちのもてあそびものとなり、いつか世の人を教へ導くことを怠りてある。およそこの人にこの言葉のあるはその心を言ひ伝へ、そのさまを説き移す（書き写す？）合図である。この合図を記すは文字、すなはちいろはである。されば人の口で語らふことは如何なることもいろはで書き写されぬといふこと

> はなきはづなり。なれどもこのことはヨウロパにも流行りてラテンの文でなけれな分からぬやうに言ひ唱へたこともありと言ふ。かかることはみな開けぬ世の様にて、おのれの国語を書き綴ることを知らぬ先に、まづ外国の文を読み習うたことが癖となりたわけで、少しも不思議なことはない。
>
> 옛날 사람들은 말하는 것처럼 써서 세상 사람을 가르치고 이끌었지만, 한문을 옮길 때는 역시 그 문장의 분위기에 맞춰 자연스럽게 그 여운을 남긴다. 이런 연유로 요즘엔 모두 그런 식으로 옮겨 결국 그 문장이 아니면 의미를 다하지 못한다 하여 한문을 쓰고 한시를 읊는 것을 배워 단지 그 사람의 유희가 되어 어느 사이엔가 세상 사람을 가르침으로 이끄는 것을 게을리 하게 되었다. 대저 이 사람에게 이 말이 있다는 것은 그 마음을 전달하고 그 상태를 옮기는(써서 나타내는) 신호이다. 이 신호를 기록하는 것은 문자, 즉 이로하いろは이다. 그렇다면 사람들이 입으로 말하는 것은 그 어떠한 것도 이로하로 옮길 수 없는 것이 없다. 하지만 이러한 일은 유럽에서도 유행하여 라틴어가 아니면 안 된다는 주장도 있었다고 한다. 이와 같은 일은 모두 미개한 세상에 있는 일로 자국어를 쓸 줄 모를 때 먼저 외국의 문자를 읽고 배우는 것이 습관이 되었기 때문으로 조금도 이상한 일이 아니다.

이와 같이 바꿔 쓴 문장에서 알 수 있듯이 시미즈 우사부로는 한자 숙어의 음을 가나로 표기하고 또한 '한문漢文', '한시漢詩', '국어国語', '외국外国'등의 숙어를 일부러 고전적인 화어和語(한어漢語에 대한 순수 일본어의 호칭)로 표기하고 있습니다. 따라서 독자는 그의 가나문장을 이해하기 위해서는 한자 숙어를 알아야만 했습니다. 즉 이것은 한자 숙어 지식을 전제로 한 가나표기에 불과한 것으로 결국 한자학습 폐지의 논거가 되지 못하였습니다.

뿐만 아니라, '한문', '한시', '국어' 등을 일부러 화어로 훈독으로 하는 것은

결국 사어死語를 부활시키는 결과가 되어 현대의 일상회화의 언어로부터 유리되어 점차 언문일치론의 의도에 역행하게 되었던 것입니다. 특히 '외국'의 경우 그 화어는 '바깥나라とつくに'였겠지만, '다른 나라ほかくに'는 화어처럼 만든 그의 조어이기 때문에 독자들은 더더욱 그 개념을 알기 힘들었을 것입니다. 앞서의 가나 문장을 알파벳으로 표기한다면 더욱 더 알기 어렵게 될 뿐입니다.

당시 언문일치운동가들의 열성적인 제안에도 불구하고 가나표기와 알파벳표기가 보급되지 못하고 현재에 이르기까지 한자 가나 혼용표기가 남아있는 이유가 바로 여기에 있다고 할 수 있을 것입니다.

속어 가치의 재인식

언문일치운동의 가나 표기론과 알파벳 표기론은 대략 위와 같은 특징과 문제점을 가지고 있었습니다. 그러나 당시 계몽지식인들 사이에서 하나의 여론이 될 수 있었던 것은 그들이 유럽과 미국에서는 구어와 문장 사이에 거리가 거의 없다는 인식을 공통적으로 가지고 있었기 때문입니다. 이러한 인식은 막부 말기부터 메이지 시대에 걸쳐 나타난 것이 아니라, 에도 시대에 네덜란드어 문헌을 학습했던 난학자들도 이미 가지고 있었던 것입니다. 예를 들어 대표적인 난학자인 오오쓰키 겐타쿠大槻玄沢[45]는 《난학계제蘭学

45 오오쓰키 겐타쿠大槻玄沢 : 1757-1827, 에도 시대의 양의. 스기타 겐파쿠杉田玄白와 마에노 료타쿠前野良沢에게 의학과 난학을 배웠고, 저서로는 《난학계제蘭学階梯》가 있다.

階梯》(1788)에서 네덜란드어에 대해 다음과 같이 말하고 있습니다.

> 원래 이는 뜻이 통하는 글로 적은 것으로, 문장을 꾸미지 않는 소박한 풍속이며, 실제에 입각해서 사물의 간결함을 우선시하는 국가이기 때문에 일상어常話와 서적에 기록된 것이 같아서, 따로 문장어라는 것이 없다.

단지 오오쓰키 겐타쿠는 그렇기 때문에 네덜란드 문명이 앞섰다거나 일본도 언문일치의 방향으로 나가야 한다고 주장한 것은 아닙니다. 그가 보기에 이는 어디까지나 네덜란드의 풍속이지 자신들의 문장 표기법의 모델은 아니었기 때문입니다.

그러나 막부 말부터 메이지 시대의 일본 지식인은 유럽 여러 나라와 미국이 압도적으로 과학기술이 우월하다는 것을 알았고, 그 원인이 '언문일치'에 있다는 사실을 발견하게 되었으며 아래의 후쿠치 오우치의 〈문론文論〉(1875년 8월 29일, 《도쿄일일신문》)처럼 속어를 재인식하기 시작합니다.

> 대저 문장은 학예学芸 가운데 최고의 등급에 있어 필생의 재능을 다한다 하여도 절묘한 경지에 들어가는 사람은 한 나라에서 몇 사람을 손꼽을 뿐이다. 언문일도言文一途인 구주欧洲조차 여전히 그러하니, 언과 문이 다른 일본에서야.
>
> 내가 항상 말하건대 일본의 사대 기서四大奇書라 칭할 만한 대문자大文字는 바킨馬琴의 핫켄덴八犬伝, 다네히코種彦의 이나카겐지田舎源氏, 잇쿠一九의 히타쿠리게膝栗毛, 슌스이春水의 우메고요미梅暦이다.
>
> 이 사서는 모두 섬세하게 감정을 다 옮기는 데 모자람이 없고, 독자로 하여금 희로애락의 감정을 일으키는데 있어, 구미, 중국의 작가에게 한발도 뒤지지 않는다. 이러한 이유는 무엇이겠는가. 이 사서는 쓸데없이 한문의 고조高調를 모방하여 거짓을 말하는 것을 피하고 애써 세간의 용어用語를 따라 문장을 만들었기 때문이 아니겠는가. 식자 다행히 이를 들추어 절묘한 문장은 활용活

> 用의 속문俗文에 있고 고조의 사문死文에 있지 않다는 것을 깨달아라.

그 또한 서양은 '언문일치'라는 전제하에 한문을 비판하고 있습니다만, 그 비판은 한자학습의 경제성에 관해서가 아니라, 한문으로는 미묘한 인간 감정을 표현할 수 없다는 데에 관한 것이었습니다. 이점이 이제까지 소개한 계몽지식인과 그의 차이이고, 미묘한 인간감정의 표현이라는 점으로 에도 시대 모노가타리物語를 평가하는 길을 열었다는 의미에서도 중요한 발언이었다고 할 수 있습니다.

원래 일본 고대의 모노가타리는 속어로 쓰인 이른바 언문일치체의 모노가타리였다는 사고방식 자체는 이미 교쿠테이 바킨의 〈난소사토미핫켄덴〉의 '간단췌언簡端贅言'의 서문에서 볼 수 있습니다.

> 생각건대 옛날 소시모노카타리草子物語, 다케토리竹採·우쓰호宇通保, 겐지모노가타리 등은 작가가 애써 그 말을 궁리하여 골라 엮은 것이 아니다. 필시 당시 궁인의 일상어 방언까지 그대로 쓴 것이지만 옛말은 원래 비속하지 않고 궁녀의 말은 아속雅俗이지만, 〔…〕 재자재녀才子才女는 그 품위 달라 능문能文의 기술이라 후세 화문和文의 태산북두이다. 이같이 옛날 소시 모노가타리도 속어로 엮었음을 생각해야한다. 화한和漢 그 문장이 다르지만 정태情態를 잘 옮겨 그 뜻을 다하는 것 속어 아니면 이루기 어렵다. 그들이나 나나 같은 생각이다.

여기에서 바킨이 말하는 '상어常語'를 오오쓰키는 '일상화常話'라 하고 있습니다. 이른바 일상 회화어의 의미인데, 바킨은 더 나아가 이를 '속어'라 하고 있는 것입니다. 속어가 아니면 인간의 감정과 풍속을 충분히 그려낼 수 없다, 또한 속어를 사용하는 한 중국 문장이라도 충분히 감정과 풍속을 그려낼 수 있다, 이것이 바킨의 주된 취지였습니다. 그렇지만, 후쿠치 오우치는 그러한 의견을 답습하면서도 한문에 대해서는 비판적인 견해를 가지고 있었던 것입니다.

그러한 속어관을 한층 진보시킨 것이 쓰보우치 쇼요의 《소설신수》(1885년 9월-1886년 4월, 전 9책, 송월당松月堂)였습니다. 속어는 인간 감정으로부터 나오는 것이다, 바꾸어 말하면 속어야말로 인간의 감정에 직접 접하는 것이다, 그는 이러한 사고에 입각하여 "말言은 혼魂이고 문文은 형形이다. 속언에는 칠정七情이 꾸밈없이 나타나지만, 문에는 칠정이 모두 꾸며서 나타나니, 어느 정도 그 실체를 잃는 바 있다"고 하고 있습니다.

이렇게 그는 일상의 회화를 한문이 아닌 '문' 일반과 대비시켜 속어의 가치를 주장하였는데, 현재의 속어를 그대로 '문'의 기반으로 해야 한다는 언문일치론까지 나아가지는 않았습니다. 왜냐하면 그가 보기에 현재 일본의 속어는 거칠고 또 지역적인 방언의 차이가 너무 컸기 때문입니다. 그의 이야기를 들어봅시다.

> 우리나라는 언문일도가 아니기 때문에 〔…〕 속언 그대로 문을 만들면 혹은 의미를 알 수 없게 되거나 혹은 그 기운이 거칠어서 우아한 취향조차 촌스러운 것이 되어 속되다고 비난 받는 일이 많다. 서양 국가들과 달리 언어의 변천이 심할 뿐 아니라 불과 수백 리 안에서도 고장마다 말이 다른 것은 영국과 프랑스의 언어가 서로 다른 것과 같다.

그는 이처럼 '각 고장언어'라는 말을 축으로 일본 각지의 방언의 차이와 영국, 프랑스의 국어의 차이를 등가로 포착하고 있었습니다. 이는 중요한 점으로 당시 일본에는 아직 에도 시대의 지방(다이묘영지)의 특징이 강하게 남아 있음을 나타낼 뿐 아니라, 이런 관점에서 유럽의 언어 상황을 보면,

영어와 프랑스어는 같은 알파벳을 사용하는 지역 방언 정도의 차이밖에 없다고 보고 있었음을 말해주고 있습니다. 단지 일본의 경우 각 지방 방언의 차이를 넘어 유통성이 높은 공통의 회화체를 어떻게 만들어 낼까, 그와 동시에 어떻게 일상 회화체로부터 조잡하고 속된 말들을 없앨까가 당면 과제라고 그는 생각하고 있었습니다.

이런 의미에서 언문일치운동은 문장의 개량, 즉 일상의 회화체에 기초한 쉽고 분명하며 통일적인 문체의 확립을 목적으로 시작되면서, 먼저 '일상 회화체의 개량과 통일'이라는 과제에 도달하게 되었습니다. 그러면 어느 지방의 어떤 사람들의 일상 회화체를 기본으로 언어의 개량과 통일을 진행시켜 나갈 것인가. 쓰보우치 쇼요는 당시의 신문 잡보 등에서 사용하는 말詞(회화)이 교토 오사카京坂의 사투리를 버리고 도쿄어가 되어 간 점을 고려하여 다음과 같은 판단을 내리고 있습니다.

> 때문에 요즘 구사조시체草冊子体는 다네히코의 문장種彦文과 비슷하다기보다는 오히려 속문체(슌스이 문장春水文)와 비슷하다. 그러나 이는 도쿄가 황국의 중앙이 됨으로써 자연히 나타나게 된 변화이다.

이러한 판단은 쓰보우치 쇼요뿐 아니라, 당시 지식인에게 공통된 것이었습니다. 이렇게 도쿄지방의 방언이 공통어로 선택되어 사투리를 소거한 언어가 표준어화되어 갔던 것입니다. 메이지 20년대(1887-96)에 들어서면 '보통ordinary, average, common'이라는 개념이 존중되어 언어와 문체 면에서도 보통어, 보통문이라는 말이 자주 쓰이게 되어 보통문 운동이 일어났습니다. 이 경우 보통문이란 공통어화된 도쿄어를 기초로 한 문장으로, 중등교육을 받은 사람들이 일반적으로 사용해야 할 문체이고 소학교 고학년과 중학교 작문교육의 목표가 되었습니다. 이것이 현재 우리들이 사용하고 있는 문체의 시작입니다.

말을 글로 옮긴다는 개념

이상이 언문일치운동이 진행된 경과입니다만, 또 하나 이 운동과 함께 나타나서 중요한 결과를 남긴 관념을 소개해 두고자 합니다.

이는 시미즈 우사부로清水卯三郎의 주장에 보이듯, 문자란 음音(소리声)을 옮기는 기호라는 관념에서 문장이란 구두로 한 말을 옮긴 것이라는 관념이 생겼고 이는 속기술이라는 새로운 기술에 의해 촉진된 것입니다.

주지하듯이 산유테이 엔초의 〈괴담모란등롱〉은 산유테이 엔초가 무대에서 이야기한 괴담을 두 속기사가 옮겨 쓴 이야기로 후타바테이 시메이의 〈뜬구름〉의 문체에 영향을 주었다고 하는데, 이 속기사 중 한사람인 와카바야시 간조는 다음과 같은 서문을 썼습니다.

> 문자가 사람의 언어를 능히 옮긴다고 하지만, 단지 그 의미를 잃지 않고 이를 문자로 남길 뿐. 그 활발한 이야기의 편언척어片言隻語(한마디 한마디)를 빠짐없이 수록하여 문자로 남길 수 없는 것은 우리나라에 언어를 직사하는 속기법이 없기 때문이다. 나는 이를 걱정한 지 오래되었다. 따라서 동지들과 함께 이 속기법을 연구한 지 수년, 하나의 속기법을 생각해 내어 가끔 이를 시도하고 강습한 공이 마침내 언어를 직사하여 그 편언척어를 틀리지 않고 기록하게 되었고 그것을 읽고 그 이야기를 직접 듣는 느낌이 들기에 이르렀다. 이로써 의회, 연설, 강의 등 직사 필기를 요하는 자리에 불려가서 이를 실제로 시도하여 상당한 호평을 받았다. 이에 점점 이 속기법을 확장하여 세상을 이롭게

하고자 도모하게 되었다. 패사소설의 예약출판을 업으로 하는 도쿄패사 출판사의 사원이 와서 말하기를 유명한 강담사인 산유테이 엔초 씨의 인정화人情話는 세태를 잘 파헤쳐 희로애락으로 사람을 감동하게 하는 것이 마치 실제상황을 접하는 것 같아 무척 쾌락을 느끼게 하므로 내가 속기법으로 그 이야기를 직사하여 이를 책자로 하고자 함은 가장 유쾌한 소설을 얻을 수 있을 뿐 아니라, 내가 발명한 속기법이 편리하고 유익하여 필요하다는 것을 세상에 알리는 첩경일 것이라고 그 속기에 종사할 것을 권한다. 내가 기꺼이 이를 수락하여 회원인 사카이 쇼조 씨와 함께 엔초 씨가 나가는 극장寄席에 가서 청하여 분장실에 들어가 속기법으로 엔초 씨의 이야기를 그대로 직사하여 편언척어 하나도 고치지 않고 그대로 인쇄하니 이것이 곧 괴담모란등롱이다. 이는 유명한 중국소설을 번안한 신기한 괴담으로 대단히 재미있을 뿐 아니라, 권선징악에 도움이 되는 이야기로 늘 청중의 갈채를 받은 엔초 씨의 특기인 인정화人情話이므로 그 이야기를 들음에, 마치 그 실제 상황을 보는 것 같아 그대로 듣고 그대로 적어 편언척어를 빠짐없이 적어 엔초가 웃으면 글도 웃고 엔초가 화내면 글도 화내고, 울면 울고 기뻐하면 기뻐하며 부녀자의 말은 우아하고 요염하게, 장정의 말은 둔하게 사투리를 쓰는 등 소위 언어의 사진법으로 기록했기 때문에 이 책자를 읽는 자는 또한 극장에서 엔초의 인정화를 직접 듣는 것 같은 쾌락 있을 것이라 믿는다. 이로써 나의 속기법이 효용이 크다는 것을 알 것이다. 단, 이를 기록하는 중 때때로 문체를 잃고 억양을 제대로 나타내지 못해 통독하는 데 불편이 있어 보통 소설 같지 않음은 곧 리듬이 없는 언어를 직사하는 속기법인 때문으로 우리나라에 이야기의 어법이 없다는 것을 보여주고 따라서 장차 우리 언어에 개량을 가하고 싶다는 원대한 목적을 품으니 독자 이를 양해하여 애독해 주면 다행이라 하겠다.

와카바야시 간조

여기에서 그는 "편언척어를 빠짐없이"(어떠한 사소한 말이라도 빠뜨리지 않고)라는 점을 반복해서 강조하고 있습니다. 이는 속기술이 '언어의 사진'

임을 주장하기 위해서였을 것입니다.

이 때문에 당시 독자들 아니, 현재 대부분의 연구자들도 〈괴담모란등롱〉은 엔초의 이야기를 그대로 문자로 옮긴 것이라고 믿고 있었지만, 주의해서 읽으면 와카바야시는 위 인용의 마지막 부분에서 미묘한 말을 하고 있습니다. "단, 이를 기록하는 중 때때로 문체를 잃고 억양을 제대로 나타내지 못해 — 곧 리듬이 없는 언어를 직사하는 속기법" 운운하고 있는데, 이는 무슨 말일까요?

당시 속기술은 담화를 기록하는 새로운 기술로 주목받기 시작하여, 기요사와 요쥬清沢与十 편 《독학자재방청부호필기법 일명 언어 속사법独学自在傍聴符号筆記法言語速写法》(1888년 5월, 기요자와 요주 간행清沢与十刊), 하야시 시게아쓰林茂淳의 《빨리 받아쓰기 방법早書き取りの仕方》(1888년 7월, 교분샤興文社), 마루야마 헤이지로丸山平次郎의 《말의 사진법ことば乃写真法》(1888년 11월)과 같은 매뉴얼본이 출판되었습니다. 비교해 보면 각각 유파가 있고 시제와 서법의 개념은 물론, 사용하는 속기기호도 일정하지 않습니다. 그러나 그것은 차치하고라도 그들은 "음편, 지역 사투리, 말버릇 등을 될 수 있는 한 귀에 들리는 대로 받아쓰는"(하야시 시게아쓰) 데 신경을 쓴 나머지, 150개가 넘는 기호를 만들어내야만 했습니다. 예를 들어 현재 우리들이 유사한 음운을 구별해서 쓰는 가장 세분화된 분리법은 하ハ행 음과 바バ행 음과 빠パ행 음을 구별하는 것인데, 당시 속기사는 퍄pya행 음, 햐hya행 음, 뱌bya행 음, 화fa, 햐fya 행 음까지 세분화하여 이 모두를 구별해서 듣고 받아쓰려고 했습니다. 각 지방에서 도쿄로 온 사람들의 지역 사투리와 말버릇을 세세하게 빠짐없이 구별해 쓰려면 이러한 방법을 사용해야 한다고 생각하였을지

모르지만, 만약 이러한 세분화된 방법으로 담화를 재현한다면 오히려 읽기 거북해졌음에 틀림없습니다.

아마 그런 이유로 그들은 결국 발음의 개인적 차이를 버리고 50음도[46]의 음절에 맞춰야만 했을 것입니다. 〈괴담모란등롱〉 그 자체가 저간의 사정을 잘 보여주고 있습니다. 에도 시대의 골계본이나 샤레본, 특히 시키테이 산바의 〈우키요후로浮世風呂〉(1809)와 〈우키요도코浮世床〉(1812)에서는 등장인물의 발음에 강한 관심을 보여, 탁점인 검은 쉼표(、)와 흰 쉼표 ( )를 사용하여 '가 ŋə'와 '가ga'의 차이를 표시하고, '오토쓰잔おとつざん'으로 쓰고 '잔ざん'을 'tsa'라 발음하도록 표시했습니다. 이는 신분이나 성별, 지역에 따른 발음 습관, 즉 사투리를 재현하기 위한 기호였다고 할 수 있는데, 메이지 시대에 들어서서 그러한 기호의 사용은 거의 사라져버렸습니다. 공통어적인 일본어의 '어語'를 식별함에 있어 '가 ŋə'와 '가ga'의 차이, '사sa'와 '자tsa'의 차이는 꼭 대립적인 것만은 아니어서 오히려 같은 종류로 지각됩니다. 그러한 의미에서 이 차이는 언어학에서 말하는 변별적인 '가치'를 갖지 못하게 됩니다. 이러한 점이 그 차이를 소거시킨 이유라 한다면 이 소거 또한 지방적인 방언을 넘어선 공통어를 사용해야 한다는 언문일치운동의 한 결과라고 할 수 있을지도 모르겠습니다.

어쨌든 와카바야시 등은 근대적으로 정비된 50음의 틀 안에서 '편언척어를 빠뜨리지' 않으려는 노력을 살리고자 한, 즉 편언척어를 받아 적으려 한 그들의 귀는 50음이라는 시스템에 제약을 받아야만 했던 것입니다. 그러

---

46 오십음도 : 五十音図. 일본어 음절을 가나문자로 5단 10씩 적어놓은 도표.

한 의미에서 '언어의 사진'이라는 관념 그 자체의 역사성을 파악할 필요가 있다고 할 수 있습니다.

우리들이 간과해서는 안 될 것은 그뿐만이 아닙니다. 엔초의 이야기는 무대에서 관객에게 말하기 위해 정리된 일종의 '문文'으로 봐야 하는 것인데, 와카바야시 등의 속기는 실은 그 '문'을 옮긴 것이었습니다. 또한 제1장에서 지적했듯이, 무대에서 하는 이야기를 문장화하는 과정에서 "선미상품善美商品", "진열陳列해서"와 같이 한자를 대응시키는 것은 속기사의 해석을 덧붙인 것이기 때문에 이러한 문장은 결코 '언' 그대로를 재현한 것은 아닙니다. 그러나 속기술이라는 기술 덕분에 현상적으로는 구두의 담화를 '충실하게' 문자로 옮긴 것같이 보입니다. 따라서 그들 자신도 그리고 당시 독자도 이를 언문일치의 이상적 사례로 착각해버린 것입니다.

이 또한 제1장에서 지적했습니다만, 그 표현은 실질적으로는 신문의 '연재물'이나 실록소설과 다를 바 없습니다. 단, 그것들에 비해 청중에게 직접 말을 거는 경어표현(정중어, 존경어)이 많아 그 때문에 도쿄 중류계층의 언어를 '보통어'로 표준화하려고 하면 사람들에게 언문일치체의 모델이 되기 쉬웠을 것입니다.

쓰보우치 쇼요는 하루노야 오보로라는 이름으로 〈괴담모란등롱〉 제2판에 다음과 같은 서문을 쓰고 있습니다.

> 대저 있는 그대로 생각하는 바를 말로 표현할 수 있는 사람은 자신도 모르는 사이에 아주 교묘한 문장을 써서 자연스러운 미사법美辭法을 구사한다고 스펜서 씨는 말하였다. 이 말은 사실이다. 요즘 강담사인 산유테이 씨가 구연하는 모란등롱인가 하는 창작 이야기를 속기라는 방법을 사용하여 그대로 옮겨서

책자로 낸 것을 보니 전편을 통해 속어만을 사용하여 그다지 아름답다고 생각되지 않으나 구절마다 문장마다 저절로 활동하는 느낌 있어 바로 눈앞에서 하기와라 모 씨와 얼굴을 마주하는 것 같고 오쓰유 처자와 만나는 느낌이 든다. 아이카와 모 씨의 경망함, 다카스케의 진실함, 읽어 내려가면 나도 모르게 때로는 웃고, 때로는 감동하여 진짜 있는 일로 생각되어 만든 이야기로 생각되지 않는다. 이는 문장의 교묘함 때문이다. 진실로 문장의 교묘함 때문이라 하지만, 엔초 씨 같은 사람은 원래 문단 사람이 아니라서 문필을 배운 사람으로 생각되지는 않는다. 그럼에도 불구하고, 이렇게 한마디 한마디 문장을 이루어 다메나가옹을 움직이고 시키테이옹을 속이는 이 호패사好稗史를 자기화한 것은 의아한 일이지만, 다시 물러서 생각해 보면 단순히 엔초 씨가 말하는 인정의 정수를 깊이 천착하여 정情合을 제대로 옮겨야 함이니, 단지 인정의 피상을 옮겨 죽은 문장을 써서 부녀자와 아이를 혹하게 하려는 세상의 천박한 문장가류는 이 등롱의 문장을 읽고 엔초에게 부끄러워해야 할 것이다. 약간의 느낀 바를 써서 부탁받은 서문을 부족한 대로 드린다.

앞서 소개한 대로 쓰보우치 쇼요는 속어야말로 가장 깊이 인정에 직접 닿는 것이라는 생각을 가지고 있었습니다. 그러한 입장에 있는 사람에게 속기술을 사용하여 속어를 그대로 옮긴 듯한 이 이야기는 동시에 인정을 있는 그대로 나타낸 이야기라고 생각되었던 것입니다.

'국어'와의 관련

언문일치운동은 이상과 같은 몇 가지 측면을 가지고 있었고, 게다가 이러한 면들이 복잡하게 얽혀 있었기 때문에 다양한 해석과 의미부여를 할 수 있습니다. 이는 각 언문일치론자들이 생각하는 '언言'이 일치하지 않기 때문이기도 하고, 또한 실제로는 '언' 그 자체가 신분, 성, 지역에 따라 다양하게 나뉘어 일본열도에 폭넓게 유통되는 표준적인 '언'이라 할 만한 것이 없었기 때문이기도 합니다.

그런 이유로 실제 움직임을 보면, 가나 표기론과 알파벳 표기론이 암초에 걸려 결국 한자 가나 혼용문으로 정착되어 '언문일치'라는 말은 백지화되어 버립니다. 바로 그 시기에 '국어'제정운동이 시작되었습니다. 그런 의미에서 크게 보면, '국어'제정운동이란 언문일치 실천을 좌절시킨 표준적인 공통어의 부재라는 현실을 극복하고 일본 어디서나 유통되는 균질적인 '언'을 만들어내는 운동이었다 할 수 있을 것입니다. 제 판단으로는 이는 다음에 소개할 인체론적인 메타포로 언어를 이데올로기화하는 발상과 더불어 시작되었습니다.

정부에 의한 일본어의 조직적 연구는 1888년 5월 설립된 언어조사소에서 시작되었다고 할 수 있습니다. 그 '설립취지'를 보면 설립목적은 "정신지식의 전달과 교육 수단으로서의 언어"를 널리 조사, 정리하는 것이었습니다만, 그 가운데에 "언어는 국가의 원기元氣라 할 것이다" 혹은 "담화는 인정의 자연이고, 필기는 꾸미는 작위적인 것"이라는 말이 보입니다. 또한 언어조사소가 그해 9월에 발표한 〈언어조사소방법서〉에 의하면 이 조사소의 목표는 세 가지가 있는데, 그 첫째는 보통문체를 정하는 것입니다. 그러기 위해 어떤 언어를 보통문체의 기초로 해야 하는가에 대해 "지금 메이지 시대에 일본인의 통상적 담화를 말한다"고 설명하고 있습니다. 두 번째 목표는 고상한 문체를 정하는 것으로 "황국의 옛날 언어로 외국말이 아직 들어오기 전에 온 나라 사람들이 평소 사용한" 언어로 문체를 정하는 것으로 이를 불역체不易体라고도 했습니다. 이른바 현대적인 구어문체와 순일본어적인 고전

문체라는 두 종류의 문체를 세워 이 둘의 관계를 불역/유행이라는 이항대립 관념을 빌려 의미를 부여한 것입니다. 그리고 세 번째 목표는 사전을 만들기 위해 "고금아속어를 모아 그 용법과 해석을 조사하는 일"이었습니다.

이 세 번째 목표를 일찍이 실현한 것이 1889년 5월에 오오쓰키 후미히코大槻文彦(1847-1928)[47]가 출판한 《언해言海》라는 사전이었다고 할 수 있습니다. 이는 몇몇 사정으로 그가 자비 출판한 것이지만, 원래는 정부의 명령으로 착수한 일이라 정부의 사업으로 봐도 될 것입니다. 물론 그 이전에도 일본어 사전이 출판되지 않았던 것은 아닙니다. 그러나 그들은 고전어의 어의를 현대어로 설명하거나 한자의 의미와 용법을 해설한 것으로 기본적으로는 고전과 한문을 독해하기 위한 사전에 불과합니다. 이에 반해 오오쓰키 후미히코의 《언해》는 당시 일본어를 총망라하여 일본어로 어의를 설명하고 더욱이 문법적인 설명을 위해 체계적인 용어(메타언어)의 개념설명까지 포함한 종합적인 사전이었습니다. 하나의 언어시스템을 구성하는 모든 음운과 어휘를 모아 그 언어시스템 안의 언어로 어의와 용법과 문법적 기능을 설명한다는 이 상호보증적인 관계에 의해 그 언어 시스템의 자율성을 명백히 하는 것. 이를 '국어'사전의 이상이라고 한다면 《언해》는 바로 그러한 이상을 가장 먼저 시도한 것이라 해도 과언이 아닙니다.

한편, 1890년에는 국가교육사라는 조직이 발족되고 그해 10월 이자와 슈지伊沢修二(1851-1917)[48]가 〈국가 교육사 설립 요지〉(《국가교육》 제1호)

---

47 오오쓰키 후미히코大槻文彦 : 1847-1928, 국어학자. 문부성 명령으로 《언해言海》, 《대언해大言海》를 완성하였다. 저서에 《광일본문전広日本文典》, 《구어법별기口語法別記》 등이 있다.

를 발표하였습니다. 그는 "심신을 주재하는 아我라는 것은 시종 불변"이라든가, "제국헌법으로 그 성격이 분명해진 국가"라든가, "국가의 유아唯我인 원수元首", "원수는 사람 몸의 아我와 같고, 입법권은 의사意思와 같으며, 행정권은 행위와 같다"와 같이 인체적인 메타포로 '원수'인 천황과 국가기관의 관계를 설명한 후, 충군애국의 '원기'를 기르는 교육의 근간으로 '국어'교육을 위치 지었습니다. "어학에 있어서는 우리 국어가 뛰어나 가장 사랑하고 가장 존중할 것임을 깨닫게 하고 이로써 크게 자존의 마음을 키우고, 이것으로 애국심의 발달을 꾀한다"고 하는 것이 그들의 '국어'교육론이었습니다.

이러한 움직임에 호응하는 문학자의 담론으로 오치아이 나오부미落合直文(1861-1903)[49]가 1890년 2월에 발표한 〈장래의 국문〉(《국민지우国民之友》)이 있습니다. 그는 근세 유학자들의 한문훈독이 화문和文의 문법을 무시하고 있다고 비판하고 조사(조사, 조동사 등 이른바 '데니오와てにをは')의 중요성을 주장하였습니다.

현재, 우리들이 학교에서 배우는 한문 훈독법은 이러한 주장 이후 정비된 훈독법이기 때문에 문법적으로는 고전문법에 준하고 있습니다. 그러나 중세에서 에도 시대를 통해 고전 문법적으로는 상당히 파격적인 훈독법이 행해져왔습니다. 이는 한문을 학습하는 유학(한자)과 일본의 고전을 학습하는 국학인 '화학和学'이 서로 다른 학문 전통을 형성해 왔기 때문입니다.

---

48 이자와 슈지伊沢修二 : 1851-1917, 근대 일본교육의 개척자. 문부성 편집국장을 지냈으며 국가교육사를 결성, 대만에서의 교육정책에도 관여하였다.

49 오치아이 나오부미落合直文 : 1861-1903, 국문학자, 가인歌人. 1893년 아사카사浅香社를 일으켜 와카 혁명과 국어교육에 힘썼다. 신체시 〈효녀 흰 국화의 노래孝女白菊の歌〉, 가집歌集 《하기노이에 가집萩之家歌集》이 있다.

그는 이러한 분열상태가 메이지 시대에 들어와서도 여전히 이어지고 있는 현상을 비판하고 한문훈독도 고전 어법에 따라야 한다고 주장하며 "구의, 오불복몽견주공久矣, 吾不復夢見周公久シキカナ、吾復タ夢ニダモ周公ヲ見ズ"(오래되었구나, 내가 다시 꿈에서도 주공을 보지 못한 것은, 《논어論語》)의 예를 들어 다음과 같이 주의를 촉구하였습니다. "이는 최근 행해진 훈점이다. '꿈에라도にだも'라고 하면 공자가 사백 년 전 주공을 실제로 만난 것같이 들린다. 따라서 '에서도にも'로 훈독해야 한다. 즉 '꿈에라도'처럼 조사를 붙여서 훈독하면 공자가 사백 년 전에 주공을 한 번 만난 적이 있고 그 후에는 꿈에서도 만난 적이 없다고 한탄하는 의미가 되어버린다. 그렇기 때문에 '꿈에서도'로 훈독하여 현실에서는 물론 꿈속에서조차 주공과 만난 적이 없다는 의미를 명확하게 해야 한다"는 것입니다.

이렇게 그는 조사가 문장의 의미(문의의 사활)에 관련된 중요한 역할을 한다고 주장하였습니다. 더불어 지금 주의해야 할 것은 그가 다음과 같은 메타포로 주장하고 있다는 것입니다.

> 언어문장에 조사가 있는 것은 사람 몸에 뇌수腦髓 있는 것과 같다. 사람이 사물을 느낄 때에 뇌는 직접 명령을 의사에 전달하고 의사는 이를 사지오관에 전달하여, 비로소 하나의 행위가 나타나는 것처럼 그 용법에 따라서는 문장의 사활에 관하고, 〔…〕 문장은 오직 조사의 명령대로이다. 때문에 만일 그 배치에 잘못이 있으면 생각도 달라져, 마치 정신이 혼란한 광인에 다름없다.

에도 시대의 국학자는 명사나 동사나 형용사 등 이른바 자립어를 '구슬'에 비유하고 오치아이 나오부미가 말하는 조사, 즉 '데니오하'를 '실'에 비유하여 둘의 관계를 다음과 같이 설명하였습니다. "'구슬' 구멍에 '실'을 꿰어

'구슬'을 연결하지 않으면 목걸이가 되지 않는다. 바로 이렇게 일본문장의 경우 조사가 자립어를 연결하여 '문'을 만들기 때문에, 조사야말로 일본문장에 생명을 주는 포인트다"라고 말입니다. 이러한 생각은 원래 한문 훈독(일본어읽기) 경험에서 생겨난 듯합니다. 예를 들어 "오상종일불식, 종야불침, 이사, 무익, 불여학야吾嘗終日不食、終夜不寢、以思、無益、不如学也"(《논어》)라는 한문을 일본에서는 "나는 일찍이 종일토록 먹지 않고, 밤새 자지 않고 사색해 보았으나 무익했다. 공부하느니만 못했다吾嘗テ終食日ラハズ、終夜浸ネズ、以テ思フ。益無シ。学ブニ如カザル也"(《논어》)라고 읽습니다. 이러한 훈독문의 가타카나 부분은 일본어로 읽을 경우 보완한 동사의 활용어미나 조사, 조동사이고, 에도 시대의 국학자는 이렇게 보완하지 않으면 일본 문장이 되지 않는 특징에 주목하였습니다. 바꾸어 말하면 조사류로 한자를 연결하지 않으면 문장이 될 수 없다. 따라서 조사야말로 일본 문장의 본질이다, 라고 주장하였던 것입니다.

오치아이 나오부미의 메타포는 분명 이 사고를 이어받은 것으로 일본어의 생명에 관련된 조사의 중요성을 강조한 것이라 할 수 있겠지요. 게다가 우에다 가즈토시上田万年(1867-1937)가 〈국어와 국가〉(1895년 6월, 《국어를 위해》)에서 이를 발전시켜 일본어는 일본인의 정신적 혈액이고 국체는 이 혈액으로 유지된다는 악명 높은 메타포를 만들어내었습니다.

이러한 언어 메타포의 움직임은 국가에 대한 관념이 '국풍'에서 '국체'로 변한 사실과 관계가 있을 것입니다.

예를 들어 후쿠자와 유키치福沢諭吉(1834-1901)는 1875년 8월 〈문명론의 개략文明論之概略〉에서 국가의 개성이라 할 만한 것에 대해 "문명에는 밖으로 보이는 사물과 안에 존재하는 정신 두 가지의 구별이 있다"라고 하고 "안에 존재하는 정신"에 관해서는 "이 정신이란 무엇인가. 인민의 기풍이 바로 그것이다 〔…〕 지금 임시로 이름을 지어 이를 일국 인민의 기풍이라 하지만, 때에 관해 말할 때에는 이를 시세時勢라 이름 붙이고 사람에 관해서는 인심人心이라 이름 붙이고, 나라에 관해서는 국속国俗 또는 국론国論이라 이름 붙인다. 소위 문명 정신이란 바로 이것이다"라고 설명하고 있습니다. 또한 그는 1878년 9월의 〈통속국권론通俗国権論〉에서 "일국一国은 일가一家와 같다. 일가 있으면 여기 관례의 풍속風이 있다. 〔…〕 나라 또한 이와 같으니. 〔…〕 이 국풍을 지키는 것도 이 국풍을 바꾸는 것도 〔…〕 자유자재 마음대로"라 하며 그 '일국'의 '관례의 풍속'을 '국권(내셔널리티)'이라 부르고 있습니다. 그런 의미에서 그는 '국풍'은 상대적인 것으로, 인민의 의지와 노력에 의해 바꿀 수 있는 것으로 보았다고 할 수 있겠지요.

그런데 지금 소개한 언어 메타포가 이루어진 1887년 2월, 스기우라 시게타케杉浦重剛(1855-1924)는 《일본교육원론》(긴코도)에서 '국풍'을 "자연히 존재하는 것으로, 국민은 이를 양성, 유지해야 하는 것"이라고 초월화, 혹은 절대화하고 있습니다. 또한 같은 해 3월 와타나베 고키渡辺洪基의 〈본회개설의 주지〉(《국가학잡지》 제1호)와 9월 히라타 도스케平田東助의 〈《내셔널리테이트》와 국가의 관계를 논한다〉(《국가학잡지》 제1호)에서는 고유, 불변의 '국체'라는 관념을 강조하게 되었습니다.

이러한 담론 공간 속에서 앞에서 언급했던 "언어는 국가의 원기"라는 발언과 오치아이 나오부미의 〈일본문학의 필요〉(1889년 2월, 《일본학지》)에서 "움직일 수 없는 국체", "바꿀 수 없는 국속습관国俗習慣"이라는 말이 나왔다고 생각됩니다.

이상 개괄적으로 '국어'의 제도화와 관련된 담론들을 살펴보았습니다. 이 간단한 소개로도 알 수 있듯이 언문일치운동과 '국어' 제도화론은 — 언어조사소의 '설립취지'의 '담화는 인정의 자연이고 필기는 꾸미는 작위적인 것이니'라는 말이 쓰보우치 쇼요의 속언/문이라는 이항대립의 발상과 약간 비슷할 뿐 — 거의 관련이 없습니다.

만일 구태여 그 관련성을 찾는다면 일본의 근대화를 국민국가의 형성이라는 포괄적 내러티브 안의 에피소드로서 관련시킬 수 있을 뿐입니다. 그러나 이는 와카바야시 간조의 "편언척어도 빠뜨리지 않고"라는 주장과 마찬가지로 레디 메이드인 시스템에 제약을 받으면서 스스로는 정확하다고 착각하는 우스운 사태를 연출할 뿐입니다.

제5장

지문학의 계보

근대일본의 문장가들에게 '자연'은 사실을 재현하고자 하는 표현실천의 중요한 대상임과 동시에 규범이었습니다. 메이지 30년대 후반의 자연주의 문학운동이나, 그에 앞선 마사오카 시키正岡子規[50]의 사생문 운동写生文運動[51]이 그 사실을 잘 보여주고 있습니다.

왜 '자연'이 규범이었느냐 하면 자연은 그들에게 있어 '미美' 그 자체였기 때문인데, 그뿐만은 아닙니다. 우리들은 인간의 예측을 넘어 개인의 힘이 미치지 않는 사회 전체의 동향에 휘말리는 경우가 있습니다. 또한 스스로 컨트롤할 수 없는 감정이나 정념에 사로잡히는 경우도 있습니다. 그럴 때

---

50 마사오카 시키正岡子規 : 1867-1902, 가인. 잡지 〈불여귀ホトトギス〉를 주재, 하이카이俳諧를 연구하고 사생문写生文을 주창함. 또한 단가短歌 혁신을 시도하였으며 신체시新体詩, 한시, 평론, 수필 등 다방면에 걸쳐 문학 활동을 하였다.

51 사생문 운동写生文運動 : 회화絵画의 사생 수법을 문장에 도입하여 자연, 인사人事 등을 본 대로, 느낀 대로 묘사하고자 한 운동. 메이지 시대 중기 마사오카 시키 등이 주장했다.

그들은 그런 불가항력적인 것들의 배후 혹은 그러한 것들 안에서 '자연'의 의지를 감지하고 그것을 절대화하고 초월화할 수밖에 없었기 때문입니다. 이 때문에 그들은 자연/사회/인간을 묘사함에 있어 자신의 사의私意로 대상을 왜곡하거나 꾸며서는 안 된다고 생각하여 사심 없는 태도로 접하는 것을 이상으로 삼게 되었습니다.

이상으로 삼는다는 것은 그것을 자기 규범으로 삼는다는 것이기도 합니다. 자연은 사적인 감정을 가지지 않는다. 따라서 이에 임할 때는 사심이 없어야 한다. 이러한 방법에 의해 표현해 낼 수 있는 것을 그들은 '진眞'이라 했습니다.

그런 의미에서 '자연'은 '미'와 '진'의 근원이었습니다. '자연'을 '문화'의 대립물로 생각하는 사람들은 이해하기 어렵겠지만, '자연'을 있는 그대로 존중하는 것, 그것이 그들에게는 가장 좋은 '문화'적인 태도였던 것입니다.

일본의 근대에 있어 '자연'은 그만큼 다의적多義的이며, 그래서 앞서 언급한 경향을 미화하고자 하는 일본문화론자들은 '자연' 존중이야말로 일본인의 민족정신이라고 합니다. 그러나 다른 한편으로는 그렇게 '자연'을 소중히 여기는 일본인이 어째서 이렇게 아무렇지도 않게 자연을 파괴하고 있는가 하는 비난의 소리도 있어, 결국 논의는 아무런 결실을 맺지 못하고 있는 형국입니다.

에도 시대의 자연관

이러한 논의가 쓸데없는 것은 일본민족론 같은 허망한 관념을 전제로 했기 때문인 것은 분명하지만, 또 한 가지 이유는 메이지 이후의 '자연'에 관한 담론의 역사를 잘 모르기 때문이 아닌가 합니다.

문학연구 영역에서도 연구자 자신이 자연주의 이후의 자연관에 사로잡혀 있기 때문에, 그 이전의 '자연'에 관한 담론을 조사하지 않고, 근대 이전의 일본인의 자연관의 중심은 화조풍월花鳥風月이었다고 단순화시켜 버렸습니다. 하지만 화조풍월은 일본의 자연관의 일부에 지나지 않습니다. 그뿐만 아니라, 예를 들면 스즈키 보쿠시鈴木牧之[52]의 〈호쿠에쓰설보北越雪譜〉(1835)의 다음 문장처럼 그것을 비판하고 다른 자연관을 제시하려는 시도가 있었음을 간과해서는 안 됩니다.

> 땅이 따스함을 얻어 기氣를 내뿜고, 하늘을 향해 오르는 사람의 숨처럼, 주야 한시도 끊기는 일 없다. 하늘 또한 기를 내뿜어 땅으로 내려 보내는, 이것이 천지의 호흡이다.
> 사람이 호흡하는 것과 같다. 천지가 호흡하여 만물을 자라게 한다.

이 〈호쿠에쓰설보〉는 현재의 니이가타현新潟県 북부의 지리적 조건과 기후, 산업, 풍속, 기풍, 전승 등을 모은 일종의 백과사전인데, 그 배열 방법은 근대와는 달리 항목 구분과 편집이 독특했습니다. 아마 앞으로 근대적인 '지知'의 체계를 상대화할 수 있는 다른 '지'의 시스템을 가진 것으로서 중요한 연구대상이 될 것입니다.

저자인 스즈키 보쿠시는 위의 인용처럼, 주야의 한란寒暖을 천지의 호흡

---

52 스즈키 보쿠시鈴木牧之 : 1770-1842, 에도 후기의 문인. 산토 교덴山東京伝, 다키자와 바킨滝沢馬琴과 교우交友했다.

으로 파악하고 그 생명 에너지에 의해 만물이 자라게 되는 것이라고 설명했습니다.

이러한 관념이 근대에 들어와서 어떻게 되었는가. 그러한 문제에 대해서는 아직까지 거의 아무런 연구도 없었다는 사실을 알게 됩니다. 제가 이해하기에 이는 지문학이라는 장르가 메이지 시대에 생겼다가 사라져 버린 점, 그리고 현재는 지문학이 있었다는 사실조차 잊혀졌다는 사실과 밀접한 관계가 있는 것 같습니다.

그러한 사실에 대한 반성과 비판에서, 이번에는 그 지문학을 다시 한 번 조명하는 형태로 근대의 '자연'에 관한 담론의 역사를 더듬어 보고자 합니다.

기독교에 있어서 '풍風'론

그 전에 한 가지 〈호쿠에쓰설보〉의 관념과 반드시 상반된다기보다는 오히려 보강하는 듯한 관념이 기독교의 이름으로 들어온 것을 소개하겠습니다.

그것은 마틴의 《천도소원天道遡源》(1854)이라는 책으로, 미국인 선교사 마틴이 중국인을 대상으로 쓴 한문 기독교 계몽서입니다. 일본에서는 나카무라 마사나오中村正直가 수입하여, 1875년 2월 훈점訓点을 달아 런던 성교서류회사聖教書類会社[53]에서 출판했습니다.

이것을 보면 대단히 재미있는 것이 마틴은 중국에서 예로부터 다루어진 오행설, 즉 화수목금토火水木金土의 다섯을 만물의 원소로 생각하는 사고방

---

53 나카무라 마사나오中村正直 : 1832-1891, 서양학자, 교육가. 메이로쿠샤明六社를 조직하여, 계몽사상 보급에 노력했다. 역서에 《서국입지편西国立志編》, 《자유지리自由之理》가 있다.

식을 비판하여 '목木'을 빼고 '풍風'을 넣어 화수풍금토火水風金土의 오행으로 해야 한다고 주장하였습니다.

어째서 그가 '목'을 빼야 한다고 주장하였는가 하면, 화와 수와 토는 그 이상 분해할 수 없는 원소이며 한 쪽이 다른 쪽에 의존하는 일이 없다. 게다가 그것들이 서로 모이거나 서로 작용하여 '초목草木'을 생성시킨다. 즉 '목'은 그들 삼행의 상호작용에서 태어나는 '생물'이며, 때문에 화수토와 동렬의 원소라고는 할 수 없다.

이것이 그의 논거였습니다. 무척 납득하기 쉬운 논거이지만, 그럼 왜 '풍'을 '목'을 대신하는 원소로 본 것일까. 그는 이런 식으로 설명합니다.

> 그러나 초목은 본래 삼행火水土에 의해 생성되고, 그리하여 또한 반드시 바람에 의지한다. 대저 나뭇잎을 돋게 하여 바람의 정기精気를 마시는 것이, 사람에게 폐가 있어 호흡하는 것과 같다. 〔…〕 바람은 곧 공중의 기, 사람은 이에 의지하여 생명을 얻는다. 음식에 비교하면 좀 절박하다. 아마도 기갈飢渴은 오히려 며칠 참을 수 있겠지만, 호흡은 곧 잠시라도 끊겨서는 안 된다. 기가 한번 끊기면 명命은 당장에 사라진다. 초목이 또한 그러하다.

요컨대 '풍'(공중의 기)은 다른 사행과 같이 눈에 보이는 실체적인 물질은 아니지만, 만일 이것이 없으면 초목은 자라지 못하고 인간은 죽어 버린다, 그런 의미에서 이 세계를 구성하는 불가결한 원소라고 하는 것입니다. '풍'의 기능은 그것만이 아닙니다.

> 또한 비와 이슬의 혜택도 바람에 의해 승강을 한다. 바람이 수면水面에 닿아 수분을 충분히 머금는다. 만일 열일烈日에 쬐이면 곧 따뜻해지고, 따뜻해지면 곧 팽창한다. 팽창하면 곧 올라가 구름이 된다. 양풍涼風을 만나면 곧 차가워지

고, 차가워지면 수축한다, 수축하면 곧 내려와 비가 된다. 비는 여러 곳으로 뿌려진다. 바람의 왕래로 운행된다. 논과 밭이랑을 적셔주고 하천을 이룬다. 그리하여 오색의 무지개, 오색의 구름을 또한 사람의 미관에 제공한다. 그리고 또한 바람으로 인하여 소리를 낸다.

물리적으로 말하자면, 양 방울을 통 안에 걸고 용기로 기를 빨아 마시게 하여 통에서 내보내, 이것을 전부 비워 그 통을 흔들어 방울을 서로 치게 하나 조용하여 소리가 없으면 곧 바람으로 하여금 이것을 울리게 하지 않았기 때문이다. 마치 물체가 서로 부딪쳐서 미동이 있는 금현琴絃과 같다. 바람은 즉 그런 움직임에 의해 사람의 귀에 이르러 소리를 만든다.

이것은 언어에 의해 통하고, 음악으로 울리는 것이다. 만일 바람이 없으면 당장 우주의 사람, 이것을 말하는 자 소리가 없고, 이것을 듣는 자 듣지 못하여 전부 농아가 된다. 그것이 지구를 싸고 있음에 이 가볍고 유연하며 미약하고 극히 작아 보이지 않는 기, 그것이 있어, 차고 뜨거움에 따라 팽창했다 수축하고, 사람이 호흡을 할 수 있고, 비와 이슬이 운행을 할 수 있고, 운하雲霞가 상象을 만들 수 있으며, 음성을 청문聽聞할 수 있음에 이른다.

요컨대 '풍'은 수증기를 품어 비를 내리게 하고 식물을 키우는 중요한 역할을 할 뿐만 아니라, 구름과 무지개를 출현시켜 인간의 미관을 양성하며, 게다가 소리를 전달하여 언어활동을 떠받쳐 주는 원소라는 것입니다. 그렇다면 여기서 말하는 '풍'은 오히려 공기의 의미로 받아들여야 할 것이며, 사실 이 저서가 미국인 베르벡Guido Herman Fridolin Verbeck이 편찬하고, 다카하시 고로高橋五良[54]가 번역한 《계몽 천도소원》(1882), 야소교서류회사耶蘇教書類会社라는 일종의 통속판으로 출판되었을 당시에는 '풍'에 '구우키(공기)'

---

54 다카하시 고로高橋五良 : 1856-1935, 메이지, 다이쇼기의 평론가. 영어학자. 성서번역 사업에도 가담하였으며, 《한영대조사전漢英対照いろは辞典》, 《최신영어교습법最新英語教習法》 등이 있다.

라는 덧말이 달려 있었습니다.

그럼에도 불구하고 왜 '풍'으로 불렀던 것일까? 공기는 눈에 보이지 않고 손으로 잡을 수도 없다. 그런 의미에서 극히 추상적인 원소인데, 단지 그것이 바람이 되어 움직일 때 피부에 닿고 초목을 흔들며, 그래서 비로소 그 존재를 알 수 있다. 그런 점을 중시하여 '공기'가 아니라, '풍'으로 불렀던 것 같습니다.

바꾸어 말하면, 공기는 다른 네 개의 원소처럼 실체적으로 존재한다기보다는 오히려 그 운동(바람으로서의 움직임)에 의해 이 세계를 구성하는 원소일 수 있다. 아마도 그런 이유로 '풍(공기)'은 마틴에 의하면, "사람 몸의 온열은 실로 바람속의 양기養気와 피 속의 탄기炭気가 호흡으로 서로 통하여 열을 생성함에 의한다"라는 생명의 근원이기도 했습니다.

마틴의 이와 같은 생각이 기독교에서 정당한지 어떤지 저는 모릅니다. 다만, 널리 오행설이 퍼져 있던 중국이나 그 영향을 받은 일본에서는 강한 설득력을 가졌으리라는 것은 충분히 상상할 수 있습니다.

또한 덧붙여 소개해 두자면 그는 인간의 감각적, 지적 활동에 관하여 각覚, 오悟, 기記, 사思, 상像의 다섯을 꼽았습니다. 이 중에서 '각'과 '오'는 우리들이 양쪽 다 "사토루さとる" 〔깨닫다〕로 훈訓을 달고 있어 의미의 차이가 명료하지 않으나, 그는 그 차이를 이런 식으로 설명하고 있습니다.

> 각覚으로 몸 밖의 것을 안다. 사람은 오관五官이 있고, 또한 오규五竅로서 바깥 것外物과 통하는 것처럼, 잘 통하여 이것을 아는 것은, 모두 각이 있음에 기인한다. 각으로써 몸 안의 것을 알게 된다. 단, 오悟가 있는 까닭에 사람은 능히 자신이 자신임을 안다. 또한 자신을 안다.

오관이란 귀, 눈, 코, 혀, 형체(후에는 피부)를 가리키며, 오규란 귀, 코, 입과 같은 인체의 다섯 개의 구멍을 말하는데, 이것들을 통하여 우리들은 신체 외의 사물과 교섭을 하며 사물의 존재양식을 안다. 마틴에 의하면, 그것이 '각'입니다. 그에 대해 '오'란 자기의 의식이며, 자신의 마음과 감정의 움직임을 아는 의식활동을 의미하는 것입니다.

지문학의 경우

그런데, 중국에서는 예로부터 세계를 크게 천/지/인의 셋으로 나누어 왔습니다. 일본은 메이지 시대에 들어서서 학문영역을 재편성할 즈음에, 이 분류법을 모방하여 천문학/지문학/인문학의 카테고리를 세웠던 것인데, 지문학을 만든 것은 유럽과 미국에 'Physical Geography'(자연지리학, 지문학)라는 학문이 있었기 때문인 것 같습니다. 세키후지 시게오関藤成緒 역訳의 《백과전서 지문학百科全書地文学》(1877, 문부성)은 미국의 대중적인 백과사전이라고 할 수 있는 체임버스Chambers의 *Information for The People* 중의 "Physical Geography" 항목을 번역한 것으로, 그 말을 빌려서 말하자면 '지문학'이란 "지구의 표면을 논하는 것으로 해륙海陸의 위치, 대소고저심천유동大小高低深浅流動 및 일체의 성질"에 관한 학문이었습니다.

단, 현재의 지리학과 다른 지문학의 특징은, 지문학은 "또한 지구는 그 고유물질로 이름 지어진 것 외에 기상체気状体가 복피覆被에 둘러싸여, 즉 공기가 이것을 포위한다"는 말에서 알 수 있듯이 지구의 표면을 덮는 공기도 연구대상에 포함시킨다는 점입니다.

후지타니 다카오富士谷孝雄가 번역하여 보충한 《게이시 지문학芸氏地文

学》(1887년 2월, 문부성. 원저는 게이키Archibald Geikie의 "Physical Geography" 인가?)은 그 점을 다음과 같이 강조하고 있습니다.

> 대저 지구의 생명인 것은 잠시도 지문학과 떨어질 수 없을 뿐만 아니라, 이것이 있고서야 비로소 지문학이 있음을 안다. / 세상의 이른바 지리서에 해당하는 것은, 단지 산천의 형세, 해륙의 구분, 자국의 경계등을 기술하는 데 그칠지라도, 우리 지문학은 그렇지 아니하다. 〔…〕 우리 지문학이 주로 하는 것은 지구가 하나의 천체인 것을 다루고 그 성분을 명확히 하여 그 연혁을 구함에 있다. 고로 지문학은 구름이 올라가 비를 내리게 하는雲騰致雨 이치에서 동식물의 생사영고生死栄枯 등에 이르기까지, 무릇 우리 지구상에 출몰하는 삼라만상을 설명해야 할 학문인 것이다.
>
> 지문학이 전공하는 사항 중 세인이 이미 숙지하고 있는 것이 적지 아니하다. 예를 들면 대기와 같은 것은 알지 못하는 자 없고, 우리는 한번 호흡할 때조차도, 이 기를 들이마시고 내뱉고 한다. 〔…〕 이런 점에서 보면, 대기의 성질은 이미 숙지하므로, 이 기에 관하여는 반복하여 굳이 말할 것이 못 되지만, 뒤로 물러나서 생각하면 우리가 아는 것은, 단지 이슬이 이슬인 것을 알고, 바람이 바람인 것을 알며, 비가 비인 것을 알 뿐이기에, 아직 대기 일반의 성질을 간파하였다 할 수 있지 아니하다. 어쩌면 지문학의 이치로 인하여 비로소 이것을 이해하게 할 것이다. 그런 이유에서 지문학을 습득하고자 하는 자는, 특히 준령峻嶺을 넘어 유곡幽谷에 들어감을 요하지 않고, 단지 눈앞에서 목격하는 사물에 근거하여 충분히 그 이치를 연구하면 되니, 사람이 만일 일단 사물에 관하여 그 이치를 연구하는 소질을 얻고, 그리하여 차츰 이것을 함양한 나면, 곧 사물로써 그 이치를 나타내지 않을 수 없고, 여기저기 다닐 때에 저절로 즐거움이 느는 것이 매거하기 어려울 정도이다.

이 《게이시 지문학》의 원저자의 생각과 앞서 소개한 《천도소원》의 기독교가 어떻게 연결되는지 저는 모르겠습니다. 다만, 이 두 개의 생각이

스즈키 보쿠시의 〈호쿠에쓰설보〉 — 지구상의 현상을 일종의 생명적인 활동으로 본다 — 의 자연관에 새로운 전개를 부여하였다는 사실은 납득할 수 있을 것입니다.

자신들의 생명에 직접적으로 관여하지만 불가시의 대상이기에 지금까지 주의를 기울이지 않았던 공기. 그것을 인식대상으로 삼음으로써 지구의 생명적인 활동과 인간 활동을 통일적으로 파악한다. 이것은 일본인들에게는 대단히 신선한 인식방법의 전환이었습니다. 왜냐하면 일본인들은 학문이란 일상생활에서 중요한 역할을 하면서도 지금까지 의식할 수 없었던 것에 눈을 돌리는 일이라는 관념을 갖게 했기 때문입니다.

일본적 자연미의 발견

지문학이 갖는 역사적인 의의는 그것만이 아닙니다. 지표를 덮는 공기는 그 안에 수증기를 담고 있어 구름과 안개를 출현시키고, 거기에 광선을 비치게 하여 시시각각으로 변화하는 자연의 미관을 연출한다. 그러한 광선의 효과를 가르쳐 준 것도 지문학이었습니다. 야즈 쇼에이矢津昌永의 《일본지문학日本地文学》(1889년 3월, 丸善商社書店)은 그 사실을 잘 보여주고 있습니다.

> 우리 지구를 포위하는 것인 귀중하고 필요한 가스는 이른바 분위기로서, 이것을 공기라 칭한다. 그 형상은 볼 수 없다 하여도 항상 우리들 주위에 가득하여 조금의 틈도 남기지 않고, 도처에 이것이 없는 곳이 없다. 〔…〕 무릇 우리들 눈이 보게 되는 공기는 대개 기계気界 안의 현상이라 하지 않을 수 없고, 우리가 보며 쾌락이라 칭하는 것 또한 이 계 안界中에서 연출되는 활극活劇이다.
>
> 지금 부드럽게 얼굴을 스치는 연풍軟風은 그 미동微動을 시험하며, 그 맹위

로 나무를 뽑히게 하는 강풍烈風은 격동하여 그 위세를 보인다. 혹은 광선을 투과시켜 사물의 색을 구별하고 온열로 만물을 탄생시키고 키우며, 또한 이 성분 중 주요한 가스를 공급하여 생물을 함양한다.

그 밖에 구름과 비가 여기서 생기며 천둥과 번개가 여기서 일어나는 등, 무릇 오늘날 지구상의 균형을 유지하는 것은 모두 또한 공기의 작용이라 하겠다. 〔…〕

따뜻한 봄날 청명한 아침에 멀리 보면, 연하煙霞 한 줄기가 산허리에 휘감겨진 띠를 보게 된다. 이는 수증기가 상승할 때 일진난풍一陣暖風이 가로로 통과하여 산악에 닿아, 이윽고 산꼭대기로 불어 오르는 사이 그 온도가 점차 떨어져, 그 바람을 타고 오르는 수증기가 마침내 응집하여 안개로 변한다. 일광이 이에 비칠 때는 비단 안개가 되고, 활짝 핀 벚꽃 십리 위로 길게 뻗어 우리나라 고유의 한 미관을 보이니, 시인의 입에 올라 시가詠歌의 좋은 자료가 되는 것도, 모두 수증기의 작용에 다름 아니다.

지문학은 이처럼 '일본 고유'의 자연미의 발견에 도달하여 자연을 미의 규범으로 삼는 사고방식을 만들어 가는데, 이 《일본지문학》은 일본적 자연미의 찬사방법이나 문체 등에서 시가 시게타카志賀重昂[55]의 《일본풍경론日本風景論》(1894년 10월, 세교사政教社)을 준비했다고 할 수 있습니다.

이로써 아침 해가 약간 오르자 광선은 이 수증기의 분자를 통과하여 찾아오고, 붉은 아지랑이의 농담濃淡, 새벽 햇살이 가일층 정취를 더한다. 그리고 석양 서산에 걸리자 남은 광선은 구름에 비치어 오색 빛을 띠고, 남은 연기는 지려고 하면서 여전히 나뭇가지 끝에 깃든다. 이와 같은 풍경, 대부분 대륙에서 보지 못하는 것. 대륙의 문인시객文人詩客이 구름의 형용을 잘못하고, 그 화가가

55 시가 시게타카志賀重昂 : 1863-1927, 지리학자. 잡지 《일본인日本人》을 창간했고 국수주의를 주장했다. 저서에 《일본풍경론日本風景論》, 《세계산수도설世界山水図説》이 있다.

구름을 일부러 이상하게 그리는 것은 어쩌면 수증기의 변화를 많이 목격하지 못해서 그러한가.

메이지 30년대에 들어서면 예술은 대상이 미美든 추醜든 상관없이, 〈진眞〉을 있는 그대로 그리는 것이라는 관념이 일반화되어 갑니다. 그러나 이 《일본풍경론》의 시기에는 아직 예술은 미에 의해서 그것을 보고 듣는 사람의 정신을 정화하고 고상하게 하는 것이어야 한다는 관념이 지배적이었습니다.

여기에서 인용한 문장으로 대표되듯이 화려한 한어를 사용한 미문美文은 당시의 문장가들이 자연의 미를 말로 재현하는, 아니 자연의 미를 더욱 순화하여 전달하기 위해 창출했던 예술적인 문체였던 것입니다. 《일본풍경론》이 당시 높은 평가를 받았던 것은 지문학이라는 학문적인 인식과 미적인 문체와의 통합을 볼 수 있었기 때문이었습니다.

한편으로 그는 다음과 같이 자연의 경관은 생산 · 노동의 결과이기도 하며, 그런 의미에서 역사적인 형성물이라고도 하고 있습니다.

생각건대 일본식물이 빼어나고 푸르른 것은 실로 다량의 수증기의 영향에 기인하고, 덧붙여 신사불각神社仏閣에 있는 수목은 예로부터 벌채를 금지함으로써 더욱 더 무성해져 스스로 산림보호법을 실제로 행하니, 신사불각의 수목 벌채금지의 효능은 어느새 아주 뚜렷이 드러나고 있다. 〔…〕 산꼭대기를 내려가니, 가파른 스르가駿河 평야가 홀연히 전개되고, 바로 시야에 들어온 마을 처녀들은 노래를 부르며 신차新茶를 딴다. 차茶도 원래 열대식물, 더구나 그것을 일본의 가장 주된 식물로 키우는 것은 기후가 비교적 온난한 풍토가 발육에 적합하기 때문이라 하지만, 그것 또한 다량의 수증기이다.

이러한 시점에서 그는 자연보호를 제창하고 경관보존운동의 선구자가 됨과 동시에 같은 관점에서 국수国粋를 주장했습니다.

> 이 강산의 진실로 아름답고 다양한 식물, 이것이 일본인의 심미안을 과거, 현재, 미래에 함양하는 원초적 힘이다. 이런 원초적인 힘이 이 세상에 해害를 가할 수 있겠는가, 일본 미래의 인문계몽을 해치는 것과 매한가지, 〔…〕 또한 각 곳의 옛 흔적의 파괴는 역사 관념의 연합을 파괴하고, 온 나라를 벌거벗기려 한다. 일본 사회는 일본 미래의 인문을 더욱 더 계발하기 위해, 더욱 더 일본의 풍경을 보호하는 데 힘써야 한다.

이와 같은 의미에서 그의 내셔널리즘은 경관 내셔널리즘이라고 할 수 있겠지요.

이상이 지문학의 하나의 귀결이라 한다면, 또 하나는 문학적 자연관찰의 방법으로 도쿠토미 로카徳富蘆花의 다음에 소개하는 〈최근 후지의 새벽此頃の富士の曙〉(1898년 1월, 《국민신문》, 후에 《자연과 인생》 1900년 8월, 민우사에 수록)과 같은 방향으로 진행해 갔습니다.

> 정취를 아는 사람에게 보여주고 싶은 최근 후지의 새벽.
>
> 오전 여섯 시를 지나, 한번 즈시逗子 해변에 서서 바라보아라. 눈앞에는 수증기가 소용돌이치는 사가미相模 바다를 보고 바다 끝에는 수평선을 따라 어둑한 남색을 보게 될 것이다. 만일 그 북단에 똑같은 남색의 후지를 본다면, 제군諸君은 아마도 아시가라足柄, 하코네箱根, 이즈伊豆로 연달아 이어진 산이 한줄기 남빛 안에 잠겨 있음을 알 것이다.
>
> 바다도 산도 아직 잠잔다. 오직 한 줄기 장밋빛 광선이 후지 꼭대기를 활을 지팡이 삼아 짚듯 가로로 길게 뻗는다. 추위를 견디고 잠시 서서 보아라. 제군은 장밋빛 광선이 매초마다 후지의 꼭대기를 향해 기어 내려옴을 볼 것이다. 1장丈(약 3m), 오 척五尺, 삼 척三尺, 척尺, 그리고 촌寸. 후지는 지금 잠에서 깨려고 한다.

> 이제 깨어났다. 보라, 봉우리 동쪽 한 모퉁이, 장밋빛이 되었음을. 눈도 깜빡이지 말고 보아라. 지금 후지 꼭대기에 걸린 붉은 안개는, 눈 깜빡할 사이에 후지의 새벽 어둠을 쫓아 내간다. 일 푼(한 치의 1/10), - 이 푼, - 어깨, - 가슴. 보라, 하늘 꼭대기에 솟아 있는 산호빛 후지를. 복숭아 빛을 띠는 눈雪의 살결, 산은 투명하다. 후지는 엷은 홍색으로 깨어난다. 원컨대 눈을 아래로 옮겨라. 붉은 안개는 이미 가장 북쪽인 큰 산 머리에 걸린다. 이미 아시가라에 닿았다. 하코네로 옮겨갔다. 보라, 어둠을 기어가는 새벽 걸음의 빠름을. 홍색 쫓고 남색 달아나, 이즈 연산, 이미 복숭아 빛으로 물들었다. 홍색인 새벽 걸음, 이즈산맥의 남단 아마기산天城山을 넘을 즈음에, 원컨대 눈을 돌려 후지 아래를 바라보아라. 자줏빛 에노시마江の島 근처에 홀연히 두세 척의 금색 돛단배가 번뜩임을 보게 될 것이다. 바다는 이미 깨어 있다.

이런 표현이 더 이어지지만, 이 정도 인용으로도 알 수 있듯이 도쿠토미 로카는 여기서 눈앞의 광경이 아침 해를 받아 다양한 색채로 변해가는 모습을 시간을 쫓아 극명하게 묘사하는 표현실험을 시도하고 있습니다. 바꿔 말하면 후지 산과 이즈 산맥의 고유색을 재현한다기보다는 광선의 작용에 의한 표면색의 변화, 색채변용의 현상을 겨냥한 것인데, 이와 같은 묘사방법을 이만큼 지속적으로 수행한 표현은 그때까지의 일본문학에서는 볼 수 없었던 것이었습니다. 아마 이 표현은 한 번의 관찰에 의한 것이 아니라, 몇 번의 경험에 근거하여 일종의 전형화를 꾀했던 것이겠지요.

그럼에도 불구하고 마치 일회성 체험의 표현인 것 같은 신선한 인상을 줄 수 있었던 점에 그의 미문이 오랜 인기를 누릴 수 있었던 비밀이 있습니다.

나쓰메 소세키夏目漱石[56]의 〈풀베개草枕〉(1906년 9월 《신소설新小説》), 《우

56 나쓰메 소세키夏目漱石 : 1867-1916, 영문학자, 소설가. 1900년 영국 유학 후 도쿄대학

미인초虞美人草》(1908년 1월, 슌요도春陽堂)의 경관묘사를 보면, 그가 도쿠토미 로카의 뒤를 따랐던 것은 틀림없습니다. 〈풀베개〉의 주인공인 화자는 자칭 화가였음에도 불구하고 그림은 그릴 수 없었습니다. 그것은 그가 말로 그리는 '시인'이었기 때문입니다.

일본의 지리적 위치와 세계사적 사명

그런데, 시가 시게타카가 《일본풍경론》을 내놓았던 것과 전후하여, 시가와 마찬가지로 삿포로 농학교札幌農学校를 졸업한 우치무라 간조内村鑑三(1861-1930, 메이지-쇼와 시대전기의 종교사, 사상가)가 《지인론地人論》(1894년 5월, 게이세이샤警醒社)을 출판했습니다. 《지인론》은 지문학과 인문학의 종합을 의도한 것으로 볼 수 있지만, 그는 여기에서 아주 재미있는 논리를 펴고 있습니다. 그는 지리적 조건과 역사 형성의 관계를 논하며 다음과 같이 주장합니다. 유럽처럼 산맥이 동서로 뻗어 있는 지역은 자주 독립의 기풍이 강하고, 아시아처럼 남북으로 뻗은 산맥으로 나누어진 지역은 강대한 통일국가가 세워졌습니다. 이렇게 지적한 후, 그는 "일본국의 위치는 아시아적이라 해도 그 구조는 유럽적이다"라고 하고 있습니다. 좀더 상세히 말하자면, "우리의 산맥이 남북으로 가로지르는 것은 우리나라가 아시아적 통일을 용이하게 하였고, 또한 그것을 횡단하는 동서 산맥이 곳곳에 존재하는 것은 통일하에 유럽적인 자치독립의 정신을 양생할 수 있었다"고

강사역임. 아사히신문사에 입사하여 신문소설 등을 연재하였다. 저서에 《도련님坊っちゃん》, 《산시로三四郎》, 《마음こころ》 등이 있다.

하는 좋은 조건 때문에 "즉 우리에게 아시아와 서구 양 주의를 동화하는 특질이 있었던" 셈입니다. 그는 이 점을 근거로 다음과 같이 일본의 세계사적 사명을 선언했습니다.

> 일본국의 천직天職은 무엇인가? 지리학은 대답해 말하길, 일본은 동서양간의 매개자이니…
>
> 이웃 조선은 아직까지도 자유의 일성을 외치지 못하고, 석가의 인도는 예속국의 치욕을 당했고, 공자의 중국은 만주 약탈자의 점령물이 된 지금, 아시아의 일본에 이미 구미적인 헌법이 있어 자유는 충군애국과 함께 병립할 수 있다는 증거를 세계에 떨쳤다.

일본을 서양과 동양의 통합점으로 삼으려는 생각은 이미 에도 시대 말기의 사상가인 사쿠마 조잔佐久間象山(1811-1864, 에도 시대 후기의 무사, 사상가)의 "서양의 기술과 동양의 정신"이라는 말에 보이며, 시가나 우치무라 간조와 동세대인 오카쿠라 텐신岡倉天心(1863-1913, 메이지 시대의 미술지도자, 사상가)도 주창했습니다. 그러나 역사지리학적인 시야에서 동서양의 매개를 일본의 "천직" 세계사적 사명이라고 한 언론인은 우치무라 외에는 없어 그의 담론은 참신한 인상을 주었습니다.

그는 이 '천직'관에 기초하여, 청일전쟁을 일본의 '의전義戦'으로 옹호하는 "Justification of The Corean(Korean) War"(1894년 8월, 《국민지우国民之友》[57])를 발표했습니다. 그것을 그 자신이 〈청일전쟁의 의義〉(1894년 9월)

57 《국민지우国民之友》: 1887년 2월 민우사民友社에서 창간된 종합잡지. 도쿠토미 소호德富蘇峰가 주재. 평민주의를 표방, 사회평론을 주로 하고 사상, 정치 및 문학에 관한 논설과 문학작품을 게재했다.

에서 《국민지우》라는 제목으로 일본어화했기에 함께 소개하겠습니다.

We believe that the Corean War now opened between Japan and China to be such war, — I mean, a *righteous* war. Righteous we say, not only in legal sense, for legalities can be manufactured as sophistries of all kinds, but righteous in moral sense as well, — the only kind of righteousness that can justify any war. Such a war is not new with us, and we with our light have believed in it and fought it. "Heathenism" if dark is earnest, and it may yet retain enthusiasm which Christendom may have lost with its superstitions. A sort of chivalric spirit is yet with us, a spirit akin to Spartan courage, and Roman valor to crush the proud; and a righteous war is still possible with us.

우리는 믿는다. 청일전쟁은 우리에게 있어서는 실로 의로운 전쟁이라는 것을. 그 의는 법률적인 의만이 아니고 윤리적으로도 또한 그러하다. 의전이란 것은 즉 이런 종류의 의에 의하지 않으면 안 되고 이 전쟁은 우리가 모르는 전쟁이 아니다. 이것은 우리 고유의 교의를 따르는 것으로 우리가 여러 차례 싸운 바이다. 기독교 국가에서 이미 의전을 망각해 버린 오늘에 이르러 비기독교국인 일본이 그것에 종사함은 이상한 일일 것이다. 그렇지만 비기독교 국가가 만일 무지하다고 해도 그들은 아직 성실하다. 기독교국이 그 미신과 동시에 망각해 버린 열심은 우리들이 아직 버리지 않은 바이다. 우리들에게 일종의 의협이 있다. 죽음을 모르던 그리스의 영웅호걸들을 꺾었던 로마의 용맹은 지금 여전히 우리가 지니고 있는 바이다. 서양은 이미 그 열심시대熱心時代를 지났지만 동양은 아직 그 범위 안에 있다. 의전은 아직 우리들이 망각하지 않은 바이다.

We began by saying that the war we entered upon is a righteous war. That it is so shall be evident as soon as we shall have reached its end. We took up the cause of our poverty-stricken neighbor, and that nothing of material profit shall accrue to us from helping her is more than evident. Then from China, too, we shall exact no more than the just price of the blood we shed, as her prostration is not our aim, but her coming to consciousness of her own worth and duty, and to friendly cooperation with us in the reformation of the East. Thus we fight with eternal peace in view, and Heaven bless our bleading ones as they fall in this holy war. Never before in our history has the nation been fired with a nobler aim. and now as one man we marth to meet our foe, knowing

"whether on scaffold high
Or in a battle's van
The fittest place where man can die
Is where he dies for man.

우리들은 조선전쟁을 의전이라 단정한다. 그 지당함은 전쟁을 끝낸 후에 가장 명백히 밝혀질 것이다. 우리는 빈곤에 허덕이는 우리 이웃 우군이 된 것이다. 물질적으로 우리를 이롭게 하려는 것이 아님은 물론이다. 또한 중국이라 할지라도 파멸이 우리의 목적이 아니다. 그들로 하여금 우리 유혈의 가치를 보상케 하는 것으로 족하다. 우리의 목적은 중국을 각성시키는 데 있다. 그 천직을 알게 하는데 있다. 그들로 하여금 우리와 협력하여 동양의 개혁에 종사하게 함에 있다. 우리는 영구한 평화를 위해 싸우는 것이다. 하늘이여 이 의전에 죽어간 우리 동포를 가엽게 여기소서. 일본국 성립 이래 일본 국민은 여태껏 오늘과 같이 고귀한 목적을 위해 불타지 않았다. 지금이야말로 우리는 하나가 되어 우리의 숙적에 맞서기를 바란다.

가령 교수대에 오른다 하여도
가령 전장의 선두에 선다 하여도
죽기에 고귀한 장소는
세상을 구하기 위해 죽는 장소이다.

우치무라는 이처럼 영어권 사람들을 대상으로 기독교 국가는 이미 문명을 위해서 싸울 열의를 잃어버렸지만, 현대에는 야만, 이교도라고 불리워 온 일본이야말로 그것을 수행하는 '천직'을 담당하고 있다고 자랑스럽게 주장합니다. 이 태도는 또한 — 내용과 어우러져 — 많은 독자에게 강한 감명을 주었습니다.

우치무라는 메이지 시대의 대표적인 기독교 신도로, 그 정신사적 증언이라 할 자전, 《나는 이렇게 기독교 신자가 되었다 *How I became a Christian*》(1895년 5월)로 잘 알려져 있습니다. 그는 구제旧制 제일고등중학교旧制第一高等学校의 전신의 교사로 있던 1891년, 천황의 이름으로 각 학교에 배포된 '교육칙어教育勅語'[58]를 참배하는 의식에서, 천황 '신서宸署'(천황자신의 서명)의 칙어에 머리를 숙이지 않았다는 이유로, 동료와 학생으로부터 '무뢰한', '역적'이라는 비난을 받게 되어 어쩔 수 없이 사직하게 됩니다. 이른바, 우치무라의 불경사건不敬事件입니다. 또 그는 앞서 소개했듯 청일전쟁이 의전이라고 주장하였지만, 실제 전쟁이 진전됨에 따라 일본인의 영토확장주의적인 에고이즘을 목격하고 환멸을 느껴 10년 후의 러일전쟁 직전에는 '비전론非戦論'이라는 전쟁 반대 입장을 취하게 됩니다.

제2차 세계대전 후의 일본에서는, 태평양전쟁에 이르기까지의 일본의 근대역사에 대한 반성과 함께 '교육칙어'에 의한 강제적인 신민교육 비판이 시작되었는데, 그 점에서 회고해 볼 때 우치무라는 천황제 지배의 침략주의적인 동향과 끊임없이 갈등을 겪어야만 했던 양심적인 지식인의 대표적 인물로 평가됩니다.

---

58 교육칙어教育勅語 : 메이지 천황의 이름으로 국민도덕의 근본, 국민교육의 기본이념을 명시한 칙어. 1890년 10월 30일 발포.

하지만, 그런 우치무라에게도 위와 같은 '천직'론과 '의전'론이 있었던 것을 간과해서는 안 되겠죠. 그는 〈지인론〉과 〈청일전쟁의 의〉를 발표했던 시기, 시가 시게타카의 《일본풍경론》의 서평을 쓰고, 시가가 중국의 경관을 "황사가 펄펄 날리고", "샘물 또한 누렇게 탁하고 살풍경이 극에 달한다"라고 평했던 것을 거론하며, "눈앞의 우리의 숙적인 중국본토에 대한 그의 적개심은 얼마나 격렬한가"라고 지적했습니다. 그러나 《일본풍경론》그 자체에는 중국에 대한 적의를 부채질하는 표현은 전혀 없고, 중국에 대한 언급도 지금 예로 든 표현밖에 없습니다. 다른 문장과 행동에서 판단하면 시가가 청일전쟁을 긍정했던 것은 분명하지만, 적어도 《일본풍경론》에 한해 말하자면 역시 반시대적인 인상을 받을 정도로 일본의 자연미 찬양으로 일관하고 있을 뿐입니다. 그것을 격렬한 적개심이라고 해석한 우치무라가 오히려 전쟁 상황에 과잉반응하고 있었던 것이라고 할 수밖에 없겠죠. 그러나 먼저 소개했던 전후戰後의 분위기 속에서 시가는 영토확장주의적인 국수주의자의 대표로 간주되고 우치무라는 그 반대의 양심적 지식인이 되어갑니다. 그 때문에 우치무라의 비평이 검증되지 않은 채 유통되고 《일본풍경론》은 청일전쟁의 이데올로기와 관련해서만 논해지는 경향을 낳고 말았습니다. 그러나 현재 시가와 우치무라 중 어느 쪽이 보다 전쟁에 협력적이었던가 하는 문제는 논의해 봐야 소용없을 것입니다. 지금 중요한 것은 이 시기에 왜, 자연을 국가와 민족성의 표상으로 간주하는 발상이 생기게 되었고, 어째서 그것이 당시의 독자에게 리얼리티를 주게 되었는가를 검토하는 것입니다.

표상의 설정

이 점에서 시가는 틀림없이 유능한 선동자였습니다. 그는 겨우 25세였던 1888년 4월에 창간된 잡지 《일본인日本人》[59]의 중심적인 논객이 되었고, 그 선언문이라고 할 수 있는 〈《일본인》이 품고 있는 취지를 고백하다〉(1888년 4월, 《일본인》 제2호)를 발표했습니다. 그 속에서 그는 현재의 일본의 문명개화는 유럽의 역사를 무시하고, 그 성과만을 도입하려 한다고 지적하고 다음과 같이 논하고 있습니다. 요컨대 비록 유럽의 문화를 송두리째 일본에 이식할 수 있다 해도 과연 그 식물이 일본의 풍토에 적응해 순조롭게 자랄 것인가. 일본의 인민이 전력을 다해 보호하고, 육성하려 노력한다면, 전혀 자라지 못한다고는 할 수 없다. 그러나 그럴 바에는 차라리 일본에 원래 자생하고 성장해서 발육해 온 튼튼한 식물을 좀 더 훌륭하게 성장시키는 편이 낫지 않을까. 그는 이처럼 논하고, 다음과 같이 결론을 내리고 있습니다.

> 좋은 인력으로 (서양 식물의 육성을) 성취할 수 있어도, 이러한 지난至難한 사업에 많은 힘을 소비하기보다는, 오히려 그것을 전용해서 일본의 국수国粋를 가능한 한 성장 발육케 하는 것이 훨씬 경제적일 것이다.
>
> 그렇지만 우리들은 철두철미 일본 고유의 구분자旧分子를 보존하고 구원소旧原素를 유지하고자 하는 것이 아니고 단지 서양의 개화를 수입해도, 일본의

59 《일본인日本人》: 미야케三宅雪嶺, 이노우에井上円了, 스기우라杉浦重剛 등에 의해 1888년 창간되어 세이쿄샤政教社에서 발행된 평론잡지. 러일전쟁 전후, 서구주의에 반발해 국가주의적 경향의 평론을 많이 게재했으며 1907년 이후 《일본 및 일본인日本及日本人》이라 개제改題했다.

> 국수国粹인 소화기관으로 그것을 잘 씹고 소화해서 일본 신체에 동화시키고자 하는 것이다.

요컨대 그는 일본인은 일본 고유의 것을 기르면서 외래 문물을 소화하고 흡수하는 능력을 키워서 유럽문화와의 동화를 꾀해야 한다고 주장하고 있을 뿐입니다. 시가에게 호의적인 역사가는 위와 같은 구절을 들어 그는 결코 배타적인 국수주의자가 아닌 건강한 내셔널리스트였다고 평가하고 있습니다. 그러나 한편, 내셔널리즘을 일본 근대에 있어 식민지 획득의 영토 확장운동의 이데올로기라고 보는 역사가는 그것과는 정반대의 평가를 내렸습니다. 그렇다면 문제는 그가 말한 '국수'는 무엇이었는가에 있겠지만 우선 그의 설명을 들어보기로 하겠습니다.

> 일본의 해도를 둘러싸고 있는 천문, 지문, 풍토, 기상, 한온, 조습, 지질, 수륙의 배치, 산맥, 하천, 동물, 식물, 경치 등 모든 주변물의 감화와 화학적 반응과 천년만년의 습관, 시청視聽, 경력은 대저 그 안에서 살아 숨쉬고, 내왕하며 이런 저런 것들을 보고들은 야마토 민족大和民族으로 하여금, 암암리에 일종의 특수한 국수Nationality를 만들고 발달시키게 하였을 것이다. 이와 같은 이른바 국수란 일본 국토에 존재하는 모든 주변물의 감화와, 화학적 반응에 적응 순종하고 이로써 싹트고 생산되고 성장하고 발달한 것으로 동시에 야마토 민족 사이에 고래로 유전되고 순화되어서 마침내 당대에 이르기까지 보존되어 온 것이기 때문에, 그 발육성장을 더욱더 장려해서 이로써 야마토 민족을 현재 미래 사이에 진화 개량하는 표준과 기본으로 삼는 것은 그야말로 생물학의 대원칙에 들어맞는 것이다.

위의 인용문의 내용은 단순해서 문제가 되는 부분이라면 왜 여기에서 "화학적인 반응"이란 말이 나오는가, 그것은 어떤 의미로 사용되고 있는가

하는 정도일 것입니다. 시가 연구자도 이 말에는 난감했는지 인용할 때 의문 부호를 달기도 합니다. 그가 삿포로 농학교 학생이었던 시기의 외국인 교사인 커터John Clarence Cutter는 생리학과 해부학 교수로 현미경학과 동물학을 가르치는 한편, 영문학도 담당하고 있었습니다. 그때, 이폴리트 텐Hippolyee Taine(1828-1893, 프랑스의 평론가, 역사가)의 《영국문학사イキリス文学史 *Histoire de la Littérature anglaise*》(1863-1864)의 영역판(앙리 반 론Henri Van Laun의 역)을 사용하였는지는 확실하지 않지만 최소한 그 이론에 기초해서 가르쳤음은 자료로 판단할 수 있습니다.

그 점을 고려하면 시가는 이 "화학적 반응"을 자연환경에 대한 생물의 적응과 외계로부터의 작용에 대한 생명체의 반응, 생리적 조직의 변용과 같은 의미로 사용했던 것 같습니다. 각 지역은 물론 지리적 조건과 기상조건이 다르고 그곳에 사는 민족의 사회와 생활방식과 감수성에 영향을 미쳐 지역적인 차이로 민족적 특성, 즉 "국수Nationality"를 만들어 냅니다. 그것이 아직 반사연적, 생물학적인 사실의 단계에 있다고 한다면, 그것을 자신들의 고유성으로 자각하는 데서부터 '국수보호주의Nationalism'가 형성됩니다. 처음에 소개했던 《천도소원》의 표현을 빌리자면, 전자의 생산에 작용하는 것이 '각覚'이고 그것이 '오悟'에 이르러 후자가 형성됩니다. 이른바 민족적 기풍이라는 속성이 '오'에 의해 정신적인 주체성으로 전화된다고 하는 것인데, 이와 같은 주체성을 획득하는 근원적인 활기, 그 자체 또한 그 민족 독자의 '국수'로서 자연환경 속에서 함양되어 왔다고 할 수 있습니다.

자연은 인간이 생활자재를 얻기 위해 노력하는 생산활동의 대상이고 인간은 그 활동을 통해서 감수성을 길러 갑니다. 이것은 야마지 아이잔山路

愛山(1865-1917, 메이지-다이쇼 시대의 사론가, 평론가)이 〈근세 물질적 진보〉(1892년 10-11월, 《국민지우》)에서 언급한 당시로서는 매우 중요한 사고방식이었습니다. 시가 시게타카는 그에 앞서 자연은 민족의 감수성을 생산하고 그것을 내면화하는 데에 내셔널리티Nationality의 주체화가 있다고 논하여, 당시 사람들이 문명개화에 뒤쳐지고 일본의 자연 생산력이 낮아 자신을 잃고 있을 때, 자연이 감수성과 정신을 생산하는 힘 쪽으로 눈을 뜨게 하였습니다. 그것을 그는 당시의 사람들에게는 극히 참신한 인상을 주는 자연과학적인 시점과 용어로 말함으로써, 강한 인상을 주었다고 할 수 있겠죠.

이와 함께 제가 주목하고 싶은 것은 미카미 산지三上参次(1865-1939, 메이지-쇼와시대 전기의 일본사학자)와 다카쓰 구와사부로高津鍬三郎(1864-1921, 메이지-다이쇼 시대의 교육자, 국문학자)가 쓴 《일본문학사日本文学史》(1890년 11월, 긴코도)의 다음과 같은 구절입니다.

> 문장시가文章詩歌가 사람의 사상, 감정, 상상을 가장 잘 드러내는 것이라면 인간의 발달을 알기에는 더할 나위 없는 최고의 재료이다. 무릇, 문학은 정치 때문에 움직이고 종교의 영향을 받고 인정 풍속의 변천에 따르는 것이지만 문학이 점점 발달함에 따라 문학 그 자체 속에 일종의 원기를 축적하고 오히려 정치, 종교, 인정, 풍속을 좌우함에 이르는 것이다. 〔…〕 고로 문학사는 문학의 기원발달을 서술함과 동시에 애써 그 속에 잠복한 원기가 활동한 자취를 나타내야 한다.

이것은 일본인이 쓴 최초의 일본문학사라 할 만한 것으로 그 서문에 의하면 그들의 이와 같은 생각은 반 론의 《프랑스문학사フランス文学史*History of*

French Literature》(1876)에서 영향받은 것 같습니다.

앞서 언급한 이폴리트 텐은 각 민족의 특성의 형성을, 인종la race, 환경le milieu, 시대le moment의 세 가지 작용으로 파악할 수 있다고 생각하고, 《영국문학사》에서 그것을 실천했습니다. 반 론은 그 구상을 흉내 내어 《프랑스문학사》를 쓴 것인데, 그는 텐이 정치적, 사회적인 사건이 문학 작자에게 미치는 영향을 경시했던 사실을 지적함과 동시에 이렇게 주장하였습니다. "한편으로는 (텐이 말한 것처럼) 한 나라의 문학, 또는 개개인 작가의 작품을, (그것이 속한) 인종의 역사나 시대와 분리해서 연구해서는 정통할 수 없다. 확실히 그렇기는 하지만 문학 혹은 문학생산이라는 것은 일단 창조되면 그 고유의 독립된 활력을 지닌 능동적인 생명체로서an active organism, having a distinct and independent energy of its own 곧 그 창조 모체에 반작용을 미치기 시작하여begins to react upon its creators 인종과 시대의 발전에 참가한다. 이 사실도 명확히 이해할 필요가 있다."

제4장에서 저는 언어조사소의 '설립취지'를 소개했습니다만, 그곳에서 "언어는 국가의 원기라 할 수 있다"는 말을 했습니다. '원기'라는 것은, 원래 "만물이 생성하는 근본적이고 보이지 않는 힘" 정도의 의미입니다. 이 시기는 신체와 정신이 모두 충실한 잠재력이라는 의미로 사용되었습니다. 미카미와 디카쓰는 이 말을 에너지energy의 번역어로 선택한 것으로, 그들의 반 론 이해에 의하면 자신을 창조한 모든 조건에서 '원기'를 받은 피조물이 반대로 이번에는 자신을 만든 모든 조건에 반작용해서 새로운 전개를 촉구해 갑니다. 이것은 그들뿐 아니라 많은 독자에게도 매력 있는 사고방식이었다고 생각됩니다.

이상과 같은 이론을 통해서 자연은 민족 독자적인 감수성과 정신의 특성의 근원임과 동시에 규범이기도 한 것을 표상하게 된 것입니다. 시가의 《일본풍경론》은 그러한 흐름의 하나의 중요한 도달점이었다고 할 수 있겠죠.

덧붙여서, 역시 앞장에서 소개했던 후쿠자와 유키치의 '국풍国風'이라는 말의 '풍風'이, 가풍家風, 교풍校風, 학풍学風이란 말을 만들어 낸 사실에서도 알 수 있듯이, 바람이 사물을 나부끼게 하듯이 가르친다는風教 의미와, 바람처럼 이동하는 관습(풍습)의 의미를 가지고 있습니다. 이것이 앞서 말한 '원기'의 '기気'와 합쳐지면 '기풍気風'이 되고, 자연(천지)의 근원적인 '기'를 받은 감수성과 정신이 그 집단의 관습manner, practice way이 되는 존재방식을 의미하게 됩니다.

제6장

문체와 주체

주체 혹은 주체성이라는 말이 일본 문학연구에서 사용되기 시작한 것은 주로 제2차 세계대전 이후입니다. 현재는 극히 흔한 일상어가 된 이 말을 영어로는 어떻게 표현할까요? 영어권의 일본학 연구자는 그 점에 고심하고 있는 것 같습니다. 왜냐하면 이것을 'subject'나 'subjectivity'라는 단어로 치환하면 그 의미내용은 상당히 어긋나 버리기 때문입니다. 'Initiative'나 'independency' 등으로 의역하는 사람도 있는데 확실히 '자신의 책임하에 결단한다'는 의미에서는 일치하는 부분도 있습니다만, 그렇다고 해도 아직 일본어의 주체니 주체성이라는 단어의 핵심을 포착했다고는 할 수 없습니다. 왜냐하면 전후에 일본 문학 비평가들이 이 단어를 사용했을 때, 그들은 유럽이나 미국의 문학이론이나 철학을 참조한 것이 아니라, 이른바 자체적으로 만들어낸 단어로 '자신의 내적인 진실에 충실한 삶의 방식'이라는 의미로 사용하기 시작했기 때문입니다.

1980년대에 구조주의 이론이 유포된 이래, 역시 공공연하게 주체(성)란 단어를 사용한 연구논문은 줄어들었습니다. 그러나 그것이 꼭 주체(성)란 개념이나 '내적인 진실'이라는 관념에 대한 근본적인 비판이 있었기 때문은 아닙니다. 오히려 그것은 구조주의의 유행에 가려졌을 뿐으로 이 때문에 현재도 페미니즘 입장의 연구논문 중에는 형식을 바꾼 주체(성)론이 곳곳에 보입니다. 영어권의 연구자에게 일본인 연구자의 논문이 이해되기 어려운 원인은 그러한 면에 있는지도 모르겠습니다.

저 자신은 구조주의의 유행과는 관계없이 일찍부터 주체(성)론적인 문학연구에 의문을 품고 표현사表現史라는 구상을 세워 연구를 진행해 왔습니다. 그럼에도 불구하고, 아니 오히려 그렇기 때문에 더 문학표현 그 자체에 있어서의 '주체'란 무엇인가라는 문제에 무관심할 수가 없었습니다. 바꿔 말하면, 어떠한 표현으로 이제까지의 연구자는 작가의 주체(성)라는 관념을 만들어 왔는가? 작가의 주체(성)라는 환상을 부여하는 표현구조가 역사적으로 어떻게 만들어져 왔는가? 이런 식으로 문제설정을 바꿈으로써 주체(성)론이 생겨난 경위를 명확히 하고 싶었고, 지금도 그렇게 생각하고 있습니다.

그렇기 때문에 이번 장은 이야기가 조금 추상적이 될지도 모르겠습니다. 그러나 다음 장부터 다루어질 문학문체의 분석방법을 이해하기 위해 필요한 절차이기 때문에 여기서는 우선 전후의 주체(성)론을 간단히 소개하고, 그 후의 문학연구가 어떻게 움직였는가를 설명하고자 합니다. 그 다음 메이지 시대 문학표현과의 관계에서 방법적인 검토를 시도하고 그 후에, 그렇다면 메이지 시대의 문학표현을 현재 어떻게 이해해야 하는가?라는 문제로 들어가도록 하겠습니다.

《근대문학》파의 '주체'론

그런데 제2차 세계대전 후, 주체나 주체성이라는 말을 '자신의 내적인 진실에 충실한 삶의 방식'이라는 의미로 사용하기 시작한 것은 《근대문학》[60] (1946년 1월 창간)이라는 잡지에서 비평 활동을 시작했던 혼다 슈고本多秋五, 아라 마사토荒正人, 히라노 겐平野謙, 오다기리 히데오小田切秀雄라는 평론가들이었습니다. 이들은 왜 일본 근대문학은 일본의 아시아 여러 나라에 대한 침략이라는 역사의 흐름에 비판적인 입장을 취할 수 없었는가라는 반성에서 일본 근대문학의 역사 전체에 대한 재검토에 착수했습니다. 일본의 근대문학이 식민지 획득이라는 침략전쟁의 동향에 저항할 수 없었던 것은 문학자에게 주체성이 결여되어 있었기 때문이다, 일본의 근대문학은 일본 민중의 주체성을 키우고자 하는 의도로 쓰이지 않았기 때문이다, 라는 식으로 그들은 판단했습니다. 달리 말하면, 우리들이 자신의 내적 진실에 충실했다면 사회의 동향에 그냥 휩쓸리지 않고 비판적인 입장을 취할 수 있었을 것이다, 그들은 그렇게 주장하고 싶었던 것입니다.

물론, 이러한 '주체성=내적 진실'이라는 사고방식에 비판적인 사람들이 없었던 것은 아닙니다. 비판적인 사람들은 주로 전후 마르크스주의의 입장

60 《근대문학近代文学》: 1946-1964. 문예잡지. 창간동인은 혼다 슈고本多秋五, 히라노 겐平野謙 등으로 이들은 마르크스주의의 영향을 받고 혁명운동의 좌절 · 전향을 목격했으며, 전쟁의 암울한 시대를 거친 심리적 저항을 공유하고 있다. 전후파 문학자를 망라하는 일대세력이 되었다.

에 서 있었던 지식인, 특히 철학을 전공한 지식인들입니다. 그들은 전후 일본에서 진실로 주체적일 수 있는 것은 전후 민주주의 혁명을 짊어진 근로자 인민의 입장 이외에는 없다고 생각하고 있었습니다. 때문에 이러한 입장에서 볼 때, 《근대문학》 그룹이 말하는 주체성이라는 것은 추상적이고 초계급적인 인간성 일반을 의미하는 것에 지나지 않습니다. 마르크스주의적인 철학자들은 《근대문학》 그룹이 추상적인 인간성을 기반으로 하지 않을 수 없었던 것은, 그들이 참된 변혁의 주체인 근로자 인민의 운동에 참가하지 못했고 자신의 프티 부르주아적[61]인 입장을 고집하고 있었기 때문이라고 비판했던 것입니다.

그러나 《근대문학》 사람들은 제2차 세계대전이 시작되기 전 한 번쯤은 프롤레타리아 문학운동에 참가한, 당시는 비합법적이었던 일본 공산당의 지지자였습니다. 그들의 경험에 의하면, 당시의 일본 공산당 안에도 천황제 체질이라 할 수 있는 권위주의나 권력주의가 침투해 있었습니다. 그뿐 아니라, 전향하여 일본 공산당에서 멀어진 대부분의 이론가들이 전쟁 중에는 오히려 천황제를 지지하고 침략전쟁을 합리화하는 이론가가 되어 버렸습니다. 《근대문학》 멤버들은 그 점에 대한 반성과 비판을 포함해서 전후 주체성의 문제를 제기했던 것입니다. 때문에 이 사람들의 입장에서 보면, 전후 마르크스주의 철학자는 전쟁 전부터 전쟁 기간 동안에 걸친 역사를 뚝 떼어 버리고, 그 사실에 완전히 둔감한 채 자신들을 비판하고 있다고 볼 수밖에 없었던 것입니다.

---

61 프티 부르주아적 : 경제적으로는 프롤레타리아계급에 속하면서도, 부르주아에 가까운 의식으로 생활하는 중산계급, 소시민.

그러한 이유로 양자의 논의는 결국 맞물리지 못한 채 끝나버렸습니다. 게다가 전후에 합법정당이 된 일본 공산당에 입당했던 문학자의 대부분은 신일본문학회新日本文学会[62]라는 문학단체에 참가했습니다만, 일본 공산당의 방침 전환이나 분열 때마다 이 문학단체도 내분을 거듭해 1970년대에는 유력한 문학자의 대부분이 공산당을 탈당하고 결국 《근대문학》 그룹의 '자신의 내적인 진실에 충실하라'라는 주장의 정당함을 확인한 결과로 끝났습니다.

주체(성)론에 의한 메이지 문학 평가

이러한 간단한 설명만으로도 어느 정도 짐작할 수 있겠지만, 이상과 같은 경위로 일반화된 주체(성)론의 입장에서 소설을 평가할 경우, 거의 패턴이 정해져 있었습니다. 어느 소설의 주인공이 동시대의 통념적인 가치관과 어긋난 가치관을 가지고 있기 때문에, 두 개의 가치관 사이의 갈등에 괴로워하고 있다, 혹은 갈등하는 '내면'을 가지고 있다, 이 입장의 연구는 그러한 소설을 높이 평가했습니다. 그러한 패턴을 가진 소설의 경우, 주인공을 작가의 분신으로 간주하는 것이 통례였습니다. 그 평가기준에 따르는 한, 메이지 10년대(1867-1876)에 많이 쓰인 정치소설은 거의 평가할 가치가 없었습니다. 왜냐하면, 정치소설의 주인공의 가치관은 작가가 속한 정치적 당

62 신일본문학회新日本文学会 : 제2차 세계대전 후 결성된 문학단체. 1946년 3월, 구라하라 고레히토蔵原惟人, 나카노 시게하루中野重治, 미야모토 유리코宮本百合子 등이 발기인이 되어, 인민대중의 창조적 · 문학적 에너지의 고양과 결집을 목적으로 문예잡지 《신일본문학》을 창간했다.

파의 정치적 주장이나 가치관으로 미분화되고 유착된 상태였고, 그 때문에 이야기도 개인과 당파의 균열이나 대립, 갈등을 테마화하는 경우는 없었기 때문입니다. 또 이 같은 평가기준으로 쓰보우치 쇼요의 〈당세서생기질〉과 후타바테이 시메이의 〈뜬구름〉을 비교하면, 당연히 전자의 평가는 낮고, 후자는 높이 평가하는 결과가 되었습니다. 이는 전자의 주인공 오마치다 산지는 동시대에 유통된 가치관과 갈등하는 타입이 아닙니다만, 후자의 주인공 우쓰미 분조는 자신의 가치관이 주위 사람들에게 이해받지 못하는 사실에 초조해하고 괴로워하며 고독감에 내몰리고, 작가는 분조의 초조함과 괴로움을 '내적 독백' 또는 의식의 흐름이라고 할 수 있는 문체로 그려내고 있기 때문입니다.

분조가 우리들 앞에 등장했을 때, 그의 '내면'을 점유하고 있던 것은 자신이 관공서에서 해고된 열등감이었습니다. 그 열등감 때문에 그는 숙모인 오마사나 사촌인 오세이의 감정을 필요 이상으로 깊게 받아들이거나, 혼다 노보루라는 직장 동료를 오세이를 둘러싼 연적으로 믿고 그의 언동에 과잉 반응하며 혼자 괴로워했습니다. 객관적인 눈으로 보면 그의 '내면'의 실상이란 그러한 우스운 자존심의 발버둥에 지나지 않습니다. 그러나 주체(성)론에 의한 연구자는 그러한 마음의 움직임을 사실적으로 그린 점에서 근대문학이라는 확실한 증거를 찾아냈습니다. 그리고 오마사나 혼다 노보루를 이해타산에 밝은 속물로 간주한 후, 분조를 '내면의 진실에 충실한' 근대적 지식인의 한 전형으로 만들어 버렸습니다. 분조가 면직된 홧김에 관공서의 인간관계에 대한 불만을 토로하는 말을 골라서 메이지의 관료제도에 대한 비판을 지적하는 연구조차 나타났을 정도입니다. 여러분 중에는 이러한 평가에 의해 〈뜬구름〉을 일본근대문학의 출발점으로 평가하는 문학사를 읽은 사람도 많을 것입니다. 또 그런 종류의 문학사는, 후타바테이 시메이를 근대적인 자아의 확립을 추구하고 그 실현을 저지하는 일본의 '뒤처진' 현실과의 괴리에 괴로워한 문학자로 그려내고 있었던 것은 아닌가 생각합니다. 왜냐하면 조금 전 설명한 주체(성)론에 의하면 '자신의 내면의 진실에 충실'하다는 것은 그 인간이 자립한 근대적 자아를 확립하고 있다는 증거이고 그것이야말로 근대적으로 '진보한' 인간의 존재방식이었기 때문입니다.

요시모토 다카아키吉本隆明에 의한 전환

그러한 문학연구의 경향에 한편으로는 커다란 전환을 촉구하고, 다른 한편으로는 그 경향을 이론적으로 완성한 것이 요시모토 다카아키吉本隆明[63]의 《언어에 있어 미란 무엇인가言語にとって美とはなにか》(1965, 게이소쇼보勁草書房)라는 이론서였습니다. 그가 이 이론서를 쓴 동기는 주체(성)론을 비판한다기보다 오히려 사회주의 리얼리즘을 비판하는 데 있었던 것 같습니다. 그 때문에 먼저 그는 때로는 사회문제를 추구한 천 페이지나 되는 소설이 재미없게 느껴지고 그에 비해 겨우 31문자로 된 단가短歌가 뛰어난 것으로 생각되는 것은 왜일까라는 질문을 당시의 연구자나 비평가에게 던졌습니다. 이 물음에 답하기 위해서는 무엇을 썼는가라는 작품의 테마나

---

63 요시모토 다카아키吉本隆明 : 1924- , 전후의 평론가. 문학자의 전쟁책임 추궁과 전향의 문제에 대해서 독자적 논문을 발표, 1961년 《시행試行》을 창간하여, 〈언어에 있어 미란 무엇인가〉를 연재했다. 저작 《요시모토 다가아키吉本隆明 전 저작집》 전 15권(1968-1975).

내용으로 평가하는 방법이 아니라, 어떤 식으로 쓰고 있는가라는 언어표현 그 자체의 질에 입각해서 평가하는 방법을 취해야 한다고 그는 주장하고 싶었던 것입니다.

그 이론을 위해 그는 '지시표출'이나 '자기표출', 혹은 '화체話体'나 '문학체'라는 독자적인 용어를 만들어냈습니다. 여러분에게 이러한 용어가 그다지 친숙하지 않은 말이라 생각되기 때문에 이를 간단히 설명하면 다음과 같습니다. 그는 우리들이 무엇인가를 말할 때 그 발화를 두 가지 측면에서 파악할 수 있다고 생각했습니다. 첫째는 우리들이 어떤 사항을 누구에게 말했는가 하는 언어 외의 사항에 관한 전달의 측면입니다. 둘째는 우리들이 무엇인가를 말하려고 하는 내적인 표현 동기의 측면으로, 언급한 사항이나 발화 상대에 대한 감정, 언어 사용에 대한 구애라고 할 수 있을 것입니다. 좀더 추상적으로 말하면, 언어표현의 대타対他적인 전달의 유효성 측면과, 그 표현의 자기 충족적인 측면을 말합니다. 요시모토 다카아키는 전자를 '지시표출', 후자를 '자기표출'이라고 불렀습니다.

어떤 사항을 타자에게 전할 때에는, 그 사항(에 대한 개념)에 어떤 말을 사용할까, 어떤 식으로 문장을 정리할까에 관한 사회적인 약속, 즉 언어규범에 따라야 합니다. 때문에 그가 말하는 '지시표출'에는 언어규범도 포함됩니다. 이에 대해 우리들은 자신이 품고 있는 감정을 중시하여 그 감정을 표출하고자 하는 욕망을 만족시키기 위해서 말투를 선택하거나 비유적인 표현을 사용하는 경우가 있습니다. 또 때로는 언어규범에 따라야 한다는 사실 자체에 위화감을 느껴 일부러 언어규범에서 일탈한 표현을 사용하는 경우도 있습니다. 그가 말하는 '자기표출'에는 이러한 면도 포함되어 있습니다.

딱 잘라 말하면, 요시모토 다카아키는 '지시표출'의 측면을 외재적·구속적인 것으로 생각하고, '자기표출'의 측면을 내발적·필연적인 표현 동기라고 생각하고 있었다고 할 수 있겠지요. 이상과 같은 생각을 그가 든 예로 설명해 보겠습니다. 예를 들어 〈만요슈万葉集〉에

> 바라다보니 가스가春日의 벌판에 봄 안개 일고 흐드러지게 핀 벚꽃인가 하노라
> 見渡せば春日の野べに霞立ち咲きにほへるは桜花かも

라는 작가 미상의 와카和歌가 있습니다. 요시모토의 생각에 의하면, 이 노래를 읽은 사람은 누구나 공통적으로 "가스가 벌판春日野(지명)에 봄 안개가 길게 뻗어 있고, 흐드러지게 핀 벚꽃나무가 있고, 그 광경을 한 인물(작가가 대상화된 것)이 멀리 바라보고 있다"는 상황을 알 수 있을 것입니다. 이처럼 언어가 언어 외의 대상을 지시하거나 관계 짓는 방법이 그가 말하는 '지시표출'입니다. 그리고 그는 그 '지시표출'에 의해 배열된 언어전체의 구조를 '(문장의) 의미'라고 불렀습니다.

이러한 설명 자체는 상식적인 것에 지나지 않습니다만, 다만 그의 이론의 특징은 이 노래에서 읊어진 장면 안에 그 광경을 바라보고 있는 '어떤 인물'을 발견하고 그 인물을 '작가가 대상화된 것'이라고 이해한 점입니다. 엄밀히 말하면, 이 노래의 경우 작가가 눈앞의 광경을 보면서 지은 것인지, 집에 돌아온 후 기억 속의 광경을 떠올리며 지은 것인지, 아니면 완전히 상상의 광경을 읊은 것인지 알 수 없습니다. 그러나 적어도 한 가지 명확한 것은 그 광경을 지금 눈앞에서 바라보고 있는 인물이 있고, 그의 입장에서 노래가

읊어지고 있다는 표현구조로 되어 있다는 점입니다. 이처럼 하나의 문장 안에 내포되어 있는 '어떤 인물'은, 실제로 그 문장을 쓰고 있는(와카를 짓고 있는) 작가와 완전히 동일하지 않고, 작가에 의해 그 장면 속에 내재화된 인물이라고 해야 하며 요시모토는 그것을 근거로 표현구조 속에 내포된 '어떤 인물'을 '작가가 대상화된 것'이라 한 것입니다.

그렇다면 이 노래의 '자기표출'의 구조는 어떻게 되어 있을까요? 작가는 우선 "바라보면見渡せば"이라는 표현으로 '어느 인물'의 시선의 움직임을 나타내고 있습니다. 다음에 "가스가 벌판春日の野べに"으로 그 인물에게 펼쳐진(그의 시선에 의해 현전된) 정경을 나타내고, "봄 안개 핀霞立ちき"으로 지금 그 정경이 어떤 상태인지를 그려 갑니다. 더욱이 그 인물의 감각에 입각해 가장 강하게 인상에 남은 "흐드러지게 핀咲きにほへるは"이라는 이미지를 먼저 내세우고 난 후 "벚꽃인가桜花かも"라는 영탄(감동)에 이릅니다. 즉 이 노래의 뒷부분의 '의미'는 "벚꽃 흐드러지게 피었다桜花, 咲きにほへり"라는 평서문으로 전해져야 하는 셈이지만 그것을 "흐드러지게 핀 것은 벚꽃인가咲きにほへるは桜花かも"라는 도치법으로 강조하고 있습니다. 이것이 요시모토가 말한 '자기표출'의 구조이고 그는 거기에서 '가치'를 발견하는 것입니다.

한 가지 더 예를 들어보겠습니다. 요시모토 다카아키는 쇼노 준조庄野潤三[64]의 소설 문장을 예로 들어 다음과 같이 분석했습니다.

---

64 쇼노 준조庄野潤三 : 1921- , 전후의 소설가. 제3의 신인의 한 사람으로서 담채화풍의 필치가 특색이다. 대표작에 〈블루사이드 소경ブールサイド小景〉이 있고, 1960년 단편집 《정물静物》로 신초샤新潮社 문학상을 수상했다. 1978년 예술원회원이 된다.

A 그는 아직 나이 젊은 남편이었다.(쇼노 준조 〈정물静物〉)
彼はまだ年若い夫であった.

B 그 방에서 두 사람은 위스키를 마시고 있었다.(同)
その部屋で二人はウィスキーを飲んでいた.

두 문장은 모두 한 문학 작품 속의 것으로, 누구의 눈에도 아주 단순해 보인다. A는 '그彼'라는 인물이 나이가 젊은 남편이었다는 의미이고 B는 어느 방에서 두 사람이 위스키를 마시고 있었다는 의미이다. 물론 〈정물〉이라는 작품에서 '그'는 주인공이고 작가와 작품의 주인공이 미묘하게 미분화되어 설정되어 있다. 또 B의 문장에서 '두 사람二人'이란 작품에서는 주인공과 의사이지만 여기서는 특별히 문제시 할 필요는 없다. 〔…〕

A라는 문장에서 단순히 문법적으로 보면 '그'라는 단어는 제3자를 의미하는 대명사에 지나지 않는다. 그러나 작가 의식의 자기표출로 볼 때 대명사 '그'는 작가와의 관계를 포함하는 것이 된다. 이 문장을 읽고 '그'라는 단어는 작가가 자기 자신을 제3자에 비유한 표현으로 받아들일 수도 있고, 또 작가와 어떤 밀접한 관계에 있는 타인으로 받아들일 수도 있는 뉘앙스를 느끼는 것은, 작가의 자기표출로 '그'라는 단어를 생각한 후에 '그'라는 **의미**를 받아들이기 때문이다. A의 문장에서 **가치**로서 '그'라는 단어를 생각한다는 것은 이것을 가리킨다.

'나이 젊은年若い'이라는 형용사의 경우도 똑같아서, 단순히 '젊은若い'이라고 표현해도 의미는 같지만, 작가의 의식에 연령을 강조하는 마음이 있어 '나이年'라는 명사와 결합한 표현을 취했다고 할 수 있다. '남편夫'이라는 명사도 마찬가지로 '남자男'라든지 '주인亭主' 등으로 의미로서는 대치할 수 있으나, 작가의 자기표출이 '남편夫'이라는 어감을 선택하게 한 것이다.

이처럼 '그'라는 인물이 아직 젊은 아내를 가진 남자였다는 의미의 문장 A가 함축하고 있는 뉘앙스가 각각의 어의 자기표출 관계에서 왔음을 쉽게 이해할 수 있다. 이때 우리들은 단순히 **의미**로서가 아니라 **가치**로서 이 표현을 살펴보고 있기 때문에, 문장을 언어표현으로 본다는 것은 바로 이러한 것을 의미한다.(고딕은 요시모토, 강조는 저자〔가메이〕)

조금 긴 인용이 되었습니다만, 이처럼 요시모토는 한 문장을 예로 들어 일단 개념적인 '의미'로 환원하고 있습니다. 그런 후 그는 단순한 개념적인 '의미'로 환원할 수 없는 어감(뉘앙스)에 주목해서 그것을 설명하기 위해 각 말과 개념적으로 동일하고 치환 가능한 말을 몇 개 들어보고 그 다음에 작가가 이 말('젊은', '남편' 등)을 선택한 표현 동기를 상정하여 거기에서 작가의 자기표출을 읽어내는 방법을 취했습니다.

요시모토 다카아키와 소쉬르

한 문장의 각각의 어의 가치를 찾아내기 위해 그것과 치환 가능한 어와 비교하는 이 방법을 보고 혹시 여러분 중에는 페르디낭 드 소쉬르의 《언어학원론*Cours de linguistique générale*》(고바야시 히데오小林英夫 번역, 1928刊. 후에 《일반언어학강의》로 제목이 바뀜)의 방법과 유사하다고 생각하는 사람이 있을지도 모르겠습니다. 확실히 잘 알려져 있듯이 소쉬르는 언어의 가치를 분석하면서, 다음과 같은 시점을 제안했습니다.

> 가치는 반드시 다음과 같은 것으로 이루어진다.
>
> 1. 그 가치의 결정을 요하는 것과 교환할 수 있는 성질이 서로 닮지 않은 것.
> 2. 그 가치가 당면 문제인 것과 비교할 수 있는 몇 가지 서로 닮은 것.
>
> 어떤 가치가 존재하기 위해서는 이상 2가지 요인이 필요하다. 5엔이라는 돈의 가치를 결정하는 데는 1. 그것은 무언가 다른 물건, 예를 들면 쌀 일정량과 교환할 수 있을 것. 2. 그것은 같은 체계에 속하는 하나의 서로 비슷한 가치, 예를 들면 1엔 혹은 다른 체계에 속하는 화폐(1달러 등)와 비교할 수 있을 것을 알아야 한다. 마찬가지로, 말도 또한 무언가 서로 다른 것, 즉 관념과 교환될

수 있고 게다가 무언가 같은 성질의 것, 즉 다른 말과 비교될 수 있다. 그렇기 때문에 말의 가치는 그것이 어떤 개념과 '교환'될 수 있는 것, 바꿔 말하면 어떤 의미를 가질 것을 인증하는 것만으로 정해지는 것이 아니다. 더 나아가 그것을 서로 닮은 가치와, 즉 그것과 대립하는 다른 말과 비교해야만 한다. 그 내용은 그것의 외부에 있는 것과 협력해야만 확실히 결정된다. 체계의 일부를 이룰 때, 그것은 단지 의의를 부여할 뿐 아니라, 특히 가치를 갖춘다. 이것은 완전히 별개의 것이다.

하나의 발화(문)를 의미와 가치라는 두 가지 측면에서 파악한 요시모토 다카아키의 방법은 소쉬르의 시점에 따른 것으로 소쉬르가 "말도 또한 무언가 서로 안 닮은 것, 즉 관념과 교환될 수 있"다고 말한 것을, 요시모토는 말의 지시성 혹은 의미로 바꿔 말한 것이라고 볼 수 있겠지요. 그 점에서 본다면, '나이 젊은 남편年若い夫'도 '젊은 남편若い夫'도 의미는 같은 셈이지만, 그렇다면 이들 표현의 가치는 어떻게 될까요? 이를 논하기 위해서 그는 구라하시 유미코倉橋由美子[65]의 "타인들을 느끼면, 나의 표피는 한발의 토지보다도 단단히 굳어지고, 갈라진 틈 사이로 나의 존재가 흘러간다"(〈조개 속貝のなか〉)란 문장을 예로 들어 다음과 같이 소쉬르의 이론을 검토하고 그 가치론을 확인하고 있습니다.

소쉬르는 간단히 말하면, 언어의 가치를 의미의 함축 정도로 보고 있다. 예를 들면,

A 나의 표피는 <u>한발의 토지보다도</u> 단단히 굳어지고(〈조개 속〉의 원문),

B 나의 표피는 단단히 굳어지고

65 구라하시 유미코倉橋由美子 : 1935- , 전후의 소설가. 대표작에 〈파벌パルタイ〉, 〈성소녀聖少女〉가 있으며 독특한 반리얼리즘 작풍을 완성했다고 평가된다.

> A와 B는, 인간의 피부가 한발의 토지와 의미상 연결되지 않는 이상, 문장이 나타내는 개념적인 의미로서는 완전히 같다. 그러나 그 언어 가치는 다르다. A에서 '한발의 토지보다도'는, 예컨대 '코끼리의 등보다도', '발바닥보다도', '목상木像의 나뭇결보다도'…와 같이 동일한 의미의 함축으로 사용되는 여러 가지 표현과 교환할 수 있다. 바꿔 말하면, '한발의 토지보다도'란 표현은 문맥 속에서 다수의 의미의 뉘앙스를 대표하게 되고 따라서 A의 문장과 B의 문장의 가치를 말할 경우, A는 B보다도 가치가 있다고 해야만 한다. 소쉬르의 언어가치의 개념은 결국 이에 귀결되는 것이라 생각한다(고딕체는 요시모토)

요시모토는 이렇게 소쉬르의 이론을 확인한 것인데, '차이'라고 하는 소쉬르 언어학의 중요개념은 염두에 두지 않은 듯합니다. "한발의 토지보다도"란 표현을 까칠까칠하게 각질화된 피부의 비유로 파악한다면, 확실히 그것은 "코끼리의 등보다도" 이하의 비유로 치환할 수 있을 것입니다. 만일 가치를 말한다고 한다면, 이들 비유 사이에 '대립하는 다른 말'로서의 차이가 있는지 어떤지를 검토하는 것에서부터 시작해야만 합니다. 그러나 요시모토는 그렇게 하지 않았습니다. 그는 어느 비유에도 공통되는 '뉘앙스'를 추상해서, "한발의 토지보다도"는 그와 같은 '뉘앙스'를 대표하고, 바로 그렇기 때문에 비유를 갖지 않는 B의 문장보다 가치가 높다고 소쉬르의 이론을 해석했습니다. 그러한 해석에 의거하여 "(그러나) 소쉬르와 같이 언어의 **가치**가 등가개념과 교환개념 없이는 성립되지 않는다는 것이 아니다"라고 비판했던 것입니다. 그런 이유로 그가 "그는 아직 나이 젊은 남편이었다彼はまだ年若い夫であった"라는 문장의 '나이 젊은年若い'을 '젊은若い'과 비교하거나 '남편夫'을 '남자男'나 '주인亭主'과 비교한 것은, 소쉬르의 방법에 따르면서 오히려 소쉬르를 비판하기 위해서이고 결국 그는 '나이 젊은 남편年若い夫'에서 단순한 의미로 환원할 수 없는 '뉘앙스'나 '어감'을 찾아내어 그것을 가치라 부르기로 했습니다. 이러한 방식으로 언어표현의 가치를 논한다면, '나이 젊은 남편年若い夫'의 어감을 좋아하여 문맥상의 함축을 부여한 '작가'의 표출의식을 전제로 하는 수밖에 없습니다.

일본문日本文 구조의 주체

일찍이 일본에 소쉬르 언어학을 소개한 고바야시 히데오小林英夫[66]는 자신의 이론을 정리한 《문법의 원리》(1934)에서 소쉬르가 말하는 언어(랑그)를 '잠재적인 것'으로 바꿔 쓰고 말의 의미를 다음과 같이 설명했습니다.

> '그런데 잠재적인 것은 그 수에 있어서 유한하지만 그 질에 있어서 무한하다. 예를 들면, 마을町을 지칭할 수 있는 말로서 나는 마을이란 말 하나밖에 모르지만, 어떠한 마을을 지칭하는지는 미리 결정되어 있지 않다. 내가 지금 당신에게 마을로 가주세요라고 말한 순간, 마을의 의미는 결정된다. 무한한 것이 한정되는 것이다.'

이 이론이, 소쉬르의 '언어(랑그)는 언어활동의 사회적 부분으로, 개인을 배제한 부분이다'라는 사고에 근거하고 있음은 말할 필요도 없습니다.

이 이론에 따르면, 예컨대 언어(랑그)로서의 '대학'이란 말의 개념은 이 언어를 갖는 사회의 멤버가 대부분 공통으로 이해하고 있는 셈이 됩니다. 그것은 각자의 대학에 관한 경험이나 이미지 등의 개별성을 떼어버린 '심적

66 고바야시 히데오小林英夫 : 1903-1978, 언어학자. 1928년 소쉬르의 구조언어학을 《언어학원론言語学原論》으로 번역했고, 문체론에 관심을 가져 《문체론의 건설文体論の建設》을 남겼다.

실재체心的実在体'(소쉬르)이고 — 그리고 그 존재방식을 고바야시는 '무한'으로 부른 것입니다만 — 지금 제가 가족에게 "오늘은 대학이 있는 날이야"라고 말했다면 그 구체적인 발화에 의해 어느 대학을 가리키고 거기에서 내가 어떤 일을 하는지가 한정된다는, 즉 의미가 결정된다는 것입니다.

그러나, 만일 '의미=구체적인 발화에서의 개념의 한정'이라고 하면, 우리들은 그 말의 개념에서 벗어난 어법은 사용할 수 없게 됩니다. 구체적인 발화를 관찰하면, 그에 반하는 사례도 있지 않을까. 도키에다 모토키時枝誠記[67]란 국어학자는 《국어학원론》(1941)에서 그러한 의문을 제기하고, 다음과 같은 예를 들어 비판했습니다.

예를 들어 한 가족의 생계를 도맡은 아들을 잃은 노인이 "나는 지팡이를 잃었다", 혹은 "집안의 대들보가 쓰러졌다"고 탄식했다고 합시다. 이 '지팡이'나 '집안의 대들보'가, '아들'이나 '한 가족의 생활을 지탱하는 사람'의 의미로 사용되고 있는 것은 분명합니다만, 본래 이들 말에는 그러한 개념은 포함되어 있지 않습니다. 즉, 이 노인은 '지팡이'나 '집안의 대들보'란 말의 개념을 구체적인 장면에서의 발화에 의해 한정하는 것이 아니라, 어떤 의미에서는 그 말의 개념을 확장해서 비유적으로 사용한 셈이 되는 것이지만, 그렇다면 이 노인은 '집안의 대들보'란 말을 잘못 알고 사용한 셈이 되는 것일까요? 물론 그렇지 않습니다. 이 노인이 '집안의 대들보'란 말의 개념을 넘어선 비유적인 표현으로 전용한 그 수사적인 효과는 오히려 평가되어야

67 도키에다 모토키時枝誠記 : 1900-1967, 국어학자. 언어과정설로 불린 '언어본질론'을 제창했고 문법론, 경어론, 문장론을 전개했다. 전후의 국어문제, 국어교육에도 큰 영향을 미쳤다. 저서에 《국어학사国語学史》, 《국어학원론国語学原論》 등이 있다.

하겠지요. 고바야시 히데오적인 의미(개념의 한정)론으로는 이러한 확장적 용법이 가능해지는 이유를 잘 설명할 수 없습니다.

도키에다 모토키는 그러한 예를 들어 고바야시 히데오를 비판하고, 더 나아가 언어연구는 소쉬르나 고바야시 히데오가 말하는 언어(랑그)를 대상으로 하기보다는 오히려 구체적인 발화(문)를 대상으로 해야 한다고 주장했습니다. 그는 일본어 연구에 '주체'란 개념을 도입한 언어학자로, 그가 말하는 '주체'란 구체적인 일본어문의 구조 속에서 찾아야 되는 것입니다.

그의 이론에 의하면, 우리들의 발화(문)를 구성하는 말은 크게 두 종류로 나눌 수 있습니다. 하나는 대상에 관한 개념화 과정을 거친 말(명사나 동사, 형용사)이고, 또 하나는 개념화를 거치지 않은 말(조사나 조동사)이나, 발화자의 대상이나 듣는 사람에 대한 입장을 표출한 말(경어)입니다. 도키에다는 전자를 '사詞'(객체적인 표현), 후자를 '사辭'(주체적인 표현)로 부르고 있습니다. 앞에서 예로 든 "바라다보니 가스가春日의 벌판에 봄 안개 일고 흐드러지게 핀 벚꽃인가 하노라見渡せば春日の野べに霞立ち咲きにほへるは桜花かも"라는 와카의 경우로 말하자면, "바라다보다見渡せば", "가스가春日", "벌판野べ", "안개霞", "일고立ち(立つ)", "흐드러지게 핀咲きにほへ(咲きにほふ)", "벚꽃桜花" 등은, 눈앞의 사물이나 상태에 관한 개념을 포함하고 있어, 도키에다 식으로 말하면, 발화자에 의한 개념화 과정을 거친 말이 됩니다. 그에 비해, "면ば", "의の", "에に", "것る(り)", "은は", "인가 하노라かも" 등은 개념을 포함하지 않는, 즉 개념화의 과정을 거치지 않고 발화자의 사물이나 상태에 대한 입장이나 관계의식이 직접 표출된 말이란 식으로 나누어집니다. 후자를 도키에다는 주체적인 표현으로 불렀던 것입니다.

제4장에서 저는 에도 시대의 국학자가 '구슬'과 '실'의 비유를 사용해, 명사와 동사와 '데니오하てにをは'의 차이를 설명한 방법을 소개했습니다. 그것과 도키에다 모토키의 이론은 극히 비슷하다는 사실을 깨달았으리라 생각합니다.

요시모토 다카아키의 언어 표현론은 이상과 같은 도키에다 모토키의 이론을 수정한 것이라고 할 수 있습니다. 어떻게 수정했는가 하면, 도키에다는 예를 들어 눈앞의 개별적, 구체적인 사물을 '책本'이라고 부를 경우, 고바야시 히데오와 반대로 한정된 대상을 비한정적으로 표출하는 것이라고 생각했습니다. 그러므로 그 안에서 특히 발화주체의 자기표출적인 모티브를 읽어내지는 않았습니다. 이에 비해 요시모토는 그 개념화 속에도 발화자의 구체적인 대상에 대한 집착이나 어의 선택의 모티브를 읽어내고, 그것을 '자기표출'이라고 불렀던 것입니다.

요시모토 다카아키 이론의 귀결

요시모토의 이론은 1970년대의 젊은 문학연구자들에게 강한 영향을 주었습니다. 그것은 말의 선택에 관한 내적인 구애의 과정을 환기喚起하고 그 구애를 통해 언어표현의 특징을 파악하는 시점을 가르쳤기 때문입니다. 그뿐만이 아닙니다. 우리들은 문학 텍스트 속에서 개념적인 의미의 흐름으로 따라가 봐도, 도대체 무슨 말을 하고 있는지 알 수 없는 비약과 의미가 꼬여 있는 비유적인 표현을 만나는 경우가 있는데, 그럼에도 불구하고 강한 인상을 받은 경험을 하는 경우가 있습니다. 요시모토의 이론은 그러한 독서 체험의 이유를 잘 설명해 주는 것으로 생각되었기 때문입니다.

어떤 대상에 대한 발화자의 구애가 매우 강한 경우, 우리들은 보통의 개념화로는 부족하여 굳이 자신의 구애를 강조하는 말을 선택하는 경우가 있습니다. 혹은 자신의 집착을 강조하거나 집착을 만족시키는 이미지를 만들어 그 대상의 상像을 일그러뜨리거나 다른 것으로 치환해 버리기도 한다, 그 과정이 독자에게 감지될 때 환기력이 강한 문학적 · 시적 표현으로 인지되는 것이다 — 그는 문학적인 언어표현의 힘을 그렇게 설명했습니다.

그뿐만이 아니라, 요시모토가 만든 다음과 같은 '작가' 이미지는 단순히 문학연구의 틀 안에 머무르지 않고 젊은 세대의 심성을 방향지을 만큼 주술적인 영향을 끼쳤습니다.

> 한 작품은 한 작가를 가지고 있다. 어떤 개성적인, 가장 동류를 거부하는 중심적 사상을 어딘가에 간직하고 있는 한 작가를. 그리고 그 한 작가는 그에게 있어 가장 필연적인 환경이나 생활을 가지고 있으며, 그 생활과 환경은 중심적인 부분에서 딱 한 번뿐인 그 외에는 체험한 적이 없는 핵을 숨기고 있다. 아직 있는 것이다. 어떤 하나의 생활, 하나의 환경은 가장 필연적으로 어떤 시대, 하나의 사회, 그리고 어떤 지배 형태 속에 있고, 그 중심적인 부분은 결코 다른 시대, 다른 사회, 다른 지배로부터는 헤아릴 수 없는 감춰진 시대성의 껍질을 갖는다.
>
> 이렇게 해서, 어떤 시대, 어떤 사회, 어떤 지배형태하의 한 작품은 단순히 다른 시내의, 다른 사회의, 다른 작품에 대해서뿐만 아니라, 같은 시대, 같은 사회, 같은 지배하의 다른 작품에 대해서 결정적으로 이질적인 중심을 갖고 있다. 그뿐만 아니라, 같은 한 사람의 작가에게조차, 어떤 한 작품은 다른 한 작품과 전혀 다르다. 언어의 지시표출의 중심이 이에 대응한다. 언어의 지시의식은 겉껍질에서는 대타対他적인 관계에 있으면서 중심에서는 고립되어 있다.

그러나 이에 대해서는 같은 논거에서 전혀 상반되는 결론을 내릴 수도 있다. 즉, 어떤 하나의 작품은, 단지 같은 시대의, 같은 사회의, 같은 개성이 낳은 작품에 대해서뿐만 아니라, 다른 시대의, 다른 사회의, 다른 개성에 대해서 결정적인 유사성이나 공통성의 중심을 갖고 있다는 식으로 이 유사성이나 공통성의 중심은, 언어의 자기표출의 역사로서 시간적인 연속성을 이룬다고 할 수 있다. 언어의 자기표출성은, 겉껍질에서는 대타対他적 관계를 거절하면서 그 중심에서 연대하고 있다.'

여기에서 "연대를 추구하며 고립을 두려워하지 않는다"라는, 1970년의 전후 학생운동가의 유명한 슬로건이 나온 것입니다만, 그중에서도 특히 강한 인상을 주었던 것은 "작가는 누구라도 타인과 교환 불가능한, 개성적이고, 비슷한 유類를 거절한 중심적인 사상을 간직하고 있다"라는 로맨틱한 작가상이었습니다. 젊은 연구자들은 "유례를 찾을 수 없는 중심적인 사상"이나, "그 외에는 체험한 일이 없는 핵'의 표출을 문학 텍스트 속에서 읽어 내려고 하였고, 읽어 낸 것에 자기를 동일화하면서, 감정이입적인 작가론의 생산에 열중해 갔습니다. 학생운동가들은 요시모토가 말하는 '작가'에 자신을 치환하고, 사회에 대한 대타적인 관계, 즉 지시표출적인 의미보다도 대자対自적인 표상으로서의 가치 쪽에 중점을 둔 운동을 전개하려고 했습니다. 그들의 '반란'이란 대타적 관계의 거절이었던 것입니다. 그 거절을 지탱하고 있었던 것이, '어떤 한 작품은, 단순히 같은 시대의, 같은 사회의, 같은 개성이 낳은 작품에 대해서가 아니라, 다른 시대, 다른 사회, 다른 개성에 대해 결정적인 유사성이나 공통성의 중심을 갖고 있다"는, '연대'에 대한 희구였음은 말할 것도 없습니다.

또한 이렇게 정리해 보면, 1970년대에 출발한 연구자가, 80년대 후반에 들어온 구조주의나 텍스트론에 잘 대응할 수 없었던 이유도 짐작할 수 있다고 생각합니다. 구조주의나 텍스트론은, 대상이 인간이든 혹은 작품이든 어쨌든 그러한 것을 고립된 '개체'로 파악하고, 그 안에서 '동류를 거부하는 중심적 사상'을 찾아내려고 하는 것이 아니라, 상호텍스트적인 관계에 있어서의 '차이'로서 파악하는 분석방법이었기 때문입니다.

그러나 어찌 되었든, 요시모토 다카아키가 말하는 '가장 동류를 거절하는 중심적 사상을 어딘가에 간직하고', 자기 말과 행동의 가치를 자기표출성에서 구하는 인간상, 그것이 1970년대의 '주체'였습니다. 어쩌면 그런 의미에서, 1970년대의 '주체'는 subject(주관, 자아)라고 할 수 있을지도 모르겠습니다.

제7장

모노가타리 세계와 화자

〈당세서생기질〉, 〈가인의 기우 佳人之奇遇〉, 〈뜬구름〉의 경우

자, 이제 요시모토 다카아키의 '화체'와 '문학체'를 설명할 수 있게 되었습니다. 전 장에서 저는 주체(성)론을 설명하면서 "동시대의 통념적 가치관"이라는 말을 썼습니다만, 이 말을 "그 시대의 유형적 산문표현"(매너리즘화된 문학표현)으로 말을 바꾸어 보십시오. 이것이 그가 말한 '화체'입니다. 보는 시각을 바꾸면, 한 문장의 어떤 표현도 그 시대에 일반적으로 유통되고 있는 흔한 말뿐이어서, 특별하게 강한 '자기표출'성을 찾아볼 수 없는 문체, 그것을 그는 '화체'라고 했던 것입니다.

여기에서 역으로 추정할 수 있듯이 어떤 사항을 전달만 하면 그것으로 끝인 '지시표출'적인 기준에서 보면 지나치다고 할 수도 있는 비유적 표현을 도입한 문체를, 그는 '문학체'라 했던 것입니다. 러시아 형식주의자는 문학

표현이 쇄신되어 가는 역사를, 습관화된 표현에 대한 이화작용estrangement 이라는 관점에서 설명하였습니다. 요시모토가 말하는 '자기표출'은 그것과 비슷한 개념이라 할 수 있을 것입니다.

구체적인 예를 든다면, 그는 우선 쓰보우치 쇼요의 〈당세서생기질〉에서 다음 부분을 인용하였습니다.

> 코는 오똑하고 눈은 맑고 입 언저리 역시 품위 있어 대단히 고상한 용모지만, 볼이 약간 움푹 패인 데다 머리카락이 약간 곱슬인 것이 신경질적인 사람인 듯하다. 흔히 말하는 사서 걱정하는 성격이라, 옆에서 보기에도 까다로워 보인다. 그 복장은 어떤가 하면 그 날은 일요일이기도 하고 또한 벚꽃놀이도 있어 아껴 두었던 나들이옷을 입은 것 같은데 소매가 좁은 평상복은 부스러기 실로 짠 비단에 얇은 솜이 들어간 것으로 확실히 아버지에게 물려받은 것이다. 빤 지 얼마 안 되는지 목덜미도 아직 때가 타지 않았다. 잿빛이 된 오글오글한 비단 띠를 매고 옷자락에서 실이 늘어질 듯한, 가헤이嘉平(꼬지 않은 비단으로 짠 천)의 낡은 하카마로 감싼 걱정. 이 역시 걱정이 병이라는 성격의 표시라고 생각된다. <u>하오리羽織(옷 위에 입는 짧은 겉옷)는 명주실을 꼬아 짠 옛것으로 어머니의 상의를 다시 고쳐 만든 것인지, 그 증거로 옷자락만 매우 헤진 듯한 모습이다. 그 복장으로 생각건대 그다지 좋은 집안의 자식은 아닌 듯하지만 그렇다고 해서 시골 사람 같지도 않다. 중소도시府下의 하급 관리의 자식인 듯하다. 어쨌든 모친이 없는 사람이라는 것은 바지 자락으로 추측했다. 작가가 옆에서 보고 내린 독단이다</u>. (1885년 6월 간행. 밑줄은 요시모토. 원문은 총덧말인데, 요시모토가 인용하면서 덧말을 없앴다. 본문 인용도 약간 정확하지 않은 부분이 있다. 여기서 재인용을 함에 있어 초판본을 사용하여 덧말을 보충했다. 다음의 〈뜬구름〉 인용도 마찬가지임)

이것은 〈당세서생기질〉의 주인공 오마치다 산지가 처음으로 독자 앞에 등장했을 때의 묘사로, 화자가 산지의 옷차림을 꼼꼼히 관찰하여 의복의 특징을 통해 그 생활상을 추측하는 방법으로 글을 쓰고 있습니다. 그러한 표현 중에서 특히 밑줄을 그은 부분에 주목하며, 요시모토는 다음과 같이 분석하였습니다.

> 여기에는 "코는 오똑하고 눈은 맑고"라는 식의 습관적인 묘사가 혼합되어 있어, 엔초의 글이나 〈가인의 기우〉와 조금도 다르지 않은 성격이 남아있다. 이 부분은 쇼요가 자신 있게 생각한 부분임에 틀림이 없지만, 이 무의미에 가까운 대상에 대한 세세한 묘사는, 쇼요가 실리의식을 배제하려고 윤리적 판단에 의한 표출을 피한 것과 필연적으로 연관되어 있다. 〔…〕 결코 자유로운 묘사는 아니지만, 하오리 끝자락이 해져 있다는 착목은, 달은 동쪽으로 지고 해는 서쪽으로 진다고 했던 〈가인의 기우〉의 묘사와 비교하면, 명백히 작가가 표출위치를 자각하고, 맹아적이긴 하지만 작가의 시각적 판단에 의한 대상에 대한 의식과 연결되어 있음을 알 수 있다.

여기서 요시모토가 비교 대상으로 언급한 〈가인의 기우〉는 메이지 전기에 발표된 도카이 산시東海散士(1852-1922)[68]의 유명한 정치소설 〈가인의 기우〉(1885년 11월-1897년 10월, 하쿠분도)를 말합니다. 그 문체는 다음과 같은 것이었습니다.

> 바야흐로 금오金烏 이미 서쪽 산으로 지고, 신월新月은 나뭇가지에 걸려, 밤빛은 몽롱하다. 얼마쯤 지나 호채皓彩 정원을 비추어 청광清光이 문으로 들어온다. 유란幽蘭은 조용히 일어서, 창을 열고 말하기를 "광경은 마치 그림인 듯한데, 다행히도 당신들이 와주셨네요. 난간 밖의 바람 청량하고, 꽃향기가 사람을 덮칩니다. 이 좋은 밤을 그냥 지나치는 것은 아까운 데다, 모두가 다시 만날

---

68 도카이 산시東海散士 : 1852-1922, 소설가 · 정치가. 아이즈会津번 출신. 국회의원. 정치소설 〈가인의 기우佳人之奇遇〉가 있다.

기회는 기대할 수 없습니다. 쓸데없이 바라보며 한탄하며 슬퍼한들 무슨 소용이 있겠어요? 기운을 북돋고 용기를 내어, 스스로 가무를 즐겨 마음을 폅시다".

〔저자(가메이) 번역 : 바야흐로 태양은 이미 서쪽 산으로 지고, 초승달은 나뭇가지에 걸려, 주위는 희미한 밤 기척에 싸였다. 얼마쯤 지나 흰 달빛이 정원을 비추고 맑은 빛이 문안까지 들어온다. 유란은 조용히 일어서, 창문을 열고 말하길 "경치는 마치 그림에 그린 듯한데, 다행히 당신이 와 주셨네요. 발코니 밖은 시원한 바람이 불어, 강한 꽃향기를 보내줍니다. 이 멋진 밤을 그냥 보내는 것은 아까운 데다, 모두 다시 모일 기회는 기대할 수 없습니다. 쓸데없이 마주보며 한탄하고 슬퍼한들 무슨 소용이 있겠습니까? 기운을 북돋고 용기를 내어, 춤을 추고 노래를 하며 기분을 전환합시다"〕

이러한 한문 내려쓰기 문체의 경우, 저녁 정경을 설명할 때에는, 마치 약속이나 한 듯이 "태양은 서쪽 산으로 지고"라고 하고, 그 대구 표현으로 "달은 동에서 뜨다" 혹은 "달이 나뭇가지에 걸려 있다"는 표현을 이어갔습니다. "호채皓彩 정원을 비추고 청광淸光 문으로 들어온다", "난간 밖의 바람 청량하고, 꽃향기가 사람을 덮칩니다. 이 좋은 밤을 그냥 지나치는 것은 아까운데다, 모두가 다시 모일 기회는 기대할 수 없습니다"와 같은 표현은, 간단히 "호채조정 청광입호皓彩照庭, 淸光入戶", "난외풍청, 화향습인. 양야난공도, 성회불가재기欄外風淸, 花香襲人. 良夜難空度, 盛会不可再期"로 바꾸어 쓸 수 있으며, 이렇게 보면 이 표현이 한문의 대구적 수사를 바탕으로 하는 미사여구를 연이어 쓴 것이라는 사실을 알 수 있을 것입니다. 미남과 미녀가 처음으로 친근하게 각자의 운명을 서로 이야기하는 밤의 정경을 작가는 그에 어울리는 언어로 수식한 것으로, 이른바 묘사의식은 전혀 없습니다. 이러한 유형적 수사를 단지 습관적으로 열거하는 글쓰기를 요시모토는 "달은 동쪽으로

지고 해는 서쪽으로 진다는 〈가인의 기우〉의 묘사"라 하고, 또 다른 곳에서는 "대상의 선택방법은 완전히 임의적인, 즉 필연이라기보다는 그때그때의 직감에 의한" 묘사라고 평가했던 것입니다.

이 〈가인의 기우〉와 〈당세서생기질〉은 같은 해에 발표되었습니다만, 당시에는 전자와 같은 문체가 오히려 소설문체로서는 일반적이었습니다. 그 사실을 염두에 두고, 다시 한 번 〈당세서생기질〉의 "소매가 좁은 평상복은 부스러기실로 짠 비단에 얇은 솜이 들어간 것" 혹은 하오리 옷자락이 매우 해져 있다는 표현을 보기 바랍니다. 원래 이렇게까지 의복의 세세한 부분까지 주의를 기울인 글쓰기는 예전에는 없었으며, 그것이 얼마나 참신한 인상을 주는 세밀한 리얼리즘이었는지 잘 알 수 있을 것입니다. 이는 화자가 종래의 상투적인 대상의 선택방법을 배제하고, 자각적으로 나름대로 자신의 관심에 의해 대상을 선택하고 자신이 납득하는 묘사를 했음을 나타냅니다. 그러한 특징을 일컬어 요시모토는 "작가가 분명하게 표출위치를 자각하고 — 작가의 시각적 판단을 통한 대상에 대한 의식과 연결되어 있다"고 평가한 것입니다. 앞에서는 인용하지 않았습니다만, "자기가 자기의 표출과 마주하고 있다는' 의식이 다소 확실히 형태를 갖추고 있다"고도 평가하고 있습니다.

다만, 그는 그것을 '문학체'로서 적극적으로 평가한 것이 아니라, 기껏해야 종래의 '화체'적인 문체에 '약간의 표출의 전이'를 초래한 정도라고 평가하였습니다. 그 이유를 명확히 밝히지 않고 있으므로 제가 이해한 바를 말한다면, 확실히 〈당세서생기질〉의 세세한 리얼리즘은 그때까지의 소설에는 없었던 참신성을 가지고 있었습니다. 그러나 '작가의 표출위치'는 겨우 대상에 대한 판단 — 예를 들어 "소매가 좁은 평상복은 부스러기실로 짠 비단에 얇은 솜이 들어간 것"에 주목하여 "확실히 아버지에게 물려받은 것이다"라고 판단하거나 "잿빛이 된 오글오글한 허리띠를 찬 것이 옷자락에서 실이 늘어질 듯한" 모습에서 "이 역시 걱정이 병이라는 성격의 표시라고 생각된다"고 추측한다 — 에 나타나 있을 뿐이었습니다. 더군다나 그 판단 방법과, 그것을 전하는 말씨는 상식적인 생활인의 그것에 불과합니다. 그러한 상투적 상식적인 표현에 안주하고 있는 것을, 요시모토는 쇼요의 '한계'라고 생각하고, 이것은 '화체'의 범위를 넘어선 것은 아니라고 생각했을 것입니다.

그에 반해 그는 〈뜬구름〉의 다음과 같은 표현을 '화체'로부터의 돌출 즉, '문학체'로의 비약이라고 높이 평가하였습니다.

> 그건 그렇고 어떻게 하지? 언제까지 숨길 수는 없는 것이니, 오늘밤에 집에 들어가면, 과감하게 말해 버릴까? 필시 숙모가 싫은 표정을 지을 텐데… 눈에 선하구나… 그러나 그러한 일로 신경 쓰고 있다고 해서 해결될 일은 아니지, 그렇다고 돈을 빌리려는 것도 아니고, 조금도 부끄러운 일이 아니야. 오늘 밤 말해 버리자… 그러나… 오세이가 있으면 말하기가 어렵지. 만약 혹시라도 그녀 앞에서 듣기 싫은 소리를 듣게 된다면 곤란하지. 이건 아무도 없을 때 말해야 해. 없을… 때를… 보고… 왜?(1887년 6월, 〈뜬구름〉 제1편)

이는 주인공 분조가 관공서에서 면직이 되어, 그 사실을 숙모에게 말해야 할지 어떨지를 고민하고 있는 마음의 동요를 표현한 것입니다. 분조는 이 숙모의 집에서 하숙을 하고 있는데, 혹시 숙모가 자신의 면직 사실을 알면, 하숙비 때문에 싫은 소리를 할지도 모르고, 오세이와 분조의 결혼에 반대할지도 모른다. 그 일로 밤새 끙끙거리다 잠을 이루지 못하고, 새벽녘에야 비로소 잠이 들었는가 싶더니 다음과 같은 이상한 환상을 보게 되었습니다.

> 잠 못 이룬 채 과거와 장래를 이리저리 생각하면 할수록 더 정신이 맑아지고 눈이 감기지 않아, 이래서는 안 되지 하며 마음을 가다듬고 두 눈을 더 꼭 감고 잠이 든 척을 해봐도 자신을 속일 수도 없어 어쩔 수 없이 몸을 뒤척이고 한숨을 쉬며 잠도 들지 않은 상태에서 꿈을 꾸고 있는 때, 첫 번째 닭이 울고 두 번째 닭이 우니 얼마 후 새벽이 가까워진다. "숫제 오늘밤은 이대로"라고 생각할 즈음 겨우 눈이 피곤해 따갑고 머리가 혼란스럽더니 지금까지 눈앞 여기저기 보이던 모친의 흰머리에 드문드문 검은 머리가 돋아 — 과장의 머리가 된다, 그 또한 빳빳한 수염이 있는 목이 한동안 어지럽게 물레방아처럼 돌고 있는 동안에는 차츰 작아지더니 — 이윽고 얼굴이 서로 뒤바뀌어 — 어느 사이엔가 장미 비녀를 꼽고 — 오세이의 — 목 — 에 — 뭐 — (위의 책)

일본에서의 활자 인쇄는 에도 시대 말에 시작되었고 — 정확히 말하자면 에도 시대 초기에 이른바 고활자체古活字体가 출판된 일이 있기는 있었습니다만 — 이 시기에 거의 일반화되었습니다. 그리고 이 시기부터, —(대시)나 …(말줄임표) 같은 기호가 사용되게 되었는데, 후타바테이 시메이는 재빨리 이러한 기호를 사용하여, 누군가가 말하려다 말고 우물거릴 때, 생각이 정리되지 않거나, 의식이 끊기거나 할 때, 그러한 마음의 움직임을 인상 깊게 표현하는 데 성공했습니다. 이것은 상당히 신선한 인상을 준 듯하여, 그 이후 많은 소설가가 그러한 기호를 사용하게 됩니다.

이러한 기호를 사용한 페이지는 시각적으로도 상당히 새로운 것이 아니었을까요?

그것은 〈당세서생기질〉과 비교해 보면 잘 알 수 있습니다. 이 소설은 1885년 5월부터 1886년 1월에 걸쳐 17권의 분할책자 형식으로 출판되어,

다시 말해 한 책자에 겨우 20페이지 정도 되는, 화지에 인쇄한 것을 종이끈으로 엮었을 뿐인 지극히 허술한 형태의 것이었습니다. 표지 그림은 '당세서생기질'이라고 쓴 조붓한 종이를 샅바만 찬 나체의 남자들이 떠받들고 있고, 남자의 얼굴에는 '일독삼탄一·読·三·歎'이라고 써 있었습니다. '일독삼탄'은 '한번 읽기 시작하면 몇 번이나 감탄할 만큼 재미있다'는 의미입니다. 에도 시대의 기뵤시를 보고 있으면, 샅바 하나만 찬 나체 남자 군상을 조금 해학적인 포즈로 그리고, 각각의 얼굴에 '선善', 또는 '악悪'이라는 문자를 쓴 삽화가 자주 등장합니다. 이것은 심학心学이라는 당시의 민중철학 사상을 해학적인 그림책으로 만들어 민중에 보급하고자 했던 일종의 그림 해석이라고 할 수 있습니다. 〈당세서생기질〉의 표지는 확실히 그것을 답습하여, 에도 게사쿠의 계보임을 알리고 있었던 것입니다. 본문 그 자체도 일단은 활자로 인쇄되어 있지만, 에도 시대의 요미혼과 닌죠본 형식에 들어맞는 문자의 조합방식으로 되어 있습니다.

그러한 구식의 형태인 〈당세서생기질〉에 반해 〈뜬구름〉은 서양 종이를 사용하고, 물론 책의 표지도 양장본이었고 활자는 크고 행을 바꾸는 일도 많았으며, 그 안에는 —(대시)와, …(말줄임표) 등의 기호를 넣어, 언뜻 보기에 유럽의 소설책에 가까운 인상을 주는, 신선하고 사치스런 것이었습니다. 즉, 형식 전체가 유럽화되어 가는, 그 과정에서 분조의 내면이 시각적으로 만들어진 것이었습니다. 당시의 독자가 강렬한 충격을 받은 것도 무리가 아닙니다.

그런 의미에서 우리들이 현재 내적인 의식의 흐름이라 부르는 '내면内面'이라는 것은 이러한 기호 없이는 생겨날 수 없었습니다.

그러나 요시모토 다카아키는 그렇게 파악하지 않고, 위와 같은 표현은 작가의 '자기표출'성에 의하는 것이라고 생각하고, 다음과 같이 의미를 부여했습니다.

> 더듬거리기는 하지만 〈뜬구름〉은 등장인물에게 내적인 독백을 부여할 만큼 표출의 위치가 분리되어, 작가의 표출에 대한 작가의 거리가, 즉 대자적對自的인 거리가 확실하게 정착된다. 면직이 된 우쓰미 분조가 그것을 숙모와 오세이에게 말하려고 하면서도 숙모의 차가운 시선과 오세이의 마음이 변할 것을 예감하고 말을 꺼내지 못할 때의 더듬거리는 독백의 묘사
> (위의 〈뜬구름〉의 첫 번째 표현 인용)
>
> 이것은 〈서생기질〉에서는 도저히 예상할 수 없었던 것이었다. 이 표현의 내적인 리얼리티는 후타바테이 시메이 안에서, 어떤 외적인 모순에 직면했을 때 내부에서 일어나는 마음의 움직임은 그 모순이 외부로부터의 현실적인 척도로 봐서는 미세한 것이든 중대한 것이든 외적인 경중에 관계없이 중요한 '의미'의 흐름을 갖고 있다는 사실을 확실히 파악하고 있음을 의미한다. 〔…〕 화체를 남기고 있어서는 다음과 같은 묘사는 못한다.
> (위의 〈뜬구름〉의 두 번째 표현 인용)
>
> 물론 후타바테이 시메이는 독백 · 묘사 · 독백 · 묘사 …의 과정에 의해, 마지막에 분조가 잠이 들 것을 암시적으로 그리고 있다. 〈뜬구름〉 1편은 문학적 표현이 화체(구어체)에서부터 문학체로 미적인 체험의 중심을 추출해 가는 과정을 가장 선명하고 철저하게 파고들었던 것이나'

이와 같이 요시모토는 후타바테이 시메이가 분조의 심적 변화를 마치 눈앞에 있는 대상을 관찰하여 그리는 것처럼 확실하게 파악하여 그렸다고 평가하고 있습니다. 바꿔 말하면, 분조의 '내적인 독백'에 작가의 해석이

개입하는 일 없이 의식적으로 분리된 위치에서 그려내는 방법을 택한 덕분에 그 '내적인 의식'을 리얼하게 현전시켰다는 사실에 주목한 것입니다. 그리고 그러한 표현이 가능해진 것은 후타바테이 시메이 자신의 심적 변화를 대상화하여 자신의 내적인 의식 속에서 자신이 어떠한 일에 어떠한 식으로 구애되는지, 또는 그 구애를 통하여 외부 대상을 포착할 때에 어떠한 표현이 대자적으로 리얼리티를 가지는 것인지를 아주 정확히 파악하고 있었기 때문이라고 요시모토는 해석하고 있었던 것입니다. 요시모토의 해석에서 또 한 가지 중요한 것은 그러한 마음의 움직임, 즉 내적인 구애는 구애하고 있는 사항이 사회적인 기준으로는 아주 사소한 것이라 할지라도, 본인에게는 그 자체로서 '의미'를 가지고 있다고 파악한 점입니다. 이 경우의 '의미'는 가치라는 말로 바꾸어도 지장이 없겠지요. 우리들이 어떠한 사항에 집착할 때 다른 사람의 입장에서 보면 그까짓 것 아무래도 상관없는 것 아니냐고 가볍게 취급되는 사항이라도 자신이 집착하는 감정이 훨씬 더 중요해서 쉽게 포기할 수 없는 '의미'를 지니고 있을 수 있기 때문입니다.

어쨌든 요시모토는 이상과 같은 시점으로 문체를 분석하는 방법을 시도하였습니다. 물론 그 배경에는 작가의 강한 '자기표출'성이야말로 어떤 시대에 유통되는 '화체(구어체)'를 넘어선 '문학체'를 낳고 문학표현을 쇄신해 가는 것이라는 생각이 있으며, 당연하지만 그는 '문학체' 쪽에서 가치를 발견하고 있습니다.

〈아내細君〉의 경우

요시모토 다카아키의 이 방법은, 1970년대의 젊은 문학연구자들에게 강한 영향을 미쳤습니다.

저는 요시모토 이론의 영향을 받은 세대에 속해 있어 많은 시사를 받았음은 말할 필요도 없지만, 아마도 그 세대의 문학연구자로서는 예외적으로 그의 이론에 의문을 제기하고, 비판적인 입장에 서있었습니다.

왜 제가 비판적이었는가 하면, 결국 그의 이론은 '내면의 진실'에 과도한 가치를 두고, 문학=자기표현이라는 문학관의 연장선상에서 그것을 문체론의 레벨로 마무리한 것에 지나지 않는가 하는 의문이 있었기 때문입니다. 또한 문학 텍스트의 분석 방법 면에서 말하자면, 그는 때에 따라서는 작가와 화자를 구별하는 것처럼 보이는 경우도 있지만, 대부분의 경우 양자를 혼동하고 있습니다. 그것은 그가 아직 양자를 충분히 논리적으로 구별하지 못했다는 증거라 할 수 있습니다. 앞에서 인용한 〈당세서생기질〉 중에 "작가의 방관적인 독단이다"라는 표현이 있었습니다. 여기서의 '작가'는 화자가 자신을 부른 말로 이해해야 하지만, 요시모토는 그것을 쓰보우치 쇼요와 동일시한 형태로 분석하고 있습니다.

이는 앞장에서도 소개했지만, 도키에다 모토키는 주로 '사辭'(조사, 조동사와 경어 표현)에서만 주체의 표출을 인정하고, '사詞'는 객체의 개념화로서만 취급하였습니다. 그에 비해 요시모토는 '사詞'와 '사辭' 양쪽 모두에 '지시표출'성과 '자기표출'성이 포함되어 있다고 생각했습니다. 다만 양자의 차이는, '사詞'는 '지시표출'성이 더 강하고, '사辭'는 좀더 '자기표출'적이어서, 소위 개념화되지는 못했지만, 그 맹아라 할 수 있는 의식의 개념화 작용은 포함되어 있다는 것입니다. 그런 의미에서 그가 말하는 '자기표출'은 문 전체에 미친 것이 됩니다. 그런 방법에 의해 수사적인 분석이 정밀해진 공적은 있습니다만, 그 반면 발화(문)에 앞서 '자기'가 존재한다는 상식적인 입장으로 되돌아가, 결국 그 '자기'의 표현으로서 문학 텍스트를 포착하는 입장을 보강하는 결과가 되어버렸습니다.

게다가 그는 '지시표출'이나 '화체'에 적극적인 가치를 두지 않았습니다. 그러나 우리는 현실을 일정한 관점에서 파악하고 현실을 구성하는 사물에 질서를 부여했을 뿐인 것 같은, 화체적인 묘사에 가치를 발견하는 일이 있지 않을까? 그러한 의문에서 저는 요시모토가 부정적으로만 평가한 '지시표출' 쪽에 오히려 관심을 두고, 근대소설의 구성과 묘사의 본질을 밝히는 연구에 착수한 것입니다.

그가 '지시표출'이나 '화체'라는 말로 표현하고자 했던 것은 우리들이 공동 관념으로서 자기소외적으로 표상하는 현실상이나 세계상과 자신이 관념적 혹은 상상적으로 관여하는 방법에 대한 것입니다. 이 또한 1970년대의 분위기를 나타내는 용어입니다만, 어쨌든 저는 그렇게 해석하였습니다.

저는 지금 제 자신의 현실관과 세계의 이미지를 가지고 있어, 어쩌면 그것들은 단순히 저의 관념적 픽션일지도 모르지만, 그럼에도 불구하고 그것들은 저를 초월한, 때로는 저와 대립되는 현실로 의식되고 있습니다. 또한, 그것들을 매개로 하지 않으면 타인과의 관계를 맺을 수 없다(혹은 관계를 무너뜨리지 못한다)고 생각하게 되는, 그러한 구속력을 제 의식에 대해 가지고 있습니다. 그와 같이 현실이나 세계는 자타가 긴밀히 맺어져 있는 공동성으로 형성되어 있는 것이고, 그렇기 때문에 더욱 제 개인의 자의에 의해 무화될 수는 없다, 아니 오히려 그와 같이 생각하는 관념 그 자체를 나는 무화시킬 수 없다, 고나 할까요. 어쨌든 그렇게 나 자신에게 의식되는 '관념'

과 '상像'의 존재방법을 가리켜, 저는 '공동 관념으로서의 자기소외'라고 불렀던 것입니다. 언어 또한 그러한 것 중의 하나, 아니 언어야말로 그 핵심을 이루는 것이라 할 수 있겠지요. 어떤 의미에서는 그들은 나에게 본의 아니게 의식을 구속하는 힘이 되는 것이지만, 그러나 만약 타자 또한 같은 공동 관념을 짊어지고 있다고 생각하지 않는다면 — 즉 그러한 공동 관념을 배제한다면 — 저는 일상적인 생활방식을 찾지 못할 뿐 아니라, 이야기를 구상하는 기반을 잃어버릴 것입니다. 그러한 이유로 제 생각에는, 텍스트 내의 '화자'란 작가가 공동 관념과 관련을 맺는 에이전트agent(중개자, 집행자)이며, 그 에이전트를 통하여 작가는 공동 관념적으로 표상하는 이야기 세계의 시간적, 공간적인 퍼스펙티브를 개척하고, 그 퍼스펙티브 안에 사물을 서열화하고 가치를 부여해 나가는 것입니다.

제 판단에 의하면 근대 소설 문체의 기반은 다음과 같은 쓰보우치 쇼요의 〈아내細君〉(1889년 1월, 《국민지우》)에 의해 만들어졌습니다.

> 창문을 열자 곧 어둠이 사방에서 덮쳐오고 램프의 그림자는 부엌 천정에 달 모양을 비추고 있다. 가을 해는 완전히 지고 기둥에 걸린 시계소리 귀에 시끄러울 만큼 울려 퍼진다. 오늘도 집주인은 아직 관청에서 돌아오지 않고 별채의 시어머니와 친척이라는 열일곱, 여덟쯤 되는 처녀는 근처의 극장에 가고, 볼이 붉은 식모도 장을 보러 밖에 나갔다. 안방도 부엌도 적막한데 특히 신참의 어색함이라니. 오소노는 혼자서 멍하니 시녀 방에서 생각에 잠긴다. 이때 요란하게 들이닥치는 것은 이 저택에 있는 서생인 듯, 장방형 화로 옆에 우뚝 서서 찻잔과 쇠 주전자를 좌우에 들고 두세 번 연달아 온수를 마시며 이쪽은 거들떠보지도 않고 다타미를 차며 돌아가는 것을 오소노는 눈을 휘둥그래하고 보고 있다. 그 뒤에는 더 한 차례의 쓸쓸함. 귀에 들리는 것은 장지문 너머로

마루방을 뛰어다니는 말썽꾸러기 쥐들. 오소노는 참다 못해 일어서서 장지문을 열고 쉿쉿하고 쫓아내니 찬장으로 도망가며 찍찍하고 웃는다. 찬장을 덮치니 대들보로 달려가고 대들보를 덮치니 모습을 감추는 걸 보고 장지문을 닫고 자리로 돌아오니 다시 어느 사이에 짜증나는 쥐소리. 쫓는 데도 지쳐서 일어서지도 않고 축 처져 한숨을 쉬다가 무슨 생각을 했는지 훌쩍훌쩍 울고 있다.

"무슨 일 있어?"라는 뜻밖의 친절한 목소리에 소녀는 퍼뜩 정신을 차리고 올려다 보니 눈 속에 고인 눈물을 훔칠 틈도 없다. 모르는 새에 안방에서 나온 것은 속발로 머리를 올린 부인, 오소노의 얼굴을 곰곰이 바라보며 "아무도 없어서 외로웠겠구나. 묻고 싶은 일도 있으니 안방으로 오렴"이라고 말하며 부엌을 둘러보고 먼저 돌아간다. 소녀는 급히 울던 얼굴을 고치고 주저주저 뒤를 따라 부엌 다음 방을 지나 문지방 옆에 앉았지만 왠지 새삼스럽게 앉은 자세가 맘에 걸린다. 어제 이 집에 막 왔기 때문에 실수를 한 기억은 없지만 꾸중 듣는 것은 아닐까? 말수는 적고 심술궂을 것 같다. 조금도 웃지 않는 것이 혹시 안주인의 맘에 안 들어서 고향으로 쫓겨 가면 어떻게 하지. 밥벌레라고 숙모에게 꾸중 들으며 또 괴로운 나날을 보내게 되는 것일까 하고 어린 마음이 진정이 되지 않는다.

한번 읽어보면 알겠지만 이 장면의 화자는 오소노라는 특정한 작중인물의 관심이나 시선에 입각해서 그녀가 놓여진 공간의 사물을 선택하고 상황을 구성하고 있습니다. 또한 오소노의 행동을 이야기하면서 거의 같은 대상화 레벨에서 그대로 그녀의 의식으로 이행해 가고 아직 열 두서넛 되는 소녀가 처음으로 식모살이하게 된 집의 하녀 방에 홀로 남겨진 때의 불안한 감정을 리얼하게 표현하고 있습니다. 그것을 표현하는 어휘도 너무 어려운 한어를 사용하거나 갑자기 속된 말투를 쓰지 않고 거의 일관된 표현의식으로 선택되고 있습니다. 즉 그 어휘는 이야기의 대상인 오소노 입장에서 보면 조금은 격식을 차린 것으로 지적인 수준도 높다고 할 수 있겠지만, 만약 이것을 오소노에게 읽어주고 '네 상태와 기분은 이런 것이겠지'라고 물어본다면 그녀 자신도 이해하고 납득할 것이라고 생각할 수 있는 범위의 어휘로 통일되어 있다는 것입니다. 이 이야기는 이 장면에서 시작하여 다음에는 오소노에게 말을 건 '부인'(저택의 주부)의 입장으로 서술해 나가다가 다시 오소노의 입장으로 돌아옵니다. 그러는 사이 지식인 부부의 가정 내에 숨겨진 비극을 폭로하게 되는 것으로, 만약 굳이 어휘의 선택기준을 추출한다면 오소노도 이해할 수 있는, 그리고 '부인'의 생활의식도 리얼하게 표현할 수 있는 어휘들이었다고 할 수 있을 것입니다. 후타바테이 시메이의 〈뜬구름〉의 문체는 이만큼 잘 통제되어 있지는 않았습니다.

이 〈아내〉의 문말표현은 소위 언문일치체적인 구어문의 문말표현이 아니라 문어문의 요소를 남기고 있습니다. 하지만 그것은 곧 구어문으로 바꿔 쓸 수 있을 만큼 실질적으로는 구어문에 가깝습니다. 그런 의미에서 문말표현이 문어적이냐 구어적이냐는 근대적인 문체에 관한 판단에 있어서는 반드시 중요한 조건은 아니어서, 저는 그 점에 주의를 촉구하면서 〈아내〉에 의해서 근대적인 산문 문체가 성립되었다는 사실을 지적한 적이 있습니다(1976, 〈언문일치체의 탄생〉, 《국어국문연구》). 아울러 〈아내〉에서 보이듯이 이야기 공간을 일정한 시점으로부터 퍼스펙티브하게 그리고 언급대상과 어휘의 균형을 일관된 기준으로 조작할 수 있는 화자를 근대문학의 '주체'라고 파악하기로 하고 그것이 탄생하는 과정을 문학 텍스트 속에서 찾는 연구를 계속해 왔습니다.

〈무사시노〉와 〈쓰유코히메露子姬〉의 경우

그러면 쓰보우치 쇼요가 〈아내〉를 발표했던 시기에 다른 작가는 어떠한 문체를 시도하고 있었을까? 다음에는 야마다 비묘의 〈무사시노〉(1887년 11월 20일, 23일, 1887년 12월 6일, 《요미우리신문》)와 이시바시 닌게쓰石橋忍月(1865-1926)[69]의 〈쓰유코히메〉(1889년 11월)의 예를 들어보겠습니다.

> 해질녘쯤 되었겠지. 해는 하코네산의 능선에 다가가 의식대로 검붉은 빛 광선을 토해내기 시작하자 들녘 끝에는 조금씩 어린 자작나무가 무리진 곳을 시작으로 먼 산도, 독이라도 먹은 듯 점점 보라색이 되고 들판 끝에는 황혼의 수증기가 자꾸 신기루를 만들어내고 있다. 때는 가을. 여기저기 제멋대로 자라난 나무도 이미 녹색의 상의가 벗겨져서 추운지 바람에 떨고 있자 여행에서 돌아온 찌르레기는 위로해 주려는 듯 점잔을 빼고 지저귀고 있다. 여기에 아주 바쁜 걸음으로 서쪽으로부터 걸어오는 것은 겨우 두 사람의 무사로 어느 쪽도 여행 채비이다.(〈무사시노〉)

> 봄의 들판에 나가 나물을 뜯는다. 누가 뭐라 해도 음력 3월의 들놀이만큼 기분 좋은 놀이는 없을 것이다. 화창하고 부드럽게 빛나는 태양, 난로실에서 데운 것 같은 바람 — 어제까지는 쌀쌀하게 살을 에는 듯했던 삭풍이 갑자기 바뀌어 오늘은 부드럽고 상쾌하게 얼굴을 매만진다. 게다가 나무들의 꽃 사이를 지나왔는지 공기는 모두 향기가 배어있는 조화배려의 세심함. 할 수 있다면 이 공기를 병에 담아 서리바람과 추위에 초목이 시드는 시절에 내다 판다면 여름의 얼음물보다 훨씬 이윤이 남을 것이라는 엉뚱한 장삿속 계산, 새도 홍겨워 자기 둥지를 잊어버릴 듯하다. 밟히는 것도 상관없다는 듯 싹을 틔우는 뱀밥풀의 사랑스러움. 계속되는 화창한 날씨에 유혹을 당해 일찍 핀 제비꽃의

69 이시바시 닌게쓰石橋忍月 : 1865-1926, 문예평론가, 소설가. 도쿄대 재학 때부터 후타바테이 시메이의 〈뜬구름〉 등의 비평으로 인정받았다.

천진함. 저 멀리 둑방의 나뭇가지에는 꽃도 한창 피기 시작한 듯하고 엷은 안개가 길게 깔려 있다. 저긴 어디지? 무코지마에서 그리 멀지 않은 오무라이! 이렇게 즐거운 때에 봄나물을 뜯으며 소요하고 있는 것은 한 무리의 여자들. 그것도 열일고여덟 살의 숙녀, 후리소데를 입고 있는 공주님들. 미혼일까? 물론이지! 미인일까? 물론이지! (〈쓰유코히메〉)

이들은 모두 당시 언문일치체 소설로서 화제가 되었던 것입니다만, 지금까지 소개한 방법으로 분석해 보면 그 문체의 특징을 잘 알 수 있다고 생각합니다. 화자는 모두 격식을 차린 한어 표현을 사용하고 있습니다. 뿐만 아니라 저녁 해가 지는 산의 능선이 점점 보랏빛을 띠어가는 모습에 대해 "독이라도 먹은 듯"이라며 정곡을 찌르는 추측을 하거나 초목의 잎이 말라 떨어지는 모양을 "녹색의 상의가 벗겨져서"라고 비유하거나 따뜻하고 상쾌한 봄바람을 "병에 담아" 한겨울에 내다 판다면 큰돈을 벌 것이라고 상상하며 마음껏 참신하게 멋 부리는 비유표현을 시도하고 있습니다. 하지만 그 장면에 등장하는 작중인물에게 어떤 상황이었는지를 등장인물의 행동이나 의식 또는 감정에 따라 리얼하게 표현하지는 못했습니다. 그러한 표현에서 역으로 화자의 타입을 판단해 본다면 이 두 문장의 화자는 작중인물의 입장에 서기보다는 오직 자신의 재미있는 비유나 수사법을 어필하는 데 관심이 있습니다. 그런 의미에서 자기중심적이고 자기현시적自己顯示的인 표현주체라고 봐야겠지요.

제가 이해하기에는 이는 작가가 아직 화자를 자신으로부터 충분히 분리하여 자립시키지 못한 증거입니다. 달리 말하자면 작가는 겨울의 해질 녘이나 봄의 들판에 대한 공동 관념에 별 생각 없이 기대 그저 자신의 수사법에 신경 쓰고 있을 뿐입니다. 그러니까 그 어휘는 그의 수사적 자기현시라는 모티브에만 필연성을 갖고 있는 것입니다. 그 장면의 일정한 위치에 화자를 내재시키고 그 화자를 에이전트 삼아 이 공동 관념적 세계에 비평적인 퍼스펙티브(전망)를 부여하거나 등장인물과의 필연성을 느끼게 하는 어휘로 정경을 리얼하게 현출시키는 데까지 이르지는 못하였습니다.

이것을 장면선택의 문제로 본다면 당시 소설의 한 패턴에 도입장면을 집 밖의 유원지나 공원, 길거리로 설정하는 경우가 종종 있었습니다. 〈당세서생기질〉이나 〈뜬구름〉도 예외가 아닙니다. 〈무사시노〉나 〈쓰유코히메〉는 소설에 관한 그런 공동 관념에 아무런 비평성도 없이 그저 안이하게 따르고 있을 뿐이라고 할 수 있겠지요. 그에 반해 쇼요는 고등교육을 받은 지식인 부부의 가정에 관한 원칙론적인 담론에 반하여 주위에서는 행복한 가정으로 보이는 중상류계급 가운데 숨겨진 부부의 불화 문제에 초점을 맞춰가고 있습니다. 또 그것을 그려냄에 있어서는 우선 그 저택의 어두운 부분이라 할 수 있는 식모 방을 선택하여 어린 식모의 시점을 빌려 이야기하기 시작하였습니다. 이는 계층이나 가정의 공동 관념에 대한 비평의식 없이는 생각할 수 없는 방법이며 아까 소개한 문체도 그것을 수행하기 위한 것이었다고 봐야 할 것입니다.

요시모토 다카아키의 이론을 원용한다면 〈무사시노〉나 〈쓰유코히메〉와 같은 문체는 '자기표출'성이 높은 문학문체, 〈아내〉 같은 문체는 '지시표출'성을 중시하는 화체라 봐야 할 것입니다만, 적어도 근대적인 문체 형성과정에 의거하는 한 〈아내〉 쪽이 근대문학 문체의 선구였음은 분명합니다.

제5장에서 저는 도쿠토미 로카의 〈자연과 인생〉 속의 '최근의 후지의 여명'을 소개하였습니다. 그 문장과 여기에서 거론한 두 개의 문장을 비교해 보기 바랍니다. 도쿠토미 로카의 표현실험이 이 두 문장에 대해 지적한 '결점'을 극복하는 방향으로 나아가고 있음을 잘 납득할 수 있을 것이라 생각합니다.

마사오카 시키의 〈서사문敍事文〉의 위치

메이지 20년(1887) 전후는 지금까지 보아 온 것처럼 〈가인의 기우〉의 문체에서 〈당세서생기질〉의 문체, 〈뜬구름〉의 문체, 〈아내〉의 문체, 그리고 뒤에 소개하는 고다 로한幸田露伴(1867-1947)[70]의 〈풍류불風流仏〉(1889년 9월)의 의고문체擬古文体[71] 등이 혼재되어 어느 것이 중심적인 문체가 될지 예측할 수 없는 상태였습니다. 그로부터 10년 후, 도쿠도미 로카의 '최근의 후지의 여명'과 같은 시점과 전망과 시간의 구조화라 할 수 있는 표현이 성공을 거두었습니다만, 마사오카 시키의 사생문 운동에 의해서 〈아내〉 같은 문체의 중심화가 결정적이 되었다고 할 수 있습니다. 그의 사생문 운동은 문학사적으로 유명함에도 불구하고 그 실질에 대해서는 지금까지 별로 연구되지 않았기 때문에 그 기본적인 성격을 확인해 보기로 하겠습니다. 로카의 〈자연과 인생〉보다 조금 앞서 발표되었던 〈서사문〉(1900년 1월

---

70 고다 로한幸田露伴 : 1867-1947, 소설가. 이상주의적 경향의 의고전파擬古典派로 주로 사전史伝 · 고증考証을 발표했다. 대표작에 〈풍류불風流仏〉, 〈오중탑五重塔〉 등이 있다.

71 의고문체擬古文体 : 고대의 문체를 흉내 낸 글. 특히 에도 시대의 국학자가 헤이안 시대의 노래 · 문장을 모범으로 하여 지은 글. 아문雅文.

29일, 2월 5일, 3월 12일, 《일본》)에서 마사오카 시키는 다음과 같은 흥미로운 실험을 하였습니다.

> 어떤 경치 혹은 인사人事를 보고 재미있다고 생각할 때에 그것을 문장으로 만들어 독자로 하여금 자신처럼 재미있게 느끼게 하기 위해서는 말을 꾸미지 말아야 하고, 과장을 더하지 말아야 하며 단지 있는 그대로 본 대로 그 사물을 묘사해야 한다. 예를 들어 스마須磨의 경치를 말하고자 할 때에
>
> > 산과 물이 맑고 깨끗하며 경치가 절경이다.山水明媚風光絶佳 특히 공기가 청결하고 기후에 변화가 적어 유람하는 사람, 요양하는 손님이 늘상 끊이지 않는다
>
> 라는 식으로 적어봐야 아무런 재미도 없을 것이다. 여기서 한걸음 더 나아가
>
> > 스마는 뒤에 산을 끼고 하리마해播磨灘에 임하며 약간의 공터에 소나무 숲이 있어 거기에 여관과 별장이 들어서 있다. 모래가 하얗고 소나무가 푸르기에 실로 청결한 느낌이 든다. 바닷물도 푸르기에 해수욕하러 오는 사람도 많다. 아쓰모리敦盛의 무덤은 니시스마西須磨보다 더 서쪽에 있고 그 앞에는 소위 아쓰모리 메밀국수敦盛蕎麦라는 명물이 지금도 남아 있다. 스마사須磨寺는…
>
> 라고 쓰면 앞의 문장에 비해 정밀하게 서술한 만큼 어느 정도는 스마를 묘사했다고 하더라도 스마다운 경치의 활동은 여전히 보이지 않는다. 여기에서 체재를 바꿔
>
> > 저녁밥을 먹고 여느 때처럼 홀가분하게 여관을 나왔다. 불타는 듯한 해 그림자는 뒷산에 숨어 석양의 잔재를 소금 굽는 집 위의 하늘에 남기고 있다. 거리의 모래도 이미 열기가 식어 서늘한 바람이 소나무 사이에서 불어오고 있다. 좁은 곳이라 별로 진귀한 곳도 없기에 또 아쓰모리의 무덤이라도 가볼까 하고 왼쪽으로 갔다. 아쓰모리의 봉분까지 100m 거리밖에 안 되므로 금방 도착했지만 애당초 참배할 생각도 없다. 그저 커다란 오륜탑을 노려보

> 고 있을 뿐이다. 앞에 있는 향 피우는 포장마차 같은 것을 손으로 두드려 보기도 하고 쓰다듬어보기도 하였지만 그것도 시들해져 다시 원래 길을 되돌아와 '우연히 묻는 사람 있으면' 하고 읊조리며 한가히 돌아왔다. 여관 문 앞까지 왔을 때는 해가 완전히 져서 불빛이 두세 개 보였다. 하지만 아직 돌아가고 싶지 않았기에 문 앞을 지나쳤다. 거리 우측에 기찻길을 따라 깊이 패인 도랑이 있고 거기에는 작은 꽃이 많이 피어 있다. 그것이 어둠 속에서 꽃만 하얗게 보이기 때문에 마치 많은 나비 떼가 앉아 있는 듯했다. 도랑에는 물이 없는 듯해 보였으므로 조심조심 내려가서 네댓 송이 꺾었다. 〔…〕
>
> 와 같이 작가를 기준으로 작가가 본 것만을 봤다고 기술하면 사항에 따라 흥미가 많기도 하고 적기도 해 어쨌든 독자로 하여금 작가와 동일한 지위에 세우는 효력이 있다.

그는 이처럼 경치가 아름답기로 유명한 스마를 예로 들어 세 개의 문체를 실험적으로 보여주고 첫 번째의 한문 내려쓰기체적인 미문을 "아무런 재미" 없는 표현으로 평가절하했습니다. 두 번째는 형식상으로는 구어문으로 되어 있습니다만 스마에 관한 일반적인 이미지를 개괄적으로 서술하고 있을 뿐으로 그의 판단에 따르면 '경치의 활동'이 포착되지 않고 있습니다. 그렇다면 '경치의 활동'을 전하기 위해서는 어떻게 하면 될까요? 여기서 그는 그 경치 안에 화자를 두고 ― 물론 그는 화자를 '작가'라고 부르고 있습니다만 ― 화자가 걸어감에 따라 나타나는 사물이나 경관을 화자의 관심이나 느낌에 따라 서술해 가는 방법을 시도하였습니다. 조금 더 추상적으로 말하자면 장면에 내재화된 화자에게 신체성을 부여하고 화자에게 있어서의 **지금**과 **여기**를 분명히 함으로써 화자가 걷는 시간의 경과에 따라 공간의 퍼스펙티브가 변해 가는 양상을 전달하는 방법을 실험적으로 보여주었습니다.

그것은 장면에 시 · 공간의 구조를 부여하는 것에 다름 아닙니다. 마사오카 시키는 이와 같은 방법으로 화자(혹은 작중인물)의 신체성을 매개로 정경을 시 · 공간적으로 구조화하고 정경을 개괄적인 묘사가 아닌 지금과 여기라고 하는 일회성의 경험을 인상짓는 산문표현의 길을 열었습니다. 그것이 그가 말하는 사생문의 방법이고 근대적인 소설문체 형성에 기여한 점입니다.

제8장

교외 이야기

도시 주변부, 또는 인접 지역이 교외라는 독자적인 생활 · 문화적인 공간으로 형성된 것은 에도 시대 후기부터였습니다.

많은 사람들이 지적하듯이, 에도 시에는 지금과는 비교되지 않을 만큼 많은 신사와 불각仏閣이 있었습니다. 에도 시에서 조금 떨어진 시골에도 유서 깊은 신사나 불각이 많이 있었고, 제례 날에는 에도 사람들이 참배하러 갔습니다. 그 때문에 신사나 불각 주변에 식사가 가능한 찻집이 생기고, 또 신사나 불각 부지를 포함하는 지역 일대가 공원이 되어 당일치기로 각 계절의 꽃이나 단풍을 즐길 수 있는 행락지one day's pleasure resort로 변해 갔습니다. 그뿐만 아니라, 에도의 부유한 상인이 그런 곳에 별장을 지어 풍류를 즐기는 휴식 장소로 삼거나 중요한 손님을 대접하는 장소로 사용하기도 하는 등, 그 정원 역시 교외의 경관을 풍요롭게 채색했습니다. 그런 장소를 찾는 것이 에도 사람들의 즐거움 중 하나였음은 무라오 가료村尾嘉陵72

의 《에도 근교 길 안내江戸近郊道しるべ》(정확히는 《가료기행嘉陵紀行》. 완성년은 미상)와 같은 안내서가 쓰여진 것으로도 알 수 있습니다.

그러나 도시 주변부에 살면서 매일 근처를 산책하고 계절에 따라 변해가는 풍경을 바라보고 심신을 새롭게 하는 생활 습관이 시작된 것은 메이지 시대부터였습니다. 즉 산책이라는 도시 생활의 라이프스타일은 근대에 시작된 생활 문화였던 것입니다. 메이지 시대의 도쿄 시가지는 지금보다 훨씬 작고 게다가 많은 신사나 불각, 광대한 영주大名의 에도 저택과 도쿠가와 장군가 직속 무사저택의 흔적이 남아 있었기 때문에, 녹지가 풍부하여 산책하기에 안성맞춤이었습니다. 산책하는 김에 조금만 더 가면, 바로 무사시노武蔵野의 옛 모습이 남아 있는 교외로 나갈 수도 있었습니다.

구니키다 돗포国木田独歩(1871-1908)[73]의 단편 소설집 《무사시노武蔵野》(1901년 3월, 민우사)에 수록된, 수필 〈무사시노〉(1898년 1월-2월, 《국민지우》. 원제는 〈지금의 무사시노今の武蔵野〉)는 도쿄 교외의 잡목림의 아름다움을 묘사해서, 그 후의 일본 문학, 특히 자연주의 문학의 모토였던 지방색의 자연묘사에 큰 영향을 주었다고 평가받고 있는 일종의 수상문입니다. 그 문체와 표현 방법은 앞에서 다루었던 마사오카 시키의 사생문과 거의 같으며, 이런 의미에서 일본에서는 1900년 전후에 구어문체에 의한 자연묘사 방법의 기초가 구축되었다고 할 수 있을 것입니다. 굳이 양자의 차이를 들자

---

72 무라오 가료村尾嘉陵 : 1761-1842, 고산쿄御三卿 중 하나인 시미즈清水가의 서무 책임자로, 에도 일대의 기행 기록인 《에도 근교 길 안내江戸近郊道しるべ》를 펴냈다.

73 구니키다 돗포国木田独歩 : 1871-1908, 시인, 소설가. 낭만적 · 서정적 작풍에서 자연주의적 작풍으로 옮겨 갔다. 청일전쟁 종군 작품 〈애제통신愛弟通信〉, 〈무사시노武蔵野〉, 〈소고기와 감자牛肉とじゃがいも〉 등이 있다.

면, 마사오카 시키는 대상을 '베끼'는 데 주의를 기울인 데 비해, 구니키다 돗포는 오히려 자연 속에서의 관조meditative observation를 선호했다고 할 수 있을 것입니다.

그러나 지금까지의 연구는 〈무사시노〉의 자연관이라기보다는 자연감自然感에 관심을 기울일 뿐, 어떠한 표현의 조작으로 '자연'의 이미지를 만들어냈는가 하는 문제에는 주의를 기울이지 않았습니다. 그것은 '언어에 의한 자연묘사가 과연 가능한가'라는 문제의식이 없었기 때문으로, 이번에 저는 그 문제를 염두에 두고 〈무사시노〉의 표현 구조를 검토하여, 새로운 읽기를 시도해 보고자 합니다.

소위 자연묘사에 대해

그러한 차원에서 우선 〈무사시노〉의 자연관(자연감)이라는 표현을 구체적으로 살펴보겠습니다. 다음과 같은 표현이 지금까지 〈무사시노〉의 특색으로 여겨져 왔습니다.

> 새의 날개 소리, 지저귀는 소리. 바람이 살랑거리는, 울리는, 휘파람 부는, 외치는 소리. 풀숲의 그늘, 숲 속에서 우는 벌레 소리. 빈 짐차가 숲을 돌아, 비탈길을 내려가, 들길을 가로지르는 소리. 발굽으로 낙엽을 흩뜨리는 소리, 이것은 기병 연습의 척후가 아니면 부부 동반으로 말을 타고 멀리 나온 외국인일 것이다. 뭔가를 소리 높여 말하면서 지나가는 마을 사람의 탁한 목소리, 그것도 어느새 멀어져 간다. 홀로 쓸쓸한 듯이 길을 재촉하는 여자의 발소리. 멀리 울려 퍼지는 포성. 가까운 숲에서 갑자기 들려오는 총 소리. 내가 한 번은 개를 데리고 근처 숲에 가서, 그루터기에 앉아 책을 읽고 있자니, 갑자기 숲 속에서 무언가 떨어지는 소리가 났다. 발밑에 누워있던 개가 귀를 세우고 휙

그 쪽을 바라보았다. 그뿐이었다. 아마 밤이 떨어졌던 것이겠지. 무사시노에는 밤나무도 꽤 많이 있으니까. 그 늦가을 빗소리로 말하자면 이만큼 그윽하고 적막한 것은 없다. 산속의 집에 내리는 늦가을 비는 와카和歌의 제목이 되고 있기도 해서, 넓디넓은 들판 끝에서 들판 끝까지 숲을 지나, 신사를 둘러싼 무성한 숲을 지나, 밭을 가로질러, 또 숲을 지나, 소리 없이 지나가는 늦가을 비 소리가 아주 조용하고, 또 차분한 멋이 있고, 부드럽고 그윽한 것은 실로 무사시노의 늦가을 비의 특색일 것이다. 내가 일찍이 홋카이도北海道의 깊은 숲에서 늦가을 비를 만난 적이 있었는데, 이 또한 인적 없는 큰 숲이었기 때문에 그 정취는 더욱 깊지만, 그 대신 무사시노의 늦가을 비처럼 사람을 그립게 하고 속삭이는 정취는 없다.

가을 중순경부터 초겨울, 시험 삼아 나카노中野 부근, 또는 시부야渋谷, 세타가야世田ヶ谷, 또는 고가네이小金井의 깊은 숲에 가서 잠시 앉아 산책의 피로를 풀어보라. 이 소리들이 순식간에 시작됐다가 순식간에 그치고, 점점 가까워졌다가 멀어지고, 머리 위의 나뭇잎이 바람 없이 떨어져서 작은 소리를 내고, 그것도 그쳤을 때, 자연의 정숙을 느끼고, 영원의 호흡이 다가오는 것을 느낄 것이다. 무사시노의 겨울밤이 깊어 별이 빛날 때, 별도 불어 떨어뜨릴 것 같은 태풍이 무시무시하게 숲을 지나는 소리를, 나는 종종 일기에 썼다. 바람 소리는 사람의 생각을 먼 곳으로 이끈다.

마사오카 시키의 사생문은 시각적이었습니다만, 〈무사시노〉의 표현은 이렇듯 상당히 청각적이었습니다. 이 텍스트의 화자인 '나'는, 1896년 가을부터 1897년 봄까지 시부야에 살았던 것으로 되어 있어, 만일 이 '나'를 구니키다 돗포 자신이라고 생각한다면, 그는 도쿄 도요다마군 시부야 오아자가미 시부야 우타가와 154번지東京 府豊多摩郡 渋穀 邨大字上 渋穀 宇田川 一五四番에 살고 있었습니다. 현재 시부야는 완전히 번화가가 되어, 이러한 잡목림은 남아 있지 않고 밤중에 귀를 기울여도 전차나 자동차의 소음 밖에 들리지 않겠지요. 그러나 당시 시부야는 도쿄의 '변두리'라 할 수 있는 위치에 있었고, 그것이 번화가로 바뀌기 시작한 것은 쇼와시대부터입니다. 그래도 전후에 쓰여진 오오카 쇼헤이大岡昇平[74]의 〈무사시노부인武蔵野夫人〉(1950년 1월-9월, 《군상群像》)에서는, 무사시노의 옛 모습을 남긴 장소가 무대로 선택되어 있습니다. 현재와 같은 젊은이들의 번화가가 된 것은 1960년대부터입니다.

어쨌든 이 화자는 숲 속에서 조용히 앉아 나뭇잎이 떨어지는 희미한 소리를 느끼거나 방 안에서 늦가을 비가 문 밖을 지나가는 속삭이는 듯한 기미를 느꼈던 것입니다. 이것을 앞에서 소개한 시가 시게타카나 도쿠토미 로카의 자연묘사 방법과 비교해 보면, 그 특색은 한층 더 확실해질 것입니다. 시가 시게타카나 도쿠토미 로카는 확실히 자연을 시각적으로 파악하는 방법을 쇄신시켰는데, 그들이 선택한 것은 옛부터 문인 묵객이 즐겨 다룬 산이나 해변 경관이었고, 그 문체는 한문조를 기본으로 하는 미문이었습니다. 그에 비해 구니키다 돗포는 전통적인 자연미의 범주에서 제외된 도시 근교의 잡목림이나 전원 풍경을 골라 일상적으로 경험하면서도 자칫 간과되기 쉬운 자연의 동향을 민감하게 느끼는 섬세한 감수성에 표현을 부여할 수 있었습니다. 이처럼 자연과 교감하는 감수성을 리얼라이즈(현실화)하는 구어문체를 완성함으로써 그의 산문은 후의 연구자로부터 자연관(자연감)의 패러다임을 일신한 것으로 높이 평가받게 된 것입니다.

---

74 오오카 쇼헤이大岡昇平 : 1909-1988, 작가. 고바야시 히데오에게 배웠고, 나카하라 쥬야中原中也와 교류하였으며 스탕달에 경도되었다. 포로 체험에 근거한 〈포로기俘虜記〉, 〈들불野火〉, 〈레이테 전기レイテ戦記〉 등의 전쟁문학과 〈무사시노 부인武蔵野夫人〉 등이 있다.

〈무사시노〉의 라이프스타일과 커뮤니케이션 구조

그러나 이상은 어디까지나 종래의 읽기에 따른 평가이며, 시점을 조금 바꿔 그런 평가를 낳은 표현 방법에 주의를 돌리면 재미있는 특징이 또 하나 나타납니다.

먼저 화자인 '나'는 대체 누구인가. 그 점에 눈을 돌려보면, 실은 그의 직업은 알 수가 없습니다. 왜 시부야로 이사를 왔는지도 불분명합니다. 그는 이전에는 도쿄 '시내'에 살았고, 그 무렵 이런 경험을 했습니다. 한 3년 전 여름 어떤 친구와 교외로 산책을 가서 찻집에 들렀더니, 찻집 할머니가 "지금 같은 때, 뭐하러 왔소"라고 물었습니다. 그가 "산책하러 왔어요, 그냥 놀러 왔어요"라고 대답하자 할머니는 비웃듯이, "벚꽃은 봄에 핀다는 것을 모르는 군"이라고 말했다고 합니다. 그래서 그는 "여름의 교외 산책이 얼마나 재미있는지를 할머니한테 알아듣도록 설명했습니다"만, "도쿄 사람은 할 일도 없군이라는 한마디로 무시되고 말았습니다."

즉, 찻집의 할머니는 벚꽃의 계절은 진작 지났는데 왜 이런 곳에 일부러 찾아왔는지 그 이유를 이해하지 못해서 물어본 것인데, 산책이라고 설명을 해도 그 '산책'의 개념을 이해하지 못한다, 그래서 "도쿄 사람은 할 일도 없군"이라고 단정해 버린 것입니다. 요컨대 당시 민중은 아직 '산책'이라는 개념을 몰랐고, 단지 정처 없이 교외 풍경을 바라보며 걷는 라이프스타일을 가진 사람 따위는 어떤 생업에 종사하고 있는지 짐작도 할 수 없는 존재였을 것입니다. 그런 의미에서 이 사람들의 눈을 통해 보면, 그는 일종의 지적인 유민high-class idlers이었다고 할 수 있을 것입니다.

그 후 그는 시부야로 옮겨 갔습니다만, 〈무사시노〉에 관한 기술만 보는 한, 산책 도중에 길을 묻는 것 이외에는 시부야 마을주민의 생산 · 생활 사이클과 교섭이 거의 없는 일상을 보내고 있었습니다. 시부야 마을주민의 눈에도 그는 자신들과는 이질적인 지적 유민으로 보였을 것입니다.

제가 또 하나 주의했으면 하는 점은 위의 내용과도 관련이 있습니다만, 〈무사시노〉의 독특한 커뮤니케이션 구조에 대해서입니다. 이 화자는 마을 사람과 커뮤니케이션이 적었던 대신 다음과 같이 독자에 대해서는 수다스러울 정도로 말을 걸었습니다.

> 무사시노를 산책하는 사람은 길을 헤매는 것을 수고스럽게 여겨서는 안 된다. 어떤 길이라도 발길이 가는 대로 가면 반드시 그곳에 볼 만한, 들을 만한, 느낄 만한 수확이 있다. 무사시노의 아름다움은 그저 종횡으로 통하는 수천 개의 길을 정처 없이 걸음으로써 비로소 얻을 수 있다. 봄, 여름, 가을, 겨울, 아침, 점심, 저녁, 밤, 달밤, 눈 내릴 때, 바람, 안개, 서리, 비, 늦가을 비올 때, 그저 이 길을 생각나는 대로 가보면 도처에 우리를 만족시킬 만한 것이 있다.
>
> 〔…〕
>
> 만일 당신이, 하나의 작은 길을 가다가 바로 세 갈래 길이 나오면 당황하지 말고, 당신의 지팡이를 세워 그것이 쓰러진 쪽으로 가면된다. 그 길이 어쩌면 당신을 작은 숲으로 인도할 것이다. 숲 중간쯤에 이르러서 또 두 갈래 길이 나오면, 작은 길을 골라 보라. 그 길이 당신을 신비한 곳으로 이끌 것이다. 숲속의 오래 된 묘지로, 이끼 낀 무덤이 네 다섯 개 늘어서있고 그 앞에 작은 공터가 있고 그 옆에 마타리[75]가 피어 있을 수도 있을 것이다. 머리 위 나뭇가지에서 작은 새가 울고 있으면 당신은 행복할 것이다.
>
> 〔…〕

---

75 마타리 : 마타리과의 과년초. 높이 1m 가량. 깃털 모양의 깊이 째진 겹잎이 마주 남.

> 만일 당신이 무언가 필요해서 길을 물어보고 싶으면, 밭 가운데에 있는 농부에게 물어보라. 농부가 40세 이상이라면, 큰 소리를 내서 물어보라. 놀라서 이쪽을 보고, 큰 소리로 가르쳐 줄 것이다. 만일 처녀라면 가까이 가서 작은 소리로 물으라. 만일 청년이라면 모자를 벗고 정중하게 물어보라. 무뚝뚝하게 가르쳐 줄 것이다. 화내서는 안 된다, 그것이 도쿄 근처에 사는 젊은이의 버릇이니까.

그가 이야기하고 있는 '당신'은 말할 필요도 없이 독자입니다만, 이 말투에서 알 수 있듯이 시부야 근처의 무사시노를 모르는 독자, 게다가 화자와 똑같이 '산책'이라는 일종의 목적 없는 시간 죽이기를 즐길 여유가 있는, 또는 그러한 시간 죽이기의 라이프스타일을 원하는 독자였습니다. 당연한 말이지만 시간 죽이기 같은 사치스러운 여유를 경제적으로나 기분상으로나 가질 수 없는 사람은 포함되어 있지 않습니다.

그러나 내가 독특한 커뮤니케이션 구조라고 부른 이유는 그뿐만이 아닙니다. 이 수필은 이것이 게재된 《국민지우》의 독자와의 대화라는 성격을 띠고 있습니다. 제7장은 "나와 고가네이의 제방을 산책한 친구는, 지금은 판관이 되어 지방에 가 있지만 자기의 지난 호 글을 읽고 다음과 같은 사연을 보내왔다. 나는 편의상 이것을 여기에 인용할 필요를 느낀다"로 시작하여 그 편지를 소개하고 자기의 의견을 진술하는 형식으로 진행합니다.

그러한 의미에서 이 수필은 독자를 조직하고 독자와의 대화라는 장치를 통해서 근교 산책이라는 라이프스타일을 만들어 내고자 하는 텍스트였다고 할 수 있을 것입니다.

인용의 장치

여기에 한 가지 더 〈무사시노〉의 중요한 특징을 발견할 수 있습니다. 그것은 인용의 직물織物이라고도 할 수 있는 특징으로 단순히 친구의 편지를 인용하는 것이 아니라, 후타바테이 시메이가 번역한 투루게네프[76]의 〈밀회〉나 무사시노에 관한 기록, 더 나아가 자신의 〈일기〉까지도 인용하고 있었습니다.

그 인용 방법을 검토해보기로 하고 먼저 〈일기〉를 살펴보면 그것은 다음과 같은 방법으로 인용되어 있습니다.

> 나는 겨울 동안의 일기를 아래에 나열해서 변화의 대략과 광경의 요소를 제시해 두려고 한다.
>
> 9월 19일 — 아침, 하늘이 흐리고 바람 없다, 냉무한로冷霧寒露, 벌레 소리 요란하고, 천지의 마음 여전히 눈뜨지 않은 듯하다.
>
> 같은 달 21일 — 가을 하늘 닦은 듯하고, 나뭇잎 불처럼 빛나다.
>
> 10월 19일 — 달 밝고 숲의 그림자 검다.
>
> 같은 달 25일 — 아침은 안개가 짙고, 오후는 개다. 밤이 되니 구름 사이의 달이 선명하다. 아침 아직 안개가 걷히지 않은 사이에 집을 나가서, 들을 걸어 숲으로 갔다.
>
> 같은 달 26일 — 오후 숲에 갔다. 숲 속에 앉아 사방을 둘러보고, 경청하고, 응시하고, 묵상하다.

이러한 인용은 다음해 3월 21일의 기록에까지 이르며 가을에서 봄에 걸

76 투루게네프Ivan S. Turgenev : 1818-1883, 러시아 소설가. 인도적 성정과 시적 감수성이 풍부. 〈첫사랑初恋〉 등 시련을 서정시처럼 그려낸 작품이 뛰어나다.

친 무사시노의 경관 변화를 소개하고 있는 것인데 우리는 이와 똑같은 표현을 구니키다 돗포의 〈거짓 없는 기록欺かざるの記〉(1908년 10월, 1909년 1월, 사쿠라 쇼보佐久良書房 · 류분칸隆文館)에서 찾아볼 수 있습니다.

구니키다 돗포는 1894년 청일전쟁 때, 《국민신문国民新聞》[77]의 종군 기자로서 해군과 행동을 함께하고, 그동안 일본에 있는 동생에게 보내는 편지 형식으로 쓴 〈애제통신愛弟通信〉[78](1894년 10월-1895년 3월)이 호평을 얻어 문필가로 이름이 알려졌습니다. 다음해 귀국해서 사사키 노부코佐々城信子[79]라는 여성과 알게 되어 열렬한 사랑에 빠졌으나 노부코의 부모가 결혼에 반대하여 두 사람은 사사키 집안과 연을 끊고 신혼 생활에 들어갔습니다. 그러나 반년도 지나지 않아 노부코는 가정을 버리고 모습을 감춰버립니다. 아리시마 다케오有島武郎(1878-1923)[80]의 〈어떤 여자或る女〉(1919년 3월, 6월 구사무라叢 문각)는 이 두 사람의 관계를 모델로 한 소설이라고 합니다. — 돗포는 아내에게 버림받은 굴욕에 괴로워하고, 이전부터 착수했던 〈거짓 없는 기록〉에 그 고뇌를 고백하고 있습니다. 한편 정신적 동요를 진정시키고자 시부야로 이사를 하였습니다. 그때 보고 들은 것을 토대로 쓴 것이 〈무사시노〉입니다.

---

77 《국민신문国民新聞》: 도쿠토미 소호徳富蘇峰가 발행한 일간신문. 1890년 2월 창간.

78 〈애제통신愛弟通信〉: 청일전쟁 당시 해군 종군기자로 근무한 구니키다 돗포가 해전海戦을 중심으로 전쟁의 상황을 서간문체 형식으로 기록한 종군기.

79 사사키 노부코佐々城信子: 아리시마 다케오有島武郎의 〈어떤 여자或る女〉의 히로인 요우코의 모델.

80 아리시마 다케오有島武郎: 1878-1923, 소설가. 시라카바白樺의 동인. 인도주의적 경향이 강하고, 사상적 고뇌 끝에 재산을 포기. 〈어떤 여자ある女〉, 〈선언 하나宣言一つ〉 등.

〈무사시노〉에서 말하는 〈일기〉란 이 수기를 가리킵니다. 조금 긴 인용이 되겠지만, 〈거짓 없는 기록〉과 관련된 부분을 소개하겠습니다. 밑줄 부분이 〈무사시노〉에 인용된 표현입니다.

〔1896년 9월 7일〕 지금 나는 시부야 마을의 한거閑居에 있다. 집은 인적이 드문 곳에 있다. / 4일에 이사했다. / 5일에 이마이今井 군 오다. 6일은 어제 일요일, 아침부터 이마이군 오고, 점심시간에 나카무라 슈이치中村修一 씨 오고, 오후 1시 경 미야자키 고쇼시宮崎古処子 군 오다. / 어제 아침 일찍 관리인인 노파와 슈지収二 사이에 싸움이 있었다. / 지금도 여전히 분쟁 중이다. / 어제도 오늘도 남풍이 강하게 불고, 구름과 안개가 순식간에 생겨 갑자기 비가 내리는가 싶더니 햇살이 구름사이로 새서 신록을 비추는 등, 변덕스러운 가을 하늘의 아름다움. / 실로 작년의 일이 꿈과 같다. 지금 노부코信子는 북쪽에 있다고 한다. 불쌍한 것은 나의 처지인가. 〔…〕

〔같은 해 9월 9일〕 나는 지금 이 한거에 홀로 앉아 넬슨전을 번역하고 있다. / 내 책상 위에는 나뭇가지 끝에서 떨어지는 빛이 있다. 햇살은 강하고, 가을소리 들에 가득하다. 하늘에 흐르는 구름의 변화가 종잡을 수 없다. 〔…〕 내 바람은 꿈에서 깨지 않는 것이다. 오늘 저녁 홀로 집을 나서서 근교를 산책하고, 가을바람에 몸을 맡기고, 전원의 구릉 사이를 시가를 읊조리며 걷는다. 그러나 자연의 품에 온기가 없어 신의 조화에 감명할 수가 없다. 지금은 밤이 깊어져 혼자 앉아 있다. 옥외의 풀숲, 벌레 소리 시끄럽고, 빗방울 소리 또 들린다. 〔…〕

〔같은 해 9월 19일〕 하늘이 흐리고 바람이 없나, 차가운 인개와 이슬, 가을 공기 몸에 스미다. / 벌레 소리 마당에 요란하다. 아침인데 천지의 마음 여전히 눈뜨지 않는 것 같다. 음습하고 암담하다. / 마음이 무겁고 비애우수를 참을 수가 없다. 〔…〕

〔같은 해 9월 21일〕 아름답고 좋은 날. 가을의 차갑고 맑은 하늘. (…) 오후

3시 기록하다. 오늘은 일도 의외로 잘 진척되었다. 아름답고 좋은 날씨, 맑은 하늘, 가을 하늘을 닮은 것 같다. 나뭇잎이 불처럼 반짝인다. 〔…〕

〔같은 해 10월 19일〕 밝은 달 교교히 비치고, 가을 기운 몸에 스미다. 〔…〕

〔같은 해 10월 23일〕 〔…〕 미야자키 고쇼시가 어제 오후 1시 경 집에 와서, 오후 4시 경부터 같이 산책했다. 석양이 아름다웠다. / 어젯밤 달빛이 서리 같았다. 미야자키 씨 하룻밤 묵다. / 오늘 아침 같이 들을 산책하고 숲에 앉았다. 〔…〕

〔같은 해 10월 25일〕 일요일이다. 이른 아침엔 안개가 짙고, 오후는 개서 밤이 되어 구름 사이로 달이 보이다. 지금은 밤이 깊었다. 이 일기를 쓰다. / 안개가 개기 전에 숲을 찾고자 아침 식사 전에 집을 나서 들을 걸어가 숲을 보았다. '가을 아침의 안개'는 숲의 아름다움이 아닌가. 이것보다 조용하고 엄숙한 것은 없을 것이다. 〔…〕

〔같은 해 10월 26일〕 오늘 아침 미야자키 씨를 방문했다. 감기 때문에 누워 있었다. 기모토木本양의 일 등을 얘기하고 돌아왔다. / 오후 홀로 들에 나가 숲에 갔다. Pushing two, the Front를 들고. / 숲 속에서 묵상하고, 회상하고, 응시하고, 위아래를 보다. '무사시노'의 구상이 점점 분명해진다. / 나는 신의 시인이어야 한다. 〔…〕 무사시노에 봄, 여름, 가을, 겨울의 구별 있다. 들, 숲, 밭의 구별이 있다. 비, 안개, 눈의 구별이 있고, 일광과 구름의 그림자와의 구별이 있다. / 생활과 자연의 구별이 있다. 낮과 밤 아침과 저녁의 구별이 있다. 달과 별의 구별이 있다. / 들판의 아름다움은 무사시노에 있다. 화초와 곡물과 임목의 구별 있다. / 여기에 묵상 있고, 산책 있고, 담화 있고, 자유 있고, 건강 있다. / 가을의 맑은 날 오후 2시 반경의 숲 속의 묵상과 회고와 경청과 응시를 기록해라. / 아아, '무사시노.' 이것이 내가 수년간의 관찰을 시도해야 하는 시제이다. 나는 도쿄 부민에게 큰 공원을 제공하고자 한다. / 음향에 새 소리 있고, 바람 소리 있고, 나뭇잎 소리 있고, 벌레 소리 있고,

> 차 소리 있고, 말굽 소리 있고, 노래 소리 있고, 담화 소리 있고, 대포 소리 있고, 발소리 있고, 날개소리 있고, 물방울 소리 있고, 비 소리 있다. 이것은 무사시노의 숲속에서 경청할 수 있는 소리이다. 갑자기 물건이 떨어지는 것 같은 소리가 난다.

여기에 등장하는 미야자키 고쇼시는 《국민지우》나 《국민신문》을 발행한 민우사民友社[81]의 사원으로, 〈귀성帰省〉(1890년 6월, 민우사)이라는 전원생활을 장려한 소설의 작가로 알려져 있었습니다. 9월 7일 기사에 나오는 '슈지'는 돗포의 남동생입니다.

이것을 보면 돗포는 대리 관리인(집 주인 대신 빌려준 집을 관리하는 사람)인 할머니와 남동생과의 싸움에 부대끼고 기독교 신앙에 동요를 느끼기도 했습니다만, 그러한 부분은 〈무사시노〉에서 삭제하였습니다. 무사시노의 자연을 소개하는 수필로 그것은 당연한 조작이었다고 할 수도 있는데, 조작은 그뿐 아니라 "그러나 자연의 품에 온기가 없어, 신의 조화에 감명할 수가 없다"(9월 9일)나 "음습하고 암담하다. / 마음이 무겁고 비애우수를 참을 수가 없다"(9월 19일)와 같은 자연이 불쾌하거나 위화감을 느끼게 하는 부분도 삭제해 버리고, 자연이 심신에 기분 좋게 느껴진 경험만을 넣었습니다. 게다가 같이 산책한 미야자키 고쇼시의 모습마저 지워 버리고 자기 혼자서 산책한 것처럼 바꿔 썼습니다. 〈일기〉 9월 19일과 10월 19일자로 기록된 "가을 기운 몸에 스미다"라는 표현은 중복의 인상을 피하기 위해서인지

81 민우사民友社 : 1887년 도쿠토미 소호德富蘇峰가 창립한 출판사. 잡지 《국민지우》를 발행하고, 1890년 《국민신문国民新聞》을 창간. 도쿠토미 로카, 구니키다 돗포 등이 참여했다.

처음 나온 〈지금의 무사시노〉에서는 10월 19일의 인용 때만 사용하고 있습니다.

잡목림의 미관을 발견했다고 평가되어 온 〈무사시노〉는 이러한 조작에 의해 만들어진 텍스트로, 독자가 받아들이는 무사시노의 인상은 그러한 조작이 가져온 효과였던 것입니다. 문체도 〈거짓 없는 기록〉은 소위 문어체를 사용하고 있습니다. 구니키다 돗포 세대의 문필가는 자기표현 또는 자기대상화를 행하는 경우 이쪽이 오히려 익숙한 '자연스러운' 문체였는데, 〈무사시노〉에서는 그것을 독자에게 직접 말을 거는 구어체로 바꾸었습니다. 이러한 의미로 그에게 있어 구어체는 지극히 의도적으로 선택된 타자지향적인 문체였습니다. 구어체 쪽이 '자연스러운' 문체가 된 것은 〈무사시노〉를 읽은, 다음 세대부터였습니다.

그렇다면, 다음으로 이 〈무사시노〉의 화자인 '나'를 어디까지 구니키다 돗포와 동일시할 수 있는가 하는 의문이 생기는데, 그것은 〈밀회〉의 인용 방법과 함께 검토하기로 하겠습니다.

이 화자는 "원래 일본인은 지금까지 졸참나무 같은 낙엽림의 미를 잘 몰랐던 것 같다. 숲이라고 하면 주로 소나무 숲만이 일본의 문학 · 미술에서 인정받았고, 노래에서도 졸참나무 숲 속에서 늦가을 빗소리를 듣는다는 표현을 볼 수 없다. 〔…〕 이러한 낙엽림의 미를 (자신이) 이해하게 된 것은 근래의 일로, 그것도 아래의 문장이 크게 나에게 가르쳐 준 것이다"라고 미리 언급한 후, 후타바테이 시메이가 번역한 트루게네프의 〈밀회〉(첫판은 1888년 7월, 8월, 《국민지우》. 1896년 10월, 슌요도, 번역집 《짝사랑片恋》에 수록)의 다음과 같은 구절을 인용하고 있습니다. 이 〈밀회〉는 상당히 잘 쓰여진 언문일치체로 '원작'의 뉘앙스를 살린 번역으로서 높은 평가를 받고 있습니다. 역시 긴 인용이 되지만, '내'가 인용한 부분을 그대로 소개하겠습니다.

> 가을 9월 중순 즈음, 하루는 내가 어떤 자작나무 숲 속에 앉아있던 적이 있었다. 아침부터 가랑비가 내리고, 날이 개었을 때에는 이따금씩 따뜻한 햇볕도 비치는 정말 변덕스러운 하늘이다. 옅은 흰 구름이 하늘 전면을 가로지르는가 싶더니 갑자기 또 여기저기 순식간에 구름이 갈라져 억지로 밀어 헤친 것 같은 구름 사이에서 선명하고 영리하게 보이는 사람의 눈처럼 맑게 갠 파란 하늘이 보였다. 나는 앉아서 사방을 둘러보고 나서 귀를 기울였다. 나뭇잎이 머리 위에서 희미하게 살랑거렸지만, 그 소리를 듣는 것만으로도 계절을 알 수가 있었다. 그것은 초봄의 재미있다는 듯이 웃는 술렁거림도 아니고, 여름의 느릿한 산들거림도 아니고, 긴 얘기 소리도 아니고, 또 가을이 끝날 무렵의 주뼛거리는 어딘지 쓸쓸한 수다도 아니었지만, 단지 겨우 들릴락 말락 한 조용한 속삭임이었다. 하늘하늘 부는 바람은 조용히 줄기 끝을 타고 이동했고, 비쳤다 흐려졌다 비에 질퍽거리는 숲 속 모습이 쉴 사이 없이 변해 갔으며, 혹은 그곳에 있는 모든 것들이 한 순간 미소 지은 것처럼 그늘 없이 밝아졌고, 그다지 울창하지 않은 자작나무의 가는 줄기는 의외로 흰 비단 같은 부드러운 광택을 띠고 지상에 뿌린 작은 낙엽은 갑자기 햇빛에 비추어져서 눈부실 정도로 금빛을 뿜어냈으며, 머리를 쥐어뜯은 듯한 멋진 고사리 줄기, 그리고 너무 익은 포도색을 띤 것이 한없이 얽히고설켜서 눈앞에 보였다.
>
> 혹은 또 주변 전체가 갑자기 어두워져 순식간에 사물을 구별할 수 없게 되고, "자작나무숲도 햇빛을 보지 못하고 그대로 쌓여 있는 눈처럼, 하얗고 희미하게 보인다" — 그러자 가랑비가 은밀하게, 야릇하게 속삭이는 것처럼 호도독호도독 내렸다. 자작나무의 잎은 눈에 띄게 광택이 바래도 역시 파랬다, 그러나 다만 여기저기에 서 있는 어린 나무의 열매는 모두 빨갛고 노랗게 물들어 때때로 햇빛이 지금 막 비에 젖은 가는 가지더미를 빠져나와 미끄러지면서 떨어지는 것을 받아서는 반짝반짝 빛났다.

실로 섬세하고 인상파적인 표현을 최초로 소개한 〈무사시노〉의 표현과 비교해 보면, 화자인 '내'가 〈밀회〉를 모방해서 서술하고 있음을 알 수 있습니다. 밑줄 부분을 주의하시기 바랍니다. 〈거짓 없는 기록〉의 "숲 속에서 묵상하고, 회상하고, 응시하고, 위아래를 보다"라는 표현을 〈무사시노〉에서는 "오후 숲에 갔다. 숲 속에 앉아서 사방을 둘러보고, 경청하고, 응시하고, 묵상하다"라는 표현으로 바꿔 인용한 이유도 짐작이 갑니다. 화자가 '나'라고 하는 1인칭을 선택한 것 자체가 〈밀회〉의 모방이었다고 할 수 있습니다.

이러한 의미에서도 지금까지 〈무사시노〉의 자연묘사라고 일컬어져 왔던 표현은 〈밀회〉를 매개로 만들어졌던 셈입니다. 말하자면 자연묘사라는 인상 자체가 상호텍스트적으로 만들어진 표현 효과이고 아마 그 효과를 손상시키지 않기 위해서이겠지요. 화자는 〈밀회〉의 위에서 소개한 문장에 이어지는 다음 부분을 생략해버렸습니다.

> 새는 한 번도 울지 않고, 모두 어딘가에 숨어 조용하지만, 다만 가끔 사람을 비웃는 백발노인의 목소리만이 오래 된 방울이라도 울리는 것처럼 울려 퍼졌다. 이 자작나무숲에 오기 전에 나는 사냥개를 데리고 어떤 높고 무성한 백양나무 숲을 지났는데, 이 나무는 — 백양나무는 — 전체적으로 마음에 안 든다. 줄기는 푸르스름한 연꽃 색으로, 잎은 쥐색도 아닌 녹색도 아닌 허술한 철물을 보는 것 같았고, 게다가 힘껏 고개를 길게 뻗고 큰 부채처럼 공중에 가로막아서서 — 아무리 생각해도 마음에 들지 않는다. 긴 줄기에 서투르게 붙인 지저분한 둥근 잎을 시끄럽게 흔들고 — 정말 마음에 들지 않는다.

이렇듯, 〈밀회〉의 화자는 도중에 본 백양나무에 대한 불쾌감을 이야기하고 있지만, 〈무사시노〉의 화자는 그 부분을 삭제하고 자연과의 친화감만을 남겨 강한 인상을 주도록 조작하였던 것입니다.

교외의 형성

그런데 도쿄의 교외는 어떤 식으로 형성된 것일까요. 지금까지 저는 대충 시부야를 교외 혹은 변두리라 불러왔는데, 이제부터는 시부야가 어떤 위치에 있었고 어떤 식으로 도쿄와 접점을 지니고 있었는지에 대해 확인하고자 합니다.

일본에 민속학이라는 학문을 개척한 야나기타 구니오柳田国男(1875-1962)[82]에 의하면, 벼농사, 즉 논농사가 일본에서 시작된 이래 사람들은 산 부근 지형에 촌락을 형성하게 됐습니다. 이는 산기슭의 완만한 경사를 이용해 높은 쪽의 논에서 낮은 쪽의 논으로 물을 차례로 흐르게 해 벼농사를 짓는 데 편리했기 때문입니다. 또 다른 주요 요인으로는 산림에서 목재를 베어내어 집을 짓고 가는 나무나 가지를 장작이나 숯 등의 연료로 이용함과 동시에 숲의 낙엽을 긁어모아 퇴비를 만들고 숲의 나무 그늘에서 자란 풀을 베어 가축의 사료나 비료로 쓴다는 편의성이 있었기 때문입니다. 이 때문에 사람들은 산림의 유지와 관리에 힘써 현재 일본의 산촌 경관의 원형을 만들어냈습니다. 다만, 같은 이유로 저습한 평야 지대에 촌락을 만드는 것은 곤란했습니다. 고도의 관개 기술이 없으면, 습지대의 배수를 원활히 하여

82 야나기타 구니오柳田国男 : 1875-1962, 민속학자. 아사히신문에 입사, 민속학 연구를 주도. 민간전승의 모임民間伝承の会과 민속학 연구소 설립.

경지를 만들 수 없었고 근처 산에서 땔감을 손에 넣기도 어려웠기 때문입니다.

간토関東지방의 저습한 평야 지대가 논이 된 것은 주로 에도 시대 이후의 일로 관개 기술이 발달하여 강의 흐름을 관리하기 쉬워졌으며 물자의 유통이 어느 정도 광역화되어 땔감을 입수하기 수월해진 덕이라는 사실은 말할 필요도 없습니다. 이 평야 지대를 개척한 사람들은 평탄한 토지를 직사각형으로 구획하여 자신의 경지 근처에 집을 짓고 대문마다 방풍림을 겸한 나무를 심었습니다. 그리고 약간 높은 언덕에 공동의 제사나 집회를 위한 신사나 절을 세우고 그 넓은 땅에 나무를 심어 숲을 만들었습니다. 간토평야 지대의 전원 풍경은 이렇게 형성된 것인데, 메이지 시대 이후의 풍경을 야나기타 구니오는 《메이지 다이쇼사 세상편明治大正史 世相篇》(1931년 1월, 아사히신문사朝日新聞社)에서 다음과 같이 관찰하고 있습니다.

> 개간으로 때때로 옆 마을의 등불을 마주 볼 수 있게 되어, 마음의 소통 또한 빈번해졌다. 숲에서 잘리고 남은 수많은 교목들을 소유하고 있는 것은 더할 나위 없이 기쁜 일이었다. 처음에는 그저 신령이 계신 곳을 침범하지 않도록 흙을 높이 쌓아둔 것이 모리(신사가 있는 숲)였지만, 그곳에 이와 같이 마을 신앙의 기념물이 선 것이다. 주위의 평범한 숲이나 잡종지가 밭이 되어, 오히려 오래된 숲의 아름다움이 더해진 것 같다.

이상은 포괄적인 설명에 지나지 않지만, 이러한 착안을 토대로 시부야의 지형을 보면 이 지역은 한편으로는 구릉과 산골짜기를 끼고 있는 산 근처 마을의 요소를 지녔고, 또 한편으로는 광활한 전원 마을의 요소를 지녀 복잡한 경관을 전개했던 것 같습니다. 게다가 시부야는 에도의 다이묘大名[83] 저

택 부지와 접한 곳에 자리 잡고 있었습니다. 에도 후기의 경관에 대해서는 다행히 무라오 가료村尾嘉陵(1761-1842)의《에도 근교 길 안내江戸近郊道しるべ》가 현존하므로 다음에 그것을 소개해보겠습니다.

무라오 가료는 1821년 8월 11일, 육지장六地蔵[84]을 참배하기로 마음먹고 우선 후카가와深川의 에이다이지永代寺(江東区富岡1丁目)를 참배하고, 에코인回向院(墨田区両国 2丁目), 도젠지東禅寺(台東区東浅草 2丁目), 아스카노샤飛鳥の社(荒川区南千住 6丁目), 요간지要源寺, 養源寺(文京区千駄 5丁目), 오오무네지大宗寺(新宿区新宿 2丁目) 등을 지나 시부야 쪽으로 향했습니다.

> 여기서부터 오이와케追分에서 신마치(신주쿠구 요쓰야新宿区 四谷) 방향으로 조금 가다보면, 길의 동쪽에 상수원을 건너 샛길이 있다. 다이반초大番町(신주쿠구 나이토초新宿区 内藤町) 방향으로 가라고 해서, 좀더 가다가 옆으로 방향을 틀면 길이 또 한 갈래 있다. 이 길을 아오야마青山(미나토구港区)·센다가야千駄ヶ谷(시부야구渋谷区) 로路라고 하는데, 그 길로 가다보면 길의 북쪽에 대나무 울다리로 둘러싸인 저택이 있다. 도다 이나바노모리댁戸田因幡守殿의 저택이라 한다. 길의 남쪽 대부분은 농가다. 그 주변은 대체로 초라하고 인적도 드물다. 계속 가다보면 센다가야 하치만구千駄谷八幡宮(시부야구 세타가야 잇초메渋谷区 千駄谷 1丁目, 현 하토노모리 하치만 신사鳩林八幡神社)의 북쪽 부근에서 신사의 문 앞으로 나오게 되고, 궁정은 동쪽을 향해 고요히 자리 잡고 있다. 신사 앞에는 후지아사마富士浅間의 가산仮山[85]이 있는데(이는 안에이安永 시대 말기에 세워진 것으로 보임) 볼 만한 곳은 없다.

---

83 다이묘大名 : 에도 시대에 만 석石 이상을 영유한 막부 직속의 무사.

84 육지장六地蔵 : 육도六道에서 중생의 고뇌를 구한다는 여섯 지장보살. 또는 여섯 지장상을 안치한 절.

85 가산仮山 : 일본의 정원 등에 만든 작은 산.

문을 나서 조금 가다 보면, 길 북쪽에 관음당觀音堂이 있는데, 규모는 5칸間 4면面. 그 부근에서 조금 동쪽으로 내리막길을 내려가면 또 북쪽에 절이 있는데, 문을 만든 방법이 매우 신기해 볼 만 하다. 이는 호류지法竜寺(지금은 없음, 신주쿠구 가스미오카초新宿区霞岳町 내로 추정)라고 하며, 절 앞쪽에서 남쪽으로 가면, 아오야마青山, 하라주쿠原宿의 구마노신사熊野の社(시부야구 신큐마에 니초메渋谷区新宮前 2丁目) 옆으로 나가니, 맞은편은 마쓰히라 고노에모리님松平近江守殿의 저택이다. 아오야마로路 햐쿠닌마치百人まち(미나토구港区 미나미 · 기타아오야마 산초메南 · 北青山3丁目)에 이르러, 마쓰히라 우쿄다유댁松平右京太夫殿의 저택을 따라 시부야 하치만구渋谷八幡宮(곤오신사金王神社, 시부야구 시부야 산초메渋谷区渋谷3丁目) 앞을 지나면, 길은 아직 멀고 해도 기우니 멀리서 합장배례하고 시부야 강가를 지나, 하네자와はね沢의 히가와노샤氷川の社(시부야구 히가시 니초메渋谷区東 2丁目)를 참배하고, 가는 길의 돌다리 남쪽으로 강을 건너 할멈 찻집 할아범 찻집婆婆が茶や爺が茶や(메구로구 나카메구로 잇초메目黒区中目黒1丁目, 히로시게広重의 '명소에도 백경名所江戸百景'에서 볼 수 있다)을 지나면, 이 산길에서는 청귀뚜라미 소리가 여기저기서 들리는데 매우 가련하며 슬프다.

또한 그는 1831년 9월 3일, 이케노지리무라池の尻村(세타가야구 이케지리世田谷区池尻)의 죠코인常光院(현재는 없음)을 방문하고, 세타가야 산겐야世田谷 三軒家(산겐자야三軒茶屋)부터 요가用賀 마을, 세타瀬田 마을을 지나, 후타고二子의 나루터(세타가야구 다마가와世田谷区玉川)에 이르렀습니다.

길 왼쪽으로 가는 게 좋다고 그 절의 심부름꾼이 가르쳐주기에, 왼쪽으로 방향을 돌려 민가 옆 밭이 약간 있는 곳을 지나 산길로 들어갔다. 그 길은 완만하다고 하기 어렵고, 지도에도 표시하기 힘들다고 늙은 심부름꾼이 말했다. 사거리 표지판이 있는 곳으로 나가, 여기서부터 동쪽으로 길을 가면, 노로타野良田 마을(세타가야구 다마가와나카초世田谷区玉川中町와 다마가와 노게초玉川野毛町

에 해당), 민가(1809년에는 55채)가 곳곳에 보이고, 금기사항을 적은 팻말이 세워진 제찰장制札場을 지나 조금 가면 길이 점점 넓어지는 것을 알 수 있으며, 민가가 23채 있고, 길 오른편에 술과 밥을 파는 곳이 있고, 그 앞에 돌을 세우고, 구품불도九品仏道라고 새겨놓아, 그곳의 이름을 물으니 후스마衾마을(메구로구 야쿠모目黒区八雲 1, 2, 3초메)이라고 한다

그 표지판을 오른쪽으로 보며 남쪽으로 꺾어 4, 5정丁 정도 지나 숲을 빠져나오니, 광활하게 너른 밭이 펼쳐져 있다. 지나가는 농부에게 물으니, 당신이 보고 있는 저 건물이야말로 구품불九品仏이라고 한다. 밭의 푸르른 숲 평평한 곳을 따라 서쪽으로 조금 가니, 남쪽으로 통하는 밭의 가운뎃길이 있어 그 길을 다가서 울타리를 따라 길을 조금 더 가서, 건물 안의 대나무 사립문으로 들어가, 구품불의 인왕문二王門의 이쪽, 시왕당十王堂 옆으로 나가면, 정문은 남쪽을 향해 선박장과 마주보고 있다. 〔…〕 정문 밖에 술과 밥을 파는 집이 한 채 있고, 대문에서 남쪽으로 향하면, 가와사키川崎방향으로 나간다고 한다. 원래 길 이외에는 돌아가는 길이 없다고 해서, 다시 후스마 마을을 향해 돌아가, 그보다 동쪽으로 조금 길을 내려가면, 남쪽으로 평평한 밭을 멀리 바라다보는 길의 왼편에 절이 있어, 문에 대양산大陽山이라는 필자의 이름도 없는 커다란 인印이 보이는데, 문장에 치정治政이라고 쓴 것으로 보아 마쓰다이 잇신사이松平一心斎(이케다 하루마사池田治政, 오카야마岡山 번주藩主)의 글로 보인다. 그곳을 지나 조금 가면 히몬야碑文谷 마을(메구로구目黒区), 좀 더 가서 유텐지祐天寺(메구로구 나카메구로 5초메目黒区 中目黒 5町目)앞에 다다랐다. 이곳에 이르니 날은 이미 저물었다. 이 절을 나카메구로中目黒 마을과 그 이전 마을의 경계로 삼는다고 한다.

앞의 문장은 〈무사시노〉 무대에 지극히 가까운 장소에 대한 기술이며, 뒤의 문장은 그곳에서 약간 떨어진 지역에 대한 기술입니다. 이 행적을 지도로 따라가 보면, 에도 성으로부터 남서 방향은 대략 시부야 강을 경계로, 에도 성 쪽에는 각 다이묘의 에도 저택이 배치되어 있고 반대쪽에는 농민의

땅이 펼쳐져 있었습니다. 무라오 가료는 정확히 그 경계점이 되는 곳을 시부야 강을 따라 거닌 것입니다. 하루 동안에 이만큼이나 되는 거리를 걸었다니 에도 시대 사람의 건각健脚에는 놀랄 수밖에 없습니다.

다만 에도 성 쪽에는 다이묘 저택이 배치되어 있었다고는 해도 시부야 마을로 향하는 지역은 다이묘 저택이 메워져 있었지만 메구로 마을로 향하는 가도는 다이묘 저택의 수가 적었으며 두 지역 사이에는 농민의 땅이 펼쳐져 있어 아마도 멀리 떨어진 산까지 바라볼 수 있었을 것입니다. 이는 1822년에 그가 지나간 '할멈 찻집 할아범 찻집婆婆が茶や爺が茶や'의 경치를 — 찻집은 이 두 지역의 중간 지점인 언덕 중턱에 위치하고 있었습니다 — 풍경화로 유명한 우키요에 화가浮世絵師인 우타가와 히로시게歌川広重(1797-1858)[86]가 〈메구로 할아범 찻집目黒爺爺が茶屋〉(1856-1858, 《명소 에도 백경名所江戸百景》)이라는 제목으로 그렸기 때문입니다. 그 그림은 근경近景의 왼편 언덕에 여러 그루의 적송赤松이 늘어서고 오른편에는 작은 초가지붕 찻집이 있어 그 사이로 가느다란 산길이 내리막길처럼 중경中景의 밭을 향해 뻗어 있습니다. 중경(아마 가을의) 노란 밭은 먼 곳까지 쭉 펼쳐져 그 속에 말을 끄는 농부의 모습이 오도카니 작게 보이고 원경遠景에는 낮고 어두운 산이 늘어서 있는 저편에 새하얀 후지 산富士山이 우뚝 솟아 있는 매우 전망 좋은 구도의 풍경화였습니다. 덧붙이자면, '할아범 찻집'이라는 이름은 일찍이 도쿠가와 막부의 3대 장군 이에미쓰家光가 이 부근에서 매 사냥을 즐겨 이 찻집에서 자주 휴식을 취하고는 가게 주인을 '할아범, 할아범爺爺'하고

86 우타가와 히로시게歌川広重 : 1797-1858, 에도 말기의 우키요에 작가. 시정이 풍부한 풍경판화의 연작에 이름을 떨치고, 화조화에도 새로운 경지를 열었다.

부른 데서 유래되었다고 합니다. 그 후 이 근방의 명소가 되었다고 하는데, 사람의 왕래가 별로 없었던 듯하여 무라오 가료는 "이 산길에서는 청귀뚜라미 소리 여기저기에서 나는데 매우 가련하고 슬프다"라고 적고 있습니다.

그러나 이 인물의 관심은 신사 불각에 있었던 것 같아, 1822년 무렵이라면 도겐자카道玄坂나 미야마스사카宮益坂 부근을 지났을 텐데도 상가의 모습은 묘사하고 있지 않습니다.

《시부야구사渋谷区史》를 비롯한 지역사 연구에 의하면, 에도 시대에 요쓰야와 센타가야를 연결하는 고슈甲州 가도와, 아오야마에서 다마가와로 향하는 오야마大山 가도, 그리고 아자부에서 히로오를 지나 메구로로 향하는 메구로로가 정비되어, 에도 시내에 인접한 히로오 · 미야마스사카 · 센타가야 방면에 작은 상가가 형성되어 있었습니다. 상가라는 것은 부근 일대의 농촌이나 산촌 사람들의 생활의 편의를 위해 생긴 작은 상점이나 농기구 수리장 등의 집적지였는데, 에도 시대에는 농촌에서 장사를 시작하려면 막부나 다이묘의 허가가 필요했습니다. 아마 가도가 정비되고 물자의 집산지로서의 역할이 생겨 허가를 얻어 상점가가 형성된 것이겠지요. 에도 중기 무렵부터 채소 · 미곡의 집산지가 되어 파드득나물 · 가지 · 무 · 파 · 당근 등의 채소 재배와 판매가 농가의 현금 수입이 된 것입니다.

그렇다면, 그가 시부야 하치만구나 히가와 신사 옆을 지날 때 바로 근처에 미야마스사카 상가가 있는 것을 알았을 텐데 그는 거기에는 관심을 기울이지 않고 신사 불각의 취향이나 농민의 땅의 경관만을 선택한 셈입니다.

덧붙여 말하자면, 지역사에 소개된 1869년의 시부야 미야마스사카 주민의 직업 구성은 야채장수, 생선장수, 방앗간 주인, 일용 노동자, 목수, 말로 생계를 이어가는 사람, 솜 장수 등이었습니다. 시대가 더 내려가서 교통 기관이 발달하여 도쿄 시민의 주식이나 생활필수품은 전국의 주요 생산지에서 공급할 수 있게 되었습니다. 도쿄 근교의 농촌은 그러한 생산과 유통의 구조적인 변화에 따라 자급적 생산에서 상품 생산으로서의 야채 재배로 전환하여 오이, 가지, 토마토 등을 도쿄 시민에게 공급하고 또한 부업으로 양계, 양돈, 양잠, 차 재배 등을 하고 택지화가 진척된 곳에서는 식목 재배를 겸업하는 농가가 늘어났습니다. 구니키다 돗포가 이사왔을 무렵의 시부야는 그러한 변화 속에 있었습니다. 그러나 〈무사시노〉에서는 그러한 면을 잘라 버리고 무라오 가료가 본 절이나 신사의 경관도 잘라 버리고, 오직 잡목림과 전원에만 시선을 주고 있었습니다. '화자'에 있어서의 도시 주민, '지적 유민'적인 자기의식이 교외를 보는 방법을 규정해 버렸다고 할 수 있겠습니다.

경관이라는 텍스트 다시 읽기

그런 의미에서는 시부야뿐만 아니라 일반적으로 각 지역의 경관이라는 것은 생산과 유통의 시스템에 따라 형성되어 변화를 거듭하는 텍스트이고, 그 읽는 방법(시점)에 따라서 다양한 의미를 드러내는 구성체라 할 수 있습니다.

〈무사시노〉의 화자 역시 그 점을 깨닫지 않을 수 없었습니다. 그것을 촉진시킨 것은 〈무사시노〉에 인용된 친구(이 친구는 이마이 추지今井忠治로 추정된다)의 편지로, 친구는 "나의 무사시노의 범위 안에는 도쿄가 있어. 그러나 물론 이것은 생략해야지. 〔…〕 그러나 그 도시가 끝나는 곳, 즉 변두리는 절대로 말살해서는 안 되네. 내 생각에는 무사시노의 시적 정취를 그리려면 반드시 이 변두리를 하나의 제목으로 삼아야 된다고 생각한다"고 지적했습니다. 화자는 그것을 받아들여 상가의 '시흥詩興'을 다음과 같이 발견합니다.

> 딱히 도겐자카道玄坂라 할 수도 없고, 또 시로가네白金라 할 수도 없지만, 어쨌든 도쿄 시가의 일부분 혹은 고슈甲州 가도가 되고, 혹은 오메青梅 길이 되고, 혹은 나카하라中原 길이 될 수도 있고, 혹은 세타가야 가도가 될 수도 있는, 교외의 산림과 논밭이 시작되는, 시가라고도 할 수 없고 역참이라고도 할 수 없는, 일종의 생활과 일종의 자연이 뒤섞여 일종의 광경을 드러내고 있는 장소를 묘사하는 것이, 몹시도 내 자신의 시흥을 불러일으키는 것도 기묘하지 않은가. 왜 그러한 장소가 우리들의 관심을 끄는 것일까. 나는 한마디로 대답할 수 있다. 즉 그러한 변두리의 광경은 왠지 모르게 사람으로 하여금 사회라는 것의 축도를 보는 듯한 느낌을 주기 때문일 것이다. 바꿔 말하자면, 시골 사람에게도 도시 사람에게도 감흥을 불러일으키는 이야기, 짧은 이야기, 게다가 깊은 정취의 이야기, 혹은 포복절도할 이야기가 두 서 너 개 그곳의 처마 끝에 숨겨진 듯 생각되기 때문일 것이다. 나아가 그 특징을 말하자면, 대도시의 생활의 흔적과 시골 생활의 여파가 이곳에서 만나, 완만하게 소용돌이치고 있는 듯이 여겨진다.
>
> 보아라, 저기 외눈박이 개가 웅크리고 있다. 이 개의 이름이 통하는 한계가 바로 이 마을 변두리의 영역이다.
>
> 보아라, 거기 작은 요리점이 있다. 우는지 웃는지 알 수 없는 소리를 목청 높여 떠들어대는 여사의 그림자가 장지문에 비치고 있다. 밖은 땅거미가 지고, 연기 냄새인지 흙냄새인지 알기 어려운 향기가 감돌고 있다. 거대한 짐수레가 두어 대 계속해서 지나가고, 그 빈 차의 바퀴 소리가 시끄럽게 울리다 끊기고, 끊겼다가는 다시 울리고 있다.
>
> 보아라, 대장가게 앞에 두 마리의 역마가 서 있는 그 검은 그림자 옆에서, 두 세 명의 남자가 무언가 소곤소곤 이야기를 나누고 있는 것을. 새빨갛게

달궈진 편자가 모루 위에 놓이고, 불꽃이 어둠을 깨고 길 한가운데까지 날아갔다. 이야기하고 있던 사람들이 와, 하고 무엇 때문인지 웃었다. 늘어선 집들 뒤편의 높은 떡갈나무 가지까지 달이 떠오르면, 맞은편 집 지붕 한 쪽이 하얗게 변해간다.

석유등에서 검은 그을음이 피어오르고, 그 사이를 마을 사람, 시내 사람 수십 명이 뛰어다니며 떠들어대고 있다. 여러 가지 야채가 여기저기 줄지어 쌓여 있다. 이것이 작은 야채 시장, 작은 경매시장이다.

이처럼 그는 교외의 상가가 점차 넓어진 도쿄와 접촉해서 변두리의 난잡한 상업구역으로 변모해가는 시기의 시부야로 눈길을 돌리게 되었습니다. 변두리란 도시의 끝, 주변부라는 의미로 영세하고 잡다한 직업의 민중이 살고 도심부에서 보면 어쩐지 쇄락한 듯 보이지만, 시골에서 보면 활기 찬 기묘한 분위기의 공간으로, 그는 이런 양의적인(도시/시골) 경계 영역이 지닌 '짧은 이야기, 그리고 깊은 정취의 이야기'를 발견했던 것입니다.

그 후 구니키다 돗포는 그러한 경계 영역의 이야기를 하게 되었고 그것은 도쿠다 슈세이德田秋声(1871-1943)[87]에게로 이어졌습니다.

덧붙여서 말하자면, 도쿠토미 로카는 1907년 2월, 기타다마北多摩군 치토세千歳村 마을 가스야粕谷라는, 도심부에서 보면 시부야보다 더 교외에 위치한 곳으로 이사했습니다. 그 주민의 모습을 〈지렁이의 헛소리みみずのたはこと〉(1913년 3월, 신바시도新橋堂・핫토리쇼텐服部書店・케이세이샤警醒社)이라는 수필집에 다음과 같이 적고 있습니다.

---

87 도쿠다 슈세이德田秋声 : 1871-1943, 소설가. 오자키 고요尾崎紅葉의 문하생으로 자연주의 문학자로서 이름을 떨쳤다. 사소설, 심경소설에 새로운 경지를 열었다. 〈곰팡이黴〉, 〈진무름爛〉, 〈난폭あらくれ〉 등이 있다.

이 근방의 젊은이는 모두 도쿄행이다. 이 근방에서 '도쿄행'은 곧 '똥치기'를 의미한다.

도쿄를 중심으로 수로는 별도지만, 육로 오리사방五里四方은 도쿄의 '청소'를 맡는다. 짐수레를 끌고, 당일치기를 할 수 있는 거리에 산다. 짐마차도 있지만 대부분은 손수레다. 훨씬 예전에는 길쭉한 거름통을 말에 네 통 달고, 사람도 두 통을 지고서 가져왔지만, 후에 바퀴가 커다란 대형 짐수레를 끌게 됐고, 지금은 간단한 짐마차가 됐다. 그의 마을에서는 방위상 대개 요쓰야四谷, 아카사카赤坂가 중심인데 드물게는 고지마치麹町까지 나가는 사람도 있다. 약한 사람이라도 통 4개는 끈다. 조금 힘이 있는 젊은이는 여섯 개, 좀더 센 사람은 일고여덟 개나 끈다. 한 통의 무게가 16관이라고 하면, 여섯 통을 끈다면 100관이나 되는 무게다. 너무 무거운 짐을 끌기 때문에 젊은이 중에는 눈이 나빠지는 사람도 있다.

잠방이에 짚신, 여름에는 가벼운 무명모자, 겨울에는 가마솥 바닥처럼 둥근 모자를 뒤로 젖혀서 쓰고, 진갈색 털실 목도리, 그중에는 주황빛 성긴 털실 장갑을 끼고, 비 올 때는 도롱이와 삿갓 차림으로, 수레의 굴대에 기름을 넣은 대나무통을 매달고, 빈 거름통 위에 감자, 고구마 두어 통, 불쏘시개 섶나무가지 대여섯 다발, 계절에 따라서는 붓꽃과 남천촉 국화 다발 등을 실은 수레가, 고슈 가도를 매일 아침 몇 백 대고 도쿄를 향해 간다. 오후가 되면 돌아온다. 양 팔에 힘을 주어 몸을 앞으로 구부리고, 땀방울을 떨어뜨리며, 무거운 듯이 끌고 돌아온다. 수레에 실린 짐에는, 지붕 수선에 필요한 철사 두어 뭉치, 종려나무 새끼줄 열 묶음 스무 묶음, 보자기 씌운 바구니 속에는 아이들 선물인 센베이煎餅 봉지도 들어 있을 것이다. 아내가 부탁한 모슬린 앞치마도 들어 있을 것이다. 혹은 딸의 나들이 옷감인 굵은 실로 짠 비단도 들어 있을 것이다. 이 근방의 여자는 대개 집에만 있어서, 겨우 3리里 거리의 도쿄를 평생 보지 못하고 죽는 사람도 있다. 딸의 혼례복조차 아버지가 사오게 되어 있다. "아버지, 나 이 줄무늬 싫어"라고, 매번 딸의 불평이 쏟아진다. 그들의 수레가 계속해서 돌아온다.

"이 근방의 여사들은 대개 집에만 있어서, 겨우 3리 거리의 도쿄를 평생 보지 못하고 죽는 사람도 있다"는 표현은 과장일지도 모르겠지만, 물자의 유통은 대충 이처럼 이루어졌다고 생각됩니다. 치토세千歲 마을의 농민은 농작물이나 계절의 꽃들을 도쿄 시내로 운반만 한 것이 아니라, "불쏘시개 섶나무가지 대 여섯 묶음"을 지니고 갔습니다. 시내 사람들에게 연료를 공급하는 것 또한 그들의 중요한 역할이었기 때문입니다. 그리고 돌아올 때는 의류 외에 농작업과 공작에 필요한 자재를 사오는 것이지만, 또 하나 농업상 중요한 자원으로서 거름을 사왔습니다.

거름이란 인간의 분뇨로 이것을 밭이나 화전의 비료로 사용합니다. 이 상호의존관계는 이미 에도 시대부터 시작되어 에도 시내에 인접한 농가의 농민은 영주나 무사의 저택, 혹은 나가야長屋[88]의 공중변소의 분뇨를 가져오고, 조금이나마 돈을 지불하였습니다. 그 덕분에 시내에 사는 사람들은 분뇨 처리라는 번거로운 문제를 해결할 수 있었던 것입니다. 현재는 자칫 간과하기 쉬운 일입니다만, 에도의 시내와 시외는 이러한 의존 관계에 의해 성립되었던 것이며 무사의 저택에서 야채를 재배하는 것은 지극히 당연한 일이었습니다. 때로는 무사가 농가에서 땅을 빌려 야채를 재배하는 일조차 있었습니다.

어찌되었든 그러한 분뇨를 가득 담은 거름 통을 몇 개나 실은 짐수레가 몇 대나 계속해서 지나갔기 때문에 장관이기도 하고 틀림없이 굉장히 냄새가 났을 것입니다. 그 짐수레가 시부야를 거쳐서 왕복했습니다. 〈무사시

---

88 나가야長屋 : 칸을 막아 여러 가구가 입주할 수 있도록 지은 단층 연립주택.

노〉의 화자가 들었던, "거대한 짐수레가 두어 대 계속해서 지나가고, 그 빈 차의 바퀴 소리가 시끄럽게 울리다 끊기고, 끊겼다가는 다시 울리고 있다"는 수레의 울림은 그 짐수레의 울림이었을지도 모릅니다.

제9장

문학자라는 자기환상

구니키다 돗포의 〈무사시노〉의 화자를, 저는 '지적인 유민'이라고 불렀습니다. 유민遊民이란 직업을 갖지 않고, 빈둥빈둥 놀고 있는 사람을 가리킵니다. 단지, 나쓰메 소세키夏目漱石가 '고등유민高等遊民'[89]이라는 말을 만들어, "경제적으로 여유가 있어, 직업을 갖는 것을 세속과의 타협으로 보고 싫어하나, 그 대신 직업을 갖고 생활에 쫓기는 사람들이 미처 생각지 못하는 사회나 인생의 문제에 대해 깊이 고민하는 지식인"이라는 정도의 의미를 부여하였습니다. 그 이래로 '유민'에는 새로운 개념이 덧붙여졌고, 저도 그에 가까운 의미로 사용하고 있습니다.

그러나 구니키다 돗포가 〈무사시노〉를 썼을 때는, 아직 '고등유민'이라는 말이 생기기 전이었습니다. 따라서 만약 〈무사시노〉의 화자에게 당신

89 고등유민高等遊民 : 나쓰메 소세키는 〈그러고 나서〉에서 "직업 때문에 더럽혀지지 않은, 내용이 많은 시간을 가진 상등 인종"으로 정의하고 있다.

은 누구냐고 묻는다면, 아마도 '시인'이라고 대답했을 것입니다.

그 당시, '시인'이라고 하면, 현재의 시인poet이라는 뜻뿐만 아니라, 더 광의로 "섬세한 감수성과 예민한 지각력을 갖고, 자연의 신비와 인생의 불가해함 등을 감지하며, 사회의 부조리에 마음 아파하는 사람"이라는 정도의 의미로 사용되었습니다. 어떤 사람이 '시인'이기 위해서는, 물론 표현하는 것도 중요한 조건이었지만, 그것이 꼭 절대적인 조건은 아니고, 우선 중요한 것은 잘 느끼고, 깊이 고뇌하는 마음을 갖추고 있는 것이라고 생각되었습니다. 1920년대의 일본 프롤레타리아 문학운동의 젊은 리더였던 나카노 시게하루中野重治(1902-1979)[90]가 〈이시카와 다쿠보쿠石川啄木[91]에 관한 단편〉(1926년 11월, 《로바驢馬》)이라는 에세이에서, "메이지 시대의 시인 중 내 마음에 특히 자주 왕래하는 한 계열의 시인이 있다. 기타무라 도코쿠北村透谷[92](1868-1894), 하세가와 후타바테이, 구니키다 돗포, 이시카와 다쿠보쿠"라고 기술한 바 있습니다. 이 중에서 하세가와 후타바테이나 구니키다 돗포는 소위 말하는 시인poet은 아닙니다. 그러나 나카노 시게하루는 이 두 사람도 포함하여, "그들을 다른 메이지 시인과 구별할 경우 그들의

---

90 나카노 시게하루中野重治 : 1902-1979, 소설가, 평론가, 시인. 프롤레타리아 문학, 전후 민주주의문학의 대표작가. 시집 외에 소설 〈시골집村の家〉, 〈노래와의 이별歌のわかれ〉 등.

91 이시카와 다쿠보쿠石川啄木 : 1886-1912, 메이지 시대의 시인, 가인歌人. 가집歌集 《한 줌의 모래一握の砂》를 간행, 근대단가短歌에 새로운 영역을 펼쳤고, 대역사건을 계기로 사회주의에 관심을 가졌다.

92 기타무라 도코쿠北村透谷 : 1868-1894,시인, 평론가. 시마자키 도손 등과 잡지 《문학계》를 간행. 근대 낭만주의의 선구자. 극시 〈초인의 시楚人之詩〉, 〈봉래곡蓬莱曲〉과 연애와 정신적 가치의 의의를 주장한 평론 〈염세시가와 여성〉, 〈내부생명론〉 등을 썼다.

공통된 특징은 그들은 단지 완성된 예술을 창조하는 것(말할 필요도 없이, 이것은 사실이 아닙니다) 그 자체를 목표로 삼지 않고, 직접 인생의 전반적 고찰을 목표로 했다는 점이고, 그 때문에 그들이 물질적으로도 정신적으로도 수많은 고민을 겪은 후 불행한 삶을 마쳤다"고 하며, 그들을 '시인'이라고 부른 것입니다.

이러한 '시인'관은 '미술가'라는 관념과 밀접한 관계가 있습니다. 일본에 '미술'이라는 관념이 정착된 계기가 된 것은, 도쿄대학의 고용인 외국 교사, 어니스트 페놀로사[93]가 1882년 5월에 실시한 강연 〈미술진설美術真説〉[94] (후에 大林維中 역, 1882년 10월, 류치카이竜池会 간행)이었습니다. 그가 말하는 '미술'의 의의는, 이것에 접하는 인간의 감각이나 정신을 풍요롭게 하고, 인격을 고상하게 만드는 데에 있습니다. 물론 미술을 제작하는 미술가 자신도 인격이 고상하며, 감각과 정신이 풍요로워야 합니다. 그러한 의미에서 메이지 중기 사람들의 '시인'의 관념은 그 미술가의 특히 언어표현에 종사하는 사람들의 주체적인 조건을 나타내는 것이었다고 할 수 있을 것입니다.

내면화의 논리

그런데, 이 시기에 주체적인 조건에 대해서 종합적인 고찰을 시도한 사람은

---

93 페놀로사Ernest Fracisco Fenollosa : 1853-1908, 철학자, 미술연구가. 미국 출생. 1879년에 일본에 와서 동경대학에서 정치학 · 윤리학 등을 강의, 동양미술 연구에도 힘썼다. 《미술진설美術真說》 저술, 도쿄미술학교 설립을 비롯해 예술교육 · 행정에 위대한 업적을 남겼다.

94 미술진설美術真説(1882) : 일본미술 부흥을 위해 미술 쇠퇴의 원인을 규명하고 재흥에는 '선미善美'가 요건이라 본 페놀로사의 미술론.

도쿠토미 소호라는 이데올로그ideologue였습니다.

그는 이제까지 몇 번인가 이름이 나왔던 도쿠토미 로카의 형입니다. 이 무렵의 소호의 기본적인 입장은 기독교에 기반을 둔 평민적 서구화주의였다고 할 수 있습니다. 그는 1886년 10월에 《장래의 일본將来之日本》(경제잡지사)을 저술하여, 정치나 경제, 사상의 폭넓은 시야로 앞으로 일본의 나아갈 길을 고찰하고, 평민주의에 입각한 생산국이 되어야 한다고 주장해 주목받았습니다. 그리고 다음 해, 민우사를 세워 잡지 《국민지우》를 발행하여, 많은 언론인들에게 발언의 장을 부여함과 동시에, 그 자신은 일본의 근대화를 담당할 수 있는 청년의 주체적 조건을 명확히 하는 논문을 정력적으로 발표하여, 젊은 지식인들의 '오피니언 리더'적인 존재가 되었습니다. 그리고, 1894년에는 조선 출병론을 강경하게 주장하고, 청일전쟁이 시작되자 종군기자를 파견하여 전황보도에 힘을 기울였고 — 구니기타 돗보도 그 종군기자 중의 한 사람이었습니다만 — 전후에는, 러시아, 프랑스, 독일의 3국 간섭 이후, 국가주의적인 논조로 전환해 갔습니다. 그 때문에 현재 사상사思想史나 문학사 연구자들의 소호에 대한 평가는 그다지 높지는 않습니다.

그러나 적어도 메이지 20년대(1887-1896) 전반의 도쿠토미 소호는 참신한 발상으로 '근대적 인간상'을 논할 수 있었던 소수의 언론인이었고, 그 발언은 큰 영향력이 있었습니다. 그 영향력은 그의 발언 없이는 문학사를 논할 수 없을 만큼 강했으므로, 좀 길지만, 그 요점을 몇 가지 소개해 두겠습니다. 《국민지우》의 사설 〈인스피레이션インスピレーション〉(제22호, 1888년 5월, 발표 당시 무서명)에서, 그는 다음과 같이 말하고 있습니다.

"사람은 항상 자기 마음속의 비밀을 말하는 존재인데, 어떤 이는 털어놓고 싶어서 이를 말하는 이가 있고, 또 어떤 이는 말하지 않길 원하며 말하는 사람이 있으니, 이와 같이 마음이 있고 없고의 차이는 있을지라도, 마음속의 비밀은 절대로 오래 담아두는 사람이 없다. 입으로 드러나지 않으면, 거동으로 드러나고, 거동으로 드러나지 않으면 용모로 드러난다."

"윌리엄 해밀턴경 왈, 세계에는 사람보다 큰 존재가 없고, 사람에게 있어 마음보다 큰 것은 없다고 한다. 나는 실로 그렇다고 믿는다. 그러나 이 마음이 갑자기 내 스스로 '나'다움을 잊고, 내 스스로 나를 초월하게 되는 일이 있다. 이를 '인스피레이션inspiration'이라고 한다. 〔…〕 이 '인스피레이션'으로 고동치는 몇 분간의 행위는 평생 기계적으로 일하는 수십 년의 행위보다 훌륭함은 내가 늘상 믿어 온 바이다."

"그러면 소위 '인스피레이션'을 키우는 길이 있을까? '인스피레이션'이 오는 것은, 흡사 바람과도 같아 사람은 이것을 붙잡을 수 없고, 이것이 생겨도 마치 구름과 같아 사람은 이것을 잡을 수가 없다. 그렇다고 하더라도 혹시 이것을 얻을 방법이 있다고 한다면, 나는 단 한 가지 알고 있다고 말하겠다. 순수함醇粹Genuineness, 바로 이것이라고. 또한 이것을 상세히 말하자면, 한눈팔지 않고, 열심히 한 방향으로 정진하는 것이다."

우리들은 어떻게 해야 타성적인 생활을 넘어서서, 큰일을 성취하는 정신력을 발휘할 수 있을까. 그 힘을 획득하기 위해서는 일상에 갇힌 상태를 벗어나 자신을 잊고 고양된 정신적 영지에 도달하는 순간을 가져야 합니다. 그러한 순간을 가져다주는 '인스피레이션'은 자신이 선택한 길에 대한 순수한 집중력으로만 얻을 수 있습니다. 그는 메이지 유신 때에 활약했던 사람들이 유신 후, 오직 정쟁政争으로 나날을 보내는 상황에 대해 불만을 품고 있었습니다. 그래서 진실로 혁명이라는 이름에 걸맞은 정신 혁명으로 메이지 유신이라는 국민적 사업을 완성시키고 싶은 동기에서, 이 사업을 담당할 수 있는 주체의 조건을 설명하였는데, 당시의 지적인 청년들이 이 발언에 의해 대단히 고무적인inspiring 영향을 받았음은 새삼 말할 필요도 없을 것입니다. 일본의 현황과 자신과의 관계를 명백하게, 그리고 능동적인 시점에서 보여주었기 때문입니다. 좀더 추상적으로 말하자면, 그것은 고양된 자기환상을 가능케 해 주었기 때문입니다.

'자기환상'이라는 말도 여러분에게는 익숙하지 않을지 모르겠습니다. 제6장의 말미에서 언급했듯이, 1970년대에 유행한 자기 표출적인 주체(성)론을 비판적으로 보면서 그 사람들의 내적인 자기 표상 방법을 좀더 추상적인 레벨에서 파악한다면 어떻게 될까. 그런 관심에서 제가 만들어 본 말입니다. 그것은 어떤 의미인가 하면, 예를 들어 어떤 사람이 공동 관념적으로 자기를 소외시키는 사회상이나 세계상(그것이 국가라도 좋고, 사회나, 가족이라도 좋은데)을 내면화하여, 그것과 함께 결합된 관계로 자신의 존재 의의를 부여했다고 합시다. 그 의의 부여는 긍정적이지만은 않아서, 자신은 반항자나 이단이라는 여러 가지 부정적인 관계의 형태로 나타나는 경우도 물론 있을 수 있습니다. 그러나 그 또한 사회상이나 세계상과 내면적으로 결합된 관계 중 하나임에는 틀림이 없습니다. 또한 그때 자신이 그리고 있는 자아의 상에는 착각이나 편견이 포함되어 있을지도 모릅니다. 그런데도 이것이야말로 진정한 자신이라고 의식하고 있습니다. 그렇게 사회상이나 세계상의 내면화와 함께 대자적対自的으로 표상시키고 있는 자아상, 그것을 자기 환상이라고 부르기로 했습니다.

그런 의미로 이 단어를 사용한다면, 도쿠토미 소호의 발언은 정치적 변혁과 함께, 자기 (환상적인) 변혁을 목표로 했던 것이라 할 수 있을 것입니다.

그것은 무엇인가를 표현하고 싶었던 사람들에게도 지극히 환기적이었습니다. 마찬가지로 《국민지우》 사설의 〈언론의 부자유와 문학의 발달〉(제48호, 1889년 4월)에서 그는 다음과 같은 문제를 제기하고 있습니다.

> "공자 왈, 말만 능숙할 뿐이라는 말이 있듯이, 문장의 목적은 다변을 기대하지 않는다고 한다. 만일 말이 능숙하지 않다면, 이것은 곧 문장의 목적을 달성한 것이다. 따라서 솔직하게 표현해서 이것을 달성할 수 있을 것 같다면, 일부러 미묘하고 완곡한 표현을 사용할 필요가 없다. 그렇다면 미묘하고 완곡한 표현을 사용해야 하는 이유는 무엇인가. 미묘하고 완곡한 표현이 아니면, 그 말에 도달할 수 없을 때이다. 그렇다면, 즉 미묘한 말이라는 것은 어디에서 오는 것일까? 언론의 부자유를 위해서이어야 한다. 만약 미묘하고 완곡한 표현으로써 문장의 취미를 다양하게 한다면, 그 취미라는 것은 실로 언론의 부자유 때문에 제조된 것이라고 해야 할 것이다. 이 당시로서는 언론의 부자유는 과연 문장의 적일까 아니면 아군인가 나는 몹시 이것이 헷갈린다."
>
> "또한 나는 언론의 부자유가 미묘하고 완곡한 표현을 촉진시키는 동시에, 인간의 사상을 향해 일격을 가하는 것이라 믿는다. 언론의 부자유는 사람이 사상을 토로함에 있어 매우 잘 연습을 하게 한다. 그렇지만, 그 사상에 대해서는 독을 마시게 하는 것이다. 언론이 부자유스러울 때에 사상은 그 속에서 움직이려고 하기 때문에, 그 움직이는 방법에 대해서는 극히 교묘한 방식을 이용하게 되고 사상 자체는 이 때문에 크게 마찰하게 된다. 그래서 그 자연스럽고 그 신선한, 그 정대正大한, 그 때때로 흘러나오는 곳에 있는 것을 마찰시켜, 그 속력을 감소시키고, 그 분량을 감소시키고, 그 품위를 잃게 만든다. 이렇게 생각할 때, 언론의 부자유는 과연 문학의 적일까, 아군일까?"

문장은 자신이 생각한 바를 상대방에게 전달하면, 그것으로 그 기능을 다 하는 셈입니다. 그런데, 왜 인간은 '미묘하고 완곡한 표현', 즉 미묘한 말을 넌지시 돌려 말하거나, 완곡하게 표현하는 수사법을 필요로 하는 것일까요? 이와 유사한 의문은 이미 에도 시대 중기, 오규 소라이荻生徂徠[95]라는 사상가가 제기한 적이 있습니다. 도쿠토미 소호는 그 원인을 언론의 부자유라는 정치적인 억압에서 찾았습니다. 이것은 동시대의 문학 비판으로서도 상당히 중요한 시점입니다. 이 시점에서 보면 언문일치운동이 단순한 효율주의로 끝날 수밖에 없었던 이유는, 언론의 부자유라는 상황에 대해 근본적인 이의제기를 하고자 하는 모티브를 가지고 있지 않았기 때문이라는 사실이 분명해집니다. 그 운동이 시작된 후에도 계속 도쿠토미 소호와 같은 문체가 언론계의 주류일 수 있었던 이유는 거기에 있다고 할 수도 있을 것입니다. 이전에 소개한 야마다 비묘의 〈무사시노〉나, 이시바시 닌게쓰의 〈쓰유코히메〉와 같은 소설이 형식적으로는 언문일치체를 사용하면서 단지 겉으로만 새로운 미문적 수사의 구사로 끝날 수밖에 없었던 이유도 마찬가지입니다. 그것 또한 언론의 부자유라는 구속의 결과이며, 작가 자신은 그것을 자각하고 있지 못했기 때문입니다. 그 때문에 작가의 지적 · 정신적인 에너지는 수사를 고안하는 데만 소비되어 버려 사상으로서의 전개력을 갖지 못하고, '품위'를 잃어버리고 마는 결과를 낳게 되었습니다. 이렇게 동시대의 문학을 전체적으로 비판할 수 있는 시점을 준비한 점에서, ─ 이 시점은 후에 기타무라 도코쿠가 이어받게 됩니다만 ─ 이 시기의 도쿠토미 소호의 발언은 중요한 의미를 갖고 있었다고 할 수 있습니다.

그런데, 이 '언론의 부자유와 문학의 발달'은 이와모토 요시하루巖本善治[96]

---

95 오규 소라이荻生徂徠 : 1666-1728, 에도 시대의 유학자. 주자학에서 출발해 고문사학古文辭学을 제창했다. 8대 장군 도쿠가와 요시무네德川吉宗에게 〈정담政談〉을 제출하는 등 현실 정치에도 관여했다.

의 〈문학과 자연文学と自然〉(1889년 4월, 《여학잡지》 제159호)이라는 비판을 초래했습니다. 그는 《여학잡지》를 주재함과 동시에, 메이지 여학교의 교장으로서 여성의 권리와 지위 향상에 정진한 여성 교육의 선구자적인 존재였습니다. 그런데 이때 무슨 이유 때문인지 그다지 뛰어나지 않은 문학론에 참여하여 도쿠토미 소호의 의견을 소개한 후, 다음과 같이 주장하였습니다.

> 아아, 문학미술에 관한 지금의 여론은 대략 이와 같은 것이고, 나는 평소부터 전적으로 이와 같은 논의에 반대하지 않을 수 없다. 이제 우선 그 대강을 기술하겠다. 무릇 최대의 문학은 자연 그대로의 자연을 옮길 수 있어야 한다.
>
> 극히 아름다운 미술이라는 것은 결코 부덕함을 수반하지 않는다.
>
> 그런데 실제로 추한 것도 이것을 문학으로 옮기면 아름다워지고, 이것을 아름답게 만드는 점이야말로, 곧 문학미술의 장점인 것이다.
>
> 내가 생각하기에 이는 몹시 잘못 됐다고 생각된다. 애당초 실제로 없는 것을 어떻게 제조한다는 말인가? 만약 제조해 냈다고 하면, 이것은 일시적인 가설적인 것, 도저히 영속될 수 없는 것이다. 사람의 지식은 전부 자연으로부터 나오고, 사람의 덕도 모두 자연으로 인해 길러지는데, 사람의 미美만 어찌 자연으로부터 나오지 않았겠는가. 내가 믿는 바에 의하면, 일본의 시인, 가인歌人 중에 속물이 극히 많고, 화공画工 또한 가장 천하다. 그런데 특히 일본인은 모두 미술심이 풍부하다고 말함에 이르러서는 포복절도하겠다. 일본 근세의 문학미술은 가장 많이 제조적, 조각적, 가설적으로 치우쳐 있어, 한마디로, 자연에 반反한다.

이는 도쿠토미 소호에 대한 비판으로는 다소 잘못된 발언이었다고 할

---

96 이와모토 요시하루巌本善治 : 1863-1942, 저널리스트. 교육자. 《여학잡지》를 발행, 여성의 지위향상을 꾀하였다. 메이지 여학교에서 기독교적인 여자교육에 종사.

수밖에 없습니다. 그러나 그 자신의 입장에서 보면, 소호가 말하는 '미묘하고 완곡한 표현'을 극복하고 진실한 '미'를 회복하는 데에는, 자연에 대해 순수하고 사심이 없는 성실함을 가지고 접하는 수밖에 없다고 말하고 싶었던 것이겠지요. 여기서 당시의 자연을 있는 그대로 그려야만 한다는 사고방식의 전형을 볼 수 있습니다.

혹은 이때 그가 염두에 두고 있었던 것은 오히려 시가 시게타카를 대표로 하는 《일본인》(1888년 4월 창간)의 경향이었을지도 모르겠습니다. 즉, 제5장에서 소개했듯이, 시가 시게타카는 잡지 《일본인》을 무대로, "일본인의 풍토는 '미술적인 관념'을 키우기에 적합하다. 서양 정신이 분석적, 이지적인 것에 비해, 일본 정신은 종합적, 미술적이다"라는 의미의 주장을 전개시키고 있었기 때문입니다. 이와모토 요시하루가 "특히 일본인이 모두 미술심이 풍부하다고 말함에 이르러서는 포복절도하겠다"고 빈정거린 이유는 그렇게 생각하면, 비로소 납득이 갑니다.

어쨌든 그는 당시의 경관 내셔널리즘적인 경향에 대해 도쿠토미 소호의 발언을 이용하여 비판하고, 더 나아가 "일본 근세 문학미술은 가장 많이 제조적 조각적 가설적", 즉 인공적인 것밖에 없다고 하며, "내가 믿는 바에 의하면, 일본의 시인, 가인 중에 속물이 극히 많고, 화공 또한 가장 천박하다"고까지 단정 짓고 있습니다. 이것은 후에 고다 로한의 〈풍류불風流仏〉이나 히구치 이치요의 〈매목うもれ木〉의 모티브를 이해하는 데에도 중요한 발언이니, 기억해 두시기 바랍니다.

그러나 앞서 말한 이와모토 요시하루의 의견은 너무나도 단순한naive 자연의 절대화론, 규범화론이었기 때문에, 모리 오가이森鴎外(1962-1922)[97]

의 〈'문학과 자연'을 읽는다'文学ト自然'ヲ読ム〉(1888년 5월, 《국민지우》 제50호) 에 의해 다음과 같이 일축되어 버립니다.

> 생각해 보면 여학잡지의 기자는 문학기술에는 '제조'가 없다고 보는 것 같다. 소위 '자연' 그대로 '자연'을 '베낀다'고 하는 '베낌'은 '제조'와 반대되는 '모방'일 것이다. '미美'를 논하여 여기에 이르면, 백척간두百尺竿頭에서 한 걸음 더 나아간 미학적 오류라 말하는 것도 아마 불가능하지 않을 것이다.
>
> 나 '스스로 인식하는 '생각想'은 '정신'이다. 스스로 인식하지 못하는不自識 '생각'은 '자연'이다. '미'는 '자연'에서 잠들고, '정신'에서 깬다. '미'가 '정신' 안에서 널리 발포되는, 이것을 '판타지空想'라 한다. '공상'이 '미'를 얻음은, '자연'으로부터이다. 그렇지만 '자연' 그대로 '자연'을 '정신' 속에서 베끼는 것은 아니다. '자연'에 딸려 있는 다소 세속적인 것을 '상想'이라는 불火로 싹 태워 버려 용케 '미'가 되게 하는 것이다. 〔…〕 따라서 곧 미술은 '제조'함이고, '미'의 '자연'과 다름은 바로 '제조'에 있다. 이것을 '점화点火transubstantiation'라 한다. 저 '자연'을 헛되이 '모방'함으로써 아는 바가 아니다.

요컨대 그가 여기서 말하고 싶었던 것은 "가령 아무리 아름다운 자연이라고 해도, 단지 그것을 모사模写하는 것만으로는 '미'를 드러냈다고는 할 수 없다, 아니 그보다는 '생각'이라는 정신작용에 의해 외계의 자연이 이상화되고 이념화되어 그것이 '미'로서 표출되는 것이므로, 애당초 자연을 있는 그대로 '모사模写'한다는 행위는 있을 수 없다"고 하는 것이었습니다. 이것도 극히 단순한 실체변화transubstantiation(성찬식의 빵과 포도주를 그리스도의

---

97 모리 오가이森鴎外 : 1862-1922, 소설가, 평론가, 번역가. 도쿄대학 의학부 졸업 후, 군의로서 독일유학을 했다. 역시집, 잡지 창간으로 문학활동을 시작, 낭만적 작품인 〈무희舞姫〉, 지적 · 객관적 작풍의 〈기러기雁〉, 역사소설 〈아베일족阿部一族〉 등을 남겼다.

살과 피로 변화시키는 일)의 관념에 기초한 이론에 지나지 않습니다만, 적어도 이것이 이 시점에 있어서의 표현행위와 그 주체적 조건에 관한 이론수준이었다는 사실을 확인해 두고자 합니다.

도쿠토미 소호의 《국민지우》 사설, 〈관찰 觀察〉(1893년 4월, 186호)은, 아마도 이상과 같은 논의의 흐름을 따른 것일 것입니다.

> "우주에 새로운 것이 없고, 이미 없음을 알면 이것을 구하는 무익함 또한 알아야 한다. 그 위대한 철인 군자는 함부로 탐안貪眼을 가지고 소매치기처럼, 우주로부터 새로운 것을 빼앗으려 하지 않는다. 그들은 단지 혜안慧眼으로 우주를 보는 것이다. 그리고 보이는 바를 쉽게 말하는 것이다. 당신은 논어를 읽고 기상천외하다고 하는가, 사복음서를 읽고 스스로 이해할 수 없는 난제가 있다고 하겠는가, 어째서 그 말은 정중하고 삼가며 조리 있고 평이하며 명쾌한가. 〔…〕 러스킨 씨[98]의 말은 훌륭하다. 그가 말하길, '나는 생각하면 생각할수록 점점 이것을 통감한다, 즉 이 세상에서 인간이 할 수 있는 최대의 사업은 무엇인가를 보는 것이다. 그리고 본 것을 명백하게 말하는 것이다. 한 사람이 잘 생각하면 백 사람이 잘 말하는 것과 같다. 그렇지만 한 사람이 잘 보면 천 사람이 잘 생각함이어서, 확실히 본다는 한 가지 일, 시詩도 예언도 종교도 모두 그 속에 있다'라고 했다."
>
> "사물을 있는 그대로 베끼는 것은 사진이고, 인간은 관찰자이다. 관찰은 사진이 아니다. 만약 구름과 안개를 사소한 것으로 보고 간과한다면 인간은 사진기에 불과한 것이다. 신지영각神知靈覚은 오목렌즈, 볼록렌즈 이상의 것이다. 어린아이의 겸허함을 보고 천당에 들어가는 길을 알고, 길가의 천한 여자를 보고 사회의 죄를 안다. 과연 그의 눈은 렌즈가 아니고, 과연 그는 사진

98 러스킨Ruskin, John : 1819-1900, 영국의 예술 · 평론가. 사회사상가. 참된 미는 도덕적 원만으로부터 생산된다는 예술론을 제창. 그 후, 사회혁명의 필요성을 강조하고 인도주의의 경제학을 제창함. 주요 저서로는 《이 다음 자에게도》, 《호마와 백합》 등이 있다.

기가 아니다."

"위인은 어찌하여 위대한가, 홀로 자신의 눈으로 관찰하는 데에 그치지 않고, 타인의 관찰을 더해서 관찰하기 때문이다. 소위 최대의 영재가 가장 많이 빚진 자가 되는 것은 이러한 이치를 의미한다. 문무주공에게 있어 공자가 그렇고, 마태와 그 외의 예언자에게 그리스도가 그렇고, 바라문婆羅門의 모든 승려들에게 석가가 그렇고, 모두 그러하지 않은 자가 없다."

우리가 사물을 본다고 하는 행위는 단지 외계의 사물을 수동적으로 비추어내는 것은 아닙니다. 그 사물을 무엇인가 배후에 숨겨져 있는 것의 표상이라고 인식하는 것이며, 혹은 그 사물의 본질을 지각하는 것입니다. 게다가 그러한 인식력 · 지각력은 개인의 단독적인 경험에 의한 것이라기보다는 타자의 경험을 매개로 해야만 비로소 풍요로워집니다. 이러한 '관찰'의 관념은 후에 자연주의의 주관론을 배제하는 '관찰'론과는 달리 오히려 그것을 비판할 수 있는 관념이었다는 것, 이것 역시 기억해 두시길 바랍니다.

또한 관찰에 있어서 타자와의 경험의 공유라는 발상은 앞에서 소개한 도쿠토미 로카의 〈자연과 인생自然と人生〉이나 구니키다 돗포의 〈무사시노〉의 문체를 준비하는 것이었다고 할 수 있을 것입니다. 왜냐하면 이들의 텍스트의 문체는 독자에게 말을 거는 형태를 취하고 있기 때문입니다. 시마자키 도손島崎藤村(1872-1943)[99]의 〈지쿠마강 스케치千川のスケッチ〉(1911년 6월-1912년 8월, 《중학세계中学世界》)는 나가노 현長野県 산촌山村의 자연과 생활을 관찰해 사생한 에세이집으로 현대적인 산문을 만드는 데 크게 이바

99 시마자키 도손島崎藤村 : 1872-1943, 시인, 작가. 낭만적 시집 《와카나슈》, 소설 〈파계〉로 작가의 지위를 확립하였다. 〈봄〉, 〈집〉, 〈신생〉 등의 자전적 작품으로 자연주의문학을 대표한다.

지한 작품으로 평가받고 있습니다만, 이 또한 친한 사람의 자식에게 말을 거는 형식을 취하고 있었습니다. 현대의 구어문체가 생겨나는 단계로서 시각적인 경험을 적극적으로 타자와 공유하려는 문체적 실험이 있었다는 사실은 간과할 수 없는 중요한 사실입니다.

반속反俗 · 반골反骨자의 이미지

그렇다면, '미美'의 창조에 종사하는 사람은 어떠해야 하는가. 흥미롭게도 이상과 같은 논의와 전후해서 이 질문에 소설로써 답하려 한 사람이 등장했습니다. 그것이 고다 로한의 〈풍류불〉(1889년 9월, 요시오카吉岡 서적점)이라는 소설입니다. 처음에 소개했던 바와 같이, 도쿄대학의 외국인교사 어니스트 페놀로사가 일본에 '미술'이라는 개념을 도입했고 그의 〈미술진설〉이라는 강연으로 일본인들은 조각도 '미술'의 영역에 포함된다는 사실을 배웠습니다. 고다 로한은 이런 새로운 관념으로 계발啓発inspire된 슈운珠運이라는 젊은 불상 조각사를 주인공으로 소설 속에 다음과 같이 등장시키고 있습니다.

> 삼존 사천왕 십이동자 십육라한三尊 四天王 十二童子 十六羅漢 그리고 오백라한五百羅漢까지 가슴에 담고 손도끼와 작은 칼로 조각해 내는 솜씨 앞에 가마쿠라의 조각가인 운케運慶를 모르는 사람은 찬탄할지도 모른다. 그러나 일본 불공의 시조인 도리붓시鳥仏師를 아는 나는 마음에 부끄럽고, 그 길에 뜻을 깊이 둘수록 나의 기량이 부족함을 원망한다. 여기 일본 미술국에 태어났음에도 지금 세상에 히다飛驒에 장인工匠이 없다는 말을 듣는 것이 유감이다. 슈운은 목숨이 붙어 있는 한 힘을 다해서 적어도 자신의 좋아하는 마음이라도 만족시키려

고, 또한 석고세공石膏細工으로 콧대 높은 당인唐人(서양인)에게 무시당하는 울분을 어느 정도 풀어야 한다며 가엾게도 흔들리지 않고 전념하겠다고 사가嵯峨의 석가에게 맹세한 남자. 그의 나이는 얼마인가 하면 21살의 봄. 〔…〕 기차도 있는 세상이지만 수행하는 몸의 딱함이요. 삿갓은 길의 먼지로 붉어지고, 속옷에는 목욕탕에서 옮은 이가 끼고 봄날 기나긴 작업에 지쳐서 나비가 훨훨 나는 것을 보고 그 날개를 부러워하고 가을밤 쓸쓸한 잠자리에 들었다가 잠이 깨어 옆에서 이를 가는 소리에 영혼은 깜짝 놀란다.

'일본미술국'이라는 슈운의 자부심은 분명히 《일본인》의 국수주의적인 담론에 동조하는 말투로, 특징적인 것은 이 자부심을 "석고세공石膏細工으로 콧대가 높은 당인唐人에게 무시당하는 울분"이라며, 서양인에 대한 경쟁심이라기보다 적개심으로 변해 있다는 점입니다. 당인이나 당물唐物이라는 단어는 원래는 중국인, 중국으로부터 들어온 물건이라는 의미였지만, 후에는 외국인이나 외국으로부터의 전래품의 의미로 변했고, 이 시대에는 서양이나 서양으로부터 전해져온 외래품의 의미로 쓰이고 있었습니다. '석고세공'이 유럽의 조각을 의미하고 있음은 말할 것도 없습니다. 요컨대 슈운의 울분은 일본의 불상조각이 유럽의 기준으로 낮게 평가되어서야 되겠느냐 하는 울분이었습니다. 그러나 《일본인》에는 그런 종류의 적개심을 선동하는 듯한 발언은 보이지 않습니다. 단지, 일본의 고미술품의 해외유출을 경고하는 목소리가 당시의 대중매체에 보이고, 슈운의 분개는 그러한 풍조에 대한 지나친 자기 동일화였다고 할 수 있을 것입니다.

그러나 그 자신의 의식 속에는 그러한 시대풍조에 대한 과도한 동조는 오히려 반속反俗적인 행위로 의미가 변환되었습니다. 그는 조각에 몰입하

는 것을 "적어도 자신이 좋아하는 마음好の心이라도 만족시켜야 한다"라고 의미부여하고, "기차도 있는 편리한 세상"에 등을 돌리고, 굳이 걸어서 불상 조각의 수행길을 떠납니다. 이 시대의 '좋아한다好き(스키)'는 말은 단지 선호나 기호나 취미라는 의미가 아니라, 다도茶道 같이 풍류에 몰입하는 '스키数奇(풍류, 아취)'의 뉘앙스를 갖고 있어서, 공예나 예능의 길을 완고하리만치 결벽하게 추구하는 기질을 의미했습니다.

이 시대의 '미술'에 대한 의미부여는 사람의 마음의 눈을 기쁘게 함과 동시에 인격을 고상하게 하는 것이라는, 말하자면 승화sublimation이론에 근거하고 있었습니다. 앞서 소개했던 모리 오가이의 발언도 그 사실을 보여주고 있습니다. 당연히 그 속에는 미술가란 그 '생각想'이 고상해야 한다는 전제가 포함되어 있었습니다. 이러한 상황 속에서 고다 로한은 슈운에게 전통적인 장인기질을 부여하고, 반속적인 괴짜로 만듦으로써 미술가의 이미지에 중요한 전환을 초래한 셈입니다.

이 새로운 이미지는 히구치 이치요의 〈매목〉(1892년 11월-12월, 《도시의 꽃都の花》)에 의해 다음과 같이 더욱더 강조됩니다.

> 그려내는 붓끝에, 오백라한 십육선신五百羅漢 十六善神, 하늘에 누각을 짓고, 회랑을 이리저리 궁리하고. 세 마디쯤 되는三寸 향로와 다섯 마디쯤 되는五寸 화병에 일본인大和人, 중국인唐人, 겐로쿠元禄 풍으로 우아하기도 하고 신대神代처럼 드높고, 무사 갑옷의 미늘을 궁리하고 궁중의 높은 사람들이 차려입을 옷의 모양을 고르고, 혹은 허리띠에 화려하게 그려진 화조풍월花鳥風月, 또는 청초함이 극대화된 고산유수高山流水, 뜻이 향하는 곳의 경치를 정리해서 농담濃淡을 잘 배합한 채색의 묘, 금박으로 그리기를 쉽게 생각하는 문외한들이 경탄하면 할수록 나 자신은 재미가 없어 붓을 내팽개치고 자주 한탄하게 되는

이 길의 쇠퇴. 사쓰마薩摩 하면 가다랭이포鰹節도 위세를 부리는 세상이건만, 땅에 떨어진 나의 금란도기錦欄陶器. 〔…〕 시세의 흐름이, 미술을 장려하는 오늘날 마침 태어나 여기 도쿄 땅에만 200여 명 되는 화공 가운데 도의 심오함을 깨우쳐 이역만리 해외의 파란 눈들에게 일본 고유의 기예의 묘를 보여주겠다는 배짱 있는 자도 없이 손에 붓은 쥐었어도 마음은 사리사욕의 덩어리, '미'라는 것이 어찌 돈벌이이겠는가. 〔…〕 그렇기 때문에 매국노인 간사한 상인들에게 좌지우지되어 또 값이 내리고 또다시 내리고 그렇지 않아도 야윈 팔을 비트는데도 무명의 꿈은 아직 깨지 않고 〔…〕 대일본제국의 명예라는 것을, 꼬깃꼬깃 구겨서 쓰레기장 구석에 내던지는 천벌 받을 놈들이 새로울 것도 없는 세상, 화를 내봤자 쓸데없지만, 그런데도 나는 나의 관념이 있고, 잡기 시작한 붓의 인과, 만약 미쳤다고 하려면 하고 바보라고 비웃으려면 비웃어라, 천만의 황금을 쌓아서 가져와도 바꾸지 않을 마음을 실력으로 다지고, 경조부박한 자를 재주꾼이라고 부르는 메이지 시대에 우직할 정도로 열심히 한 결과는 어디에, 그 길의 진리는 어디쯤에 있는가. 사람들의 눈에 어떻게 보이더라도 내 마음을 만족시킬 정도의 것을 만들어 내서, 나는 이리에 라이조入江藾三라는 별종의 이름을 도기역사에 남기려 하지만, 분하기는 적빈한 몸이 뜻을 품고서 헛되이 몇 해 이런가.

〈풍류불〉의 슈운은 조각가, 〈매목〉의 이리에 라이조는 도예가라는 차이가 있습니다만, 그의 의지나 그것을 나타내는 문체도 완전히 동일해 히구치 이치요가 〈풍류불〉을 모방한 것은 확실합니다. 그러한 경우에 흔히 나타나는 상례대로, 그녀는 모방을 과도하게 강조하는 방향으로 나아가고, 지금의 세상을 "미술을 장려하는 오늘날"이라고 칭하고, 이리에 라이조를 "대일본제국의 명예"를 위해서 "이역만리 해외의 푸른 눈(유럽인)에게 일본 고유의 기예의 묘를 보여 주겠다"며 오기를 부리는 국수주의자로 만들어 갔습니다. 그리하여 그와 같은 심적 의지가 바닥으로 떨어진 현대에 대해서

는 "사쓰마하면 가다랭이포도 위세를 부리는 세상", "경조부박한 자를 재주꾼이라고 부르는 메이지 시대"라는 분노를 토하고 있습니다. 아마도 그녀는 이 '사쓰마'에 사쓰마번薩摩藩과 사쓰마도자기(사쓰마야키薩摩焼き[100])라는 두 개의 의미를 부여했을 것입니다. 결국 사쓰마번 출신들이 정부나 육해군의 중추를 장악하고 있다는 사실과 사쓰마도자기라고 하면 아무리 시시한 도기라도 귀중하게 여기는 풍조를 연결시켜 그에 대한 반감을 표출했던 것입니다.

그런 의미에서 히구치 이치요는 이 모방적인 강조에 의해 그 시대에 있어서의 '미술'이나 '미술가'라는 관념의 이데올로기성을 드러내 보였다고 말할 수 있겠지요. 에도 시대 사람들의 눈으로 본다면, 이리에 라이조라는 주인공은 조금 까다로운 장인기질의 도공에 지나지 않습니다만, 그녀는 그 남자를 미술국 일본이라는 이데올로기를 매개로 '일본고유의 기예의 묘'를 자부하는 명인기질의 도예가로 추켜세웠기 때문입니다.

다만 담론의 비평관계라는 점에서 본다면, 그녀의 이러한 강조는 이와모토 요시하루의 "일본의 시인, 가인 중에 속물이 극히 많고, 화공 또한 가장 천하다. 특히 일본인을 들어 미술심美術心이 넘친다고 말하는 데에 이르러서는 포복절도할 일이다"라는 단정에 대한 반론이었다고 할 수 있을 것입니다.

초속超俗적 문명비평가라는 자기환상

이러한 미술가의 이미지를 '자기환상'으로 가능한 한 팽창시킨 이가 다카야

100 사쓰마야키薩摩焼き : 사쓰마에서 만들어진 도자기의 총칭. 임진왜란 때 시마즈 요시히로島津義弘가 데리고 간 조선의 도공에 의해 창시되었다.

마 죠규高山樗牛[101](1871-1902)였습니다. 그는 독일의 철학자 니체의 초인사상을 일본에 소개한 비평가로 잘 알려져 있습니다만, 〈문명비평가로서의 문학자〉(1901년 1월, 《태양太陽》[102])에서는 다음과 같은 '천재'론을 전개하고 있습니다.

> 니체는 거의 모든 방면에서 19세기의 문명에 반항했다. 철학계에서는 헤겔 이후, 과학계에서는 다윈 이후 시대의 사상을 거의 남김없이 풍미해 온 역사발달설도 그의 눈에서는 위학자偽学者의 속론俗論에 지나지 않았던 것이다. 생각건대, 19세기 말의 사람인 우리들은 역사의 많은 부분을 감당해 내지 못한다. 주관을 말살하고 인격을 학대하고 선천적인 본능을 무시하는 것이 역사이다. 개인의 자유의 발달을 방해하고, 모든 인류를 평범화하고 온갖 천재를 저주하는 것이 역사이다. 〔…〕 이와 같이 인격의 독립을 위해 역사발달론을 부정하는 니체는 한 걸음 더 나아가 민주주의와 사회주의를 일격에 깨부수고, 소리 높여 말하기를 인도의 목적은 만민평등의 이익과 행복에 있지 않고 오히려 소수의 모범적인 인물을 산출하는 데 있다. 이와 같은 모범적인 인물은 즉 천재이다, 초인이다, 이는 무수한 범인凡人이 육성한 문명의 왕관이라 볼 수 있다.

앞에서 살펴보았던 속물俗物/반속反俗이라는 구도는 이러한 범속凡俗/초월자超越者라는 구도로 전환되어, 예술가의 이미지 속에는 범속보다 뛰어난 보통 사람은 이해할 수 없는 정신생활을 영위하는 '천재'의 개념이 부가되었

---

101 다카야마 죠규高山樗牛 : 1871-1902, 평론가. 잡지 《제국문학》의 창간에 가담하였으며 잡지 《태양》으로 일본주의를 주장하였다. 저서로는 《시대관견時代管見》, 《다키구치뉴도滝口入道》 등이 있다.

102 《태양太陽》 : 메이지 · 다이쇼기의 대표적인 종합잡지. 1895년 1월에 창간되었다. 정치 · 사회와 문예에 걸친 넓은 범위를 포괄하였으며, 집필자 역시 다양했다. 1928년 2월에 폐간되었다.

습니다.

그가 이런 식으로 간단히 초인超人주의나 천재주의를 내세울 수 있었던 것은 당시 일본에서는 아직 민주주의든 사회주의든 거의 이해가 되지 않았으며, 하물며 그것을 실현시키기 위한 운동은 일어나지 않았기 때문입니다. 그런 의미에서 민주주의와 사회주의는 모두 실체가 없는 단순한 말에 불과한 것이었습니다만, 적어도 유럽에서의 그들 운동을 범용한 인간의 평등주의에 지나지 않는다고 일축해 버린 발언은 강렬한 인상을 주었습니다. 젊은 세대가 '별난 사람'이라고 불리기를 좋아하게 된 것도 이 시기부터였다고 할 수 있겠지요. 세상의 상식을 조금 일탈한 정도의 언동임에도 불구하고 자신이야말로 구태여 범속한 사회의 도덕을 무시하고, 습관에 구애되지 않는 자유인이라고 의미를 부여하며 자기환상에 도취할 수 있었기 때문입니다. 다이쇼大正 시대에는 사소설私小說이라고 불리는 자전소설이 많이 쓰여졌고, 작가는 그 주인공을 짐짓 별난 사람으로 만드는 경향이 있었습니다. 그 씨앗이 이 시기에 뿌려진 것입니다.

단지 다카야마 죠규 자신은 천재주의가 타성화된 일상생활을 쇄신하는 하나의 방법이라고 생각한 것 같습니다. 그의 〈미적 생활을 논한다美的生活を論ず〉의 다음과 같은 말을 보면 그것을 알 수 있습니다.

> "무슨 목적이 있어서 이 세상에 나오게 되었는지 나는 아는 바 없다. 그렇지만 태어난 후의 우리들의 목적은 말할 것도 없이 행복에 있다. 행복이란 어떠한 것인가, 내가 믿는 바에 의하면 본능의 만족 즉 이것뿐이다. 본능이라는 것은 어떠한 것이냐, 인생人生 본연의 요구이다. 인성 본연의 요구를 만족시키는 것, 이에 이것을 미적 생활이라고 한다."

"이와 같은 본능을 성립시키는 데에 소모되는 피와 눈물과 세월은, 도학道学 선생의 탁상공론에서 나온 도덕 따위와는 비교도 안 된다. 우리들은 선조의 커다란 은혜에 감사함과 동시에 이 귀중한 유산을 극진히 지속시키고 이 유산에서 생기는 행복을 헛되이 하지 않도록 힘써야 한다. 그리고 이것에 힘을 쓰는 연유는 우리들이 말하는 미적 생활, 바로 이것 때문이다."

"미적 생활은 인생 본연의 요구를 만족시키는 데에 존재하므로 생활 그 자체가 이미 절대적인 가치를 갖는다."

여기에는 '인생본연人生本然'과 '인성본연人性本然'이라는 두 가지 표현이 있습니다만, 다른 곳에서는 "갓난아이가 그 엄마를 따르는 것은 인성자연의 본능"이라 하였으므로 거의 같은 의미로 썼다고 볼 수 있을 것입니다. 그는 이 인성자연의 본능의 근저에 '성욕의 만족'이 있다는 사실을 적극적으로 긍정하고 있었습니다. 다만 동물은 '맹목적인 본능'에 지배되고 그 만족은 일시적일 뿐인 데 반해, 인간은 이성이나 도덕에 의해 '조섭調攝'하여 만족을 지속시킬 수 있습니다. 그러한 인류의 '조섭'의 역사를 존중하고, 본연의 요구의 충족을 추구하는 삶을 그는 '미적 생활'이라고 한 것입니다.

이상에서 알 수 있듯이, 그가 말하는 미적 생활이란 타성적 생활습관의 틀을 깸으로써 인간 본래의 욕구를 회복하고 무엇보다도 그 충족을 추구하는 것임을 의미하였습니다. 그 사각을 통해 형해화된 도덕이나 습관을 비평하고 자신의 삶 그 자체를 예술화하는 것이 이 시기부터 자주 언급된 '인성의 엘리트'다운 길이며, 그 길을 추구하는 한 시를 쓰지 않는 시인, 그림을 그리지 않는 화가도 있을 수 있게 됩니다.

구니키다 돗포의 〈무사시노〉의 '나自分'는 그러한 의미에서 시인이었습

니다. 〈지렁이의 헛소리〉의 도쿠토미 로카는 자신을 '미적 백성'이라 부르고 있습니다. 나쓰메 소세키의 〈풀베개草枕〉의 화자는 전혀 그림을 그리지 않는 화가였지만, 미를 추구하는 입장에서 사회를 비평하는 심미가였기 때문에 예술가임을 자임할 수 있었습니다. 마찬가지로 나쓰메 소세키의 〈그러고 나서それから〉의 주인공 다이스케代助는 아버지의 재산으로 내키는 대로 취미생활을 하며 세월을 보내는, 그야말로 별 볼일 없는 남자지만, 실업가로 성공한 아버지와 그 뒤를 잇는 형과 같은 속물과는 뚜렷이 구분함으로써 인생의 심미가임을 자부하고 있습니다.

자기환상의 해독제

그러나 '인성의 엘리트'로서의 문학자라는 개념이 성립되기 위해서는 그것만으로는 부족합니다. 일본 소설에는 예술가를 반속 · 초속의 문명비평가로 규정하는 흐름과는 별도로 자기비평의 문학이라 할 수 있는 흐름이 보입니다. 처음에 그것은 사가노야 오무로嵯峨の屋おむろ(1863-1947)[103]의 〈아지키나시無味気〉나 모리 오가이의 〈무희舞姫〉처럼 수기 형식으로 자신의 과거를 뒤돌아보고 자신의 잘못을 파헤치는 일인칭소설로 시작되어, 결국에는 시인이나 소설가가 자신의 마음의 움직임을 마치 현미경으로 관찰하듯이 미묘한 부분까지 포착하는 소설을 탄생시키게 되었습니다. 그러한 것들 중, 가장 먼저 등장한 작품에 모리 오가이가 안데르센의 소설을 초역

103 사가노야 오무로嵯峨の屋お室 : 1863-1947, 메이지 시대의 소설가. 쓰보우치 쇼요의 문하생으로 〈수전노의 배守銭奴之肚〉, 〈첫사랑初恋〉 등을 발표했다.

한 〈즉흥시인即興詩人〉(Hans Christian Andersen, "Improvisatoren", 1892년 2월 《시가라미 소시しがらみ草紙》 38호부터 1901년 2월 《메사마시쿠사目不醉草》 권4의 49에 이르는 9년간에 걸쳐 완결)이 있습니다.

이 번역소설은 원작 이상으로 문학성이 높다고 평가되지만, 현재로는 별로 거론되지 않는 소설이므로 조금 길지만 소개해 보겠습니다.

> 어린 시절을 돌이켜보면 현기증이 날만큼 많은 추억이 있어서, 무엇부터 말씀드리면 좋을지 모르겠다. 나의 생애의 드라마를 돌아보면, 그것을 어떤 식으로 표현하면 좋을지, 또 생략해도 좋을, 별로 중요하지 않은 것은 무엇이고, 내 인생 전체를 회상하는 데 없어서는 안 될 중요한 것은 무엇인지 점점 더 알 수가 없어진다. 나에게는 흥미로운 일일지라도 다른 사람에게는 그렇지 않을지도 모른다. 어쨌든 나의 이 긴 이야기를 있는 그대로, 거짓말하거나 꾸미거나 하는 일 없이 이야기해 볼까 하다. 그러나 자칫하면 남의 마음에 들고 싶어 하는 마음이 섞여들까 겁이 난다. 이런 천성이야말로 내 어릴 적부터 마음속에 잡초처럼 싹이 터서, 마치 성서에 나오는 겨자씨처럼 쑥쑥 자라나 큰 나무가 되었고, 나의 모든 감정七情은 그 나무에 둥지를 틀게 되었다.
>
> 나의 첫 번째 추억 중 하나는 이미 그 싹을 생각해 보았다. 아마 내가 여섯 살 때였을 것이다. 그 무렵 나는 카푸친회 성당 앞에서 나보다 어린 친구 두 셋과 함께 놀곤 했다. 성당 문에는 작은 황동 십자가가 못 박혀 있었는데, 그것은 문 가운데쯤에 있어서 내가 손을 힘껏 뻗으면 겨우 닿을 정도의 높이였다. 어머니에게 이끌려 이곳을 지날 때마다 나는 어머니 품에 안겨 그 고귀한 십자가에 입을 맞추곤 했다. 어느 날 우리가 놀고 있는데, 나이 어린 친구 하나가 왜 아기 예수님은 한 번도 여기 와서 함께 놀아주시지 않을까 하고 말했다. 나는 아는 체하면서, 그야 물론 예수님은 십자가에 못 박혀 있기 때문이지라고 대답했다. 우리는 문 쪽으로 가보았지만, 거기에는 역시 십자가 외에는 아무것도 보이지 않았다. 그래도 우리는 어머니가 항상 가르쳐 주었듯이, 이 성스러운 표지에 입맞춤을 하려고 했다. 그러나 너무 높아서 키가 닿지 않았기

때문에, 번갈아 가며 안아 올려 주기로 했다. 그런데 내가 눈에 보이지 않는 아기 예수님께 막 입맞춤을 하려는 찰라, 나를 안고 있던 아이의 팔에서 힘이 빠지는 바람에 쿵하고 땅바닥으로 떨어지고 말았다. 마침 그곳을 지나가던 우리 어머니가 그 광경을 보시고는 멈춰 서서 두 손을 모으며 말씀하셨다.

"너희들은 정말로 하느님의 천사로구나. 그리고 너는 나의 천사야!" 그러면서 어머니는 나에게 입맞춤을 해 주셨다.

어머니가 옆집 아주머니한테 내가 얼마나 순결한 천사인가를 거듭거듭 이야기하는 것을 듣고 나는 속으로 얼마나 우쭐했는지 모른다. 하지만 그 때문에 나의 순진한 마음은 사라지고 허영심의 겨자씨가 처음으로 햇빛을 보게 되었다.

자신의 여린 성격을 돌아볼 때, 아주 어릴 적부터 그 싹이 있었음을 알아차리지 않을 수 없습니다. 이처럼 자기성찰로 시작되는 이야기는 자칫하면 자학적인 자기폭로로 치닫게 되지만, 이 이야기는 차분한 어조와 문어문체의 적절한 서정성으로 완화되어 그 폐해를 모면하고 있습니다. 원작 이상의 문학성으로 평가받고 있는 것도 그 때문이겠지요.

이러한 자기성찰은 예술가 소설이라 할 수 있는 다이쇼 시대의 사소설에 일종의 안정감을 주었습니다. 반속의 예술가인체 피우는 거드름은 자칫하면 역겨운 자만에 빠질 수 있지만, 이 자기성찰이 해독제와 같은 자기비평 역할을 함과 동시에 인간성 인식의 폭을 넓혀주었기 때문입니다. 히로쓰 가즈오広津和郎(1891-1968)[104]는 그것을 방법화해서 《작가의 감상作者の感想》(1920년 3월, 슈에이카쿠聚英閣)으로 현대적인 인성론적 문학비평의 기초

104 히로쓰 가즈오広津和郎 : 1891-1968, 소설가, 평론가. 가사이 젠조葛西善藏 등과 《기적奇蹟》을 창간했고, 대표작에 〈신경병시대神経病時代〉가 있다.

를 만들었습니다. 다만, 이 자기성찰도 역시 독소를 품고 있어, 쇼와시대의 다자이 오사무太宰治(1909-1948)[105]의 〈광대의 꽃道化の華〉(1935년 5월, 《일본낭만파日本浪漫派》[106]를 중심으로 활동한 문학 유파. 서구에서 빌려온 지성을 부정하고, 민족적 미적 전통으로의 회귀를 주장하여 전중세대에게 영향을 미쳤다)과 같이 자기성찰적인 이야기를 쓰기 시작하자마자, 그 글쓰기 방식 자체에 자기성찰이 개입해서 쓰는 족족 "이런 글쓰기는 거짓이다", "이런 것은 문학적인 거드름이다" 등과 같은 말이 섞여 들어가 결국 이야기를 혼란스럽게 합니다. 쇼와시대의 소설이 쓰는 행위에 관한 자기언급성을 강화하게 된 것은 이 때문입니다.

---

105 다자이 오사무太宰治 : 1909-1948, 소설가. 도쿄대학 불문과를 중퇴. 예리한 풍자를 보인 작풍을 보이고 자의식 과잉과 자기분열의 위기에 고민하다가 자살했다. 작품에 〈인간실격人間失格〉, 〈사양斜陽〉 등이 있다.

106 《일본낭만파日本浪漫派》 : 야스다 요주로保田与重郎, 가메이 가쓰이치로亀井勝一郎가 창간한 동인지. 1935년 창간하여 38년에 폐간했다.

제10장

'모노가타리를 쓰는 여자'의 이야기

1891년 4월 15일, 히구치 나쓰樋口なつ(나쓰奈津, 나쓰코夏子)라는 젊은 여성이 나카라이 도스이半井桃水[107]라는 《아사히신문》 기자 겸 소설가의 집으로 소설 지도를 받고 싶다며 찾아왔습니다. 이것을 거시적으로 보면, 에도 시대의 샤레본이나 닌죠본 속에 등장하는 '모노가타리를 읽는 여자'가 이번에는 자신이 모노가타리를 쓰고자 결심한 것과 같은 사건이었다고 할 수 있습니다.

다만 당시의 사회적 상식으로 봤을 때 그것은 이중으로 대담한 행위였습니다.

왜냐하면 우선 첫째로, 소설을 쓴다는 직업은 그 당시에는 아직 사회적으로 의미 있는 일로 인정받지 못하고 있었기 때문입니다. 일본에서 소설을 쓰는 직업이 시민권을 갖게 된 것은 쇼와 시대, 특히 제2차 세계대전 후의

107 나카라이 도스이半井桃水 : 1860-1926, 소설가. 1922년 2월 발표한 〈농아唖聾子〉로 호평을 받아 여러 작품 발표. 대표작에 〈숨쉬는 바람胡沙吹く風〉이 있다.

일로 메이지 시대에는 견식 있는 사람들에게 홀대받는, 상당히 불안정한 직업이었습니다. 그러한 사회 통념 속에서 젊은 아가씨가 굳이 직업적 소설가가 되겠다고 결심한 것이니까, 그 결심 자체가 편견과 호기심의 대상이 되기 쉬었습니다. 히구치 나쓰 자신은 그런 사실을 자각해서 이른바 '주체적인 자기실현'의 행위로 선택했던 것은 아니고, 오히려 생활에 곤란을 겪던 끝에 생각했다는 면이 강하지만, 그렇기 때문에 그녀의 시도는 한층 위험하고 대담한 행위였다고 해야 할 것입니다.

그녀가 나카라이 도스이의 제자로 들어간다는 것도 당시의 사회 통념에서 보자면, 도스이가 후원자가 되는 것을 의미했습니다. 이것이 그녀의 행위를 대담하다고 한 또 하나의 이유입니다. 왜냐하면 만약 도스이를 방문한 사람이 소설가를 지향하는 젊은 남자였다면, 도스이는 그를 서생으로 자신의 집에 두고 소설의 자료 수집이나 원고 정서를 돕게 할 수 있었기 때문입니다.

그러한 도제적인 사제 관계는 당시 결코 드물지 않아서, 예를 들어 야자키 신시로矢崎鎮四郎라는 청년은 잠시 쓰보우치 쇼요의 집에서 서생으로 있다가 사가노야 오무로라는 필명의 소설가로 독립했습니다. 이 필명은 하루노야 오보로라는, 쓰보우치 쇼요가 소설을 쓸 때 사용했던 필명에서 유래된 것입니다. 이즈미 교카泉鏡花(1873-1939)[108]도 젊은 시절 오자키 고요尾崎紅葉(1867-1903) 집 문지기를 하며, 고요의 원고를 정서하면서 소설쓰기 연습을 하고 자신의 소설을 발표하는 데 도움을 받았습니다. 도스이도 이미 서생

108 이즈미 교카泉鏡花 : 1873-1939, 소설가. 오자키 고요에게 사사. 메이지 · 다이쇼 · 쇼와 시대를 통해 낭만주의 문학에 독자적인 경지를 열었다. 작품에는 〈야행순사夜行巡査〉, 〈고야성高野聖〉이 있다.

두 명을 둘 정도로 유력한 소설가였지만, 상대가 젊은 여자라면 그것은 불가능합니다. 도스이로서는 지도는 승낙했지만 서생으로서 들어와 살게 할 수도 없고 보수를 줄 수도 없는, 그때까지의 상식에는 없는 관계를 어떻게 설정하면 좋을지 골치가 아팠겠지만, 이를 거꾸로 보면 그녀는 그러한 걱정을 상대에게 강요하는 듯한 의뢰를 — 이 또한 별로 자각하지 않은 채 — 도스이에게 하게 됩니다.

이 여성이 후에 히구치 이치요라는 이름의 소설가로 알려지게 되고, 소설과 같은 정도의 분량의 〈일기〉를 남겼습니다. 현대의 히구치 이치요 연구자는 반드시 이 〈일기〉를 언급하며 다양한 추측을 섞은 이야기를 연구논문이라는 이름으로 양산하고 있지만, 그것들을 읽어보면 의외로 이상과 같은 단순한 사항들을 간과하고 있는 것 같습니다. 그런 만큼 저는 여기서 우선 그 단순한 사실에서 드러나는 것을 확인하면서, 이 시대에 글 쓰는 여성이 탄생하는 최초의 모습을 포착해 보고자 합니다.

소설가의 고심

그러면 다시 그녀가 도스이의 집을 방문했을 때의 모습을 소개하겠습니다.

> 음력 4월 15일 비 약간. 오늘은 일찍이 노노미야 기쿠코野々宮きく子 씨가 소개해주신 나카라이 도스이 선생을 처음 뵙는 날이다. 점심이 조금 지났을 무렵 집을 나섰다. 선생이 사시는 곳은 바다에서 가까운 시바芝의 미나미 사쿠마초南佐久間町라는 곳이다. 〔…〕 첫 인사를 정중하게 드렸다. 난 그런 일에 익숙하지 않아서 귀가 빨개지고 입술이 말라 할 말도 생각이 나지 않고 할 말도 없어서 오로지 절만 했다. 남이 보기에도 얼마나 바보 같았을까 생각하니 부끄러웠

다. 선생의 나이는 서른 정도 되어 보이셨다. 용모를 너무 드러내어 묘사하는 것은 무례한 일이지만 내 생각을 그대로 쓰고자 한다. 얼굴빛이 아주 좋고 온화하게 조금 웃으시는 모습이 실로 3살 먹은 어린 아이도 따를 것 같다. 키는 훤칠하게 크고 몸집이 좀 있어서 참으로 훌륭하다. 서서히 당시의 소설에 관해 이야기해 주시고 "내 취향에 맞는 것은 사람들이 좋아하지 않는다. 사람들이 좋아하지 않는 것은 팔리지 않는다. 일본 독자의 눈이 유치하다. 신문소설이라고 하면 흔해 빠진 간신적자奸臣賊子의 이야기 혹은 간부음녀奸婦淫女의 행적을 쓰지 않으면 팔리지 않는 것을 어찌하리. 내가 지금 저술하는 몇 편의 소설이 다 내 마음에 꼭 들어서 쓰는 것은 아니다. 그렇다면 세상의 학자라 하고 식자라 하는 사람들에게 비난 공격을 받게 되니 어찌하리. 나는 명예를 위해 글을 쓰는 것이 아니다. 부모형제를 부양하기 위해서 글을 쓴다. 그 부모형제를 위해 비난도 무릅쓰는 것이다. 혹시 기회가 있어서 내 마음대로 소설을 쓸 수 있는 날이 있을까. 기꺼이 이 비난을 받아들일 것이다"라고 말씀을 끝내시고 크게 웃으시는 모습이 참으로 그렇겠구나 싶은 생각이 든다. 또 말씀하시기를 "자네가 소설을 쓰고자 한다는 이야기를 노노미야군으로부터 들어서 알고 있다. 뭐 그렇게 어려운 문제는 아닐 것이니 잠깐만 참아라. 내게 스승이라고 할 만한 능력은 없지만 의논 상대는 언제라도 될 테니, 사양 말고 찾아오라"라고 매우 정중하게 말씀하시는데 한없이 기뻐서 눈물이 먼저 나왔다. 〔…〕 돌아오는 길에 써두었던 소설의 초고 1회분을 놓고 선생님의 저작 소설 네다섯 권을 빌려 왔다. 선생님의 세심한 배려로 인력거를 타고 8시 정도에 집에 도착했다.(밑줄, 대화의 인용부는 카메이亀井. 이하의 인용도 동일)

나카라이 도스이는 이때 〈개화의 보복開花の仇討〉(1891년 3월, 고킨당古今堂)을 발표하는 등 이미 이름이 알려진 전기소설伝奇小説 작가였습니다. 단지 주로 신문을 발표 무대로 삼기도 해서, 밑줄 친 부분과 같은 콤플렉스를 안고 있었던 것 같습니다. 제2장에서 소개했던 바와 같이, 당시의 신문소설은 '연재물'에서 파생되어 역사가 일천하고, 대중 독자들은 여전히 천하를 노리는 음모가나 독부의 말로를 그린 이야기를 원하고 있었습니다. 그러한 요구에 계속 부응하는 것이 과연 도스이의 본심에 반하는 것이었는지 어떤지 진실은 알 수 없습니다. 그러나 '세상의 학자나 식자라 하는 사람들'의 소설을 멸시하는 발언을 듣고 보게 되어, 그런 풍조에 대한 감정의 굴절에서 그는 일본의 독자를 "유치"하다고 하고, "내가 지금 저술하는 몇 편의 소설이 다 내 마음에 꼭 들어서 쓰는 것은 아니"라는, 변명이라고도 불만이라고도 할 수 있는 말을 했다고 봐도 무방할 것입니다.

왜 그런 판단을 했는가 하면 당시는 '순문학'이라는 말이 막 생겨난 시기였으며, 게다가 그것은 현대와 같이 '대중문학'과 대비되는 의미로 사용된 것이 아니었기 때문입니다. 즉 실제로 '순문학'과 '대중문학'의 구별이 있었던 것이 아니라, 요컨대 소설쓰기와 같은 것은 제대로 된 인간이 할 직업이 아니라고 간주되고 있었습니다. 에도 시대, 샤레본이나 닌쬬본의 작가에 대해 세상은, "어차피 저런 사람들은 유곽에서 놀다가 신세를 망치고, 돈에 쪼들린 끝에 속속들이 알고 있는 유곽의 정사情事 이야기를 글로 쓰기 시작한 것이니, 신세를 망친 도락자道楽者가 주흥을 돋우는 광대가 되는 것이나 같다"고 보고 있었던 것 같습니다. 실제 작가가 반드시 그런 경력의 소유자였던 것은 아니었지만, 작가 자신이 그러한 인상을 주려고 연출했던 면도 있어 그런 종류의 사회 통념은 메이지 시대에도 뿌리 깊게 남아 있었습니다.

따라서 히구치 나쓰의 〈일기〉만 읽어보면, 도스이가 초면의 여성에게 별안간 자신의 고심을 이야기하는 약간 본데없는 남자로 보이지만, 사실은 위와 같은 상황에서 여성이 소설을 쓰는 것이 얼마나 어려운 일인지 그 점에 대해 그녀에게 주의를 주려고 했던 것으로 생각됩니다. 이는 도스이도 나중에 "이치요 여사"라는 문장을 쓰고 이날의 일을 이런 식으로 회상하고 있기 때문입니다. — 나는 직접 만나서, "당신(히구치 나쓰)이 원하는 바는 노노미야에게 상세히 들어 알고 있지만, 나는 반대이다. 남자도 소설을 쓰면 세상이 도락자로 여긴다. 하물며 여자의 몸으로 각종 비난을 받는 것은 매우 괴로운 일일 것이다. 원컨대 다른 방면에서 직업을 구해 봐라"라고 온갖 말로 충고하였습니다.

그런데 재미있는 것은 나쓰가 그 말은 마음에 두지 않고, 도스이가 "뭐 그렇게 어려운 문제도 아닐 것이니 잠깐만 참아라"라고 동정하여 격려한 말만을 기록한 점입니다. 이것은 그녀의 굳은 의지에 꺾여, 도스이가 "그렇게까지 원한다면 우선 시험 삼아 써봐라"라고 한 말만을 기억한 것으로 봐도 될 것입니다. 이런 식으로 같은 날의 대화이지만 두 사람이 기억하는 내용은 미묘하게 다른데, 이 문제는 후에 다시 거론하겠지만, 어쨌든 이와 같은 형태로 그녀의 소설 수행은 시작된 것입니다.

히구치 나쓰의 부주의

그러면 왜 그녀는 나카라이 도스이를 찾아가게 되었는가. 그 경위를 간단히 소개하면, 1872년생의 이 젊은 아가씨는 1883년 12세 때 소학교 고등과의 첫 1년을 막 끝내고 자퇴하고 — 이유는 모친이 여자에게 고등교육은 필요 없다고 반대했기 때문인 것 같습니다 — 1886년, 나카지마 우타코中島歌子라는 가인歌人이 연 하기노야萩の舎라는 우타歌 학원에 입문하여, 와카和歌나

습자, 고전문학 등을 배웠습니다. 그런데 1887년에 오빠가 죽고, 2년 후인 1889년에는 아버지가 돌아가시면서 수입이 끊기고 말았습니다. 이 때문에 그녀는 스스로 생활비를 벌어야만 했는데, 그에 조금 앞서 함께 하기노야에 다니고 있던 친구인 다나베 가호田辺花圃가 〈덤불의 휘파람새藪の鶯〉(1888년 6월, 긴코토)라는 소설을 발표하여 돈을 벌었다는 사실을 알고, 자신도 소설을 써서 돈을 벌고자 결심했습니다. 때마침 여동생인 구니邦、国子의 친구, 노노미야 기쿠코라는 여성이 나카라이 도스이의 여동생과 아는 사이여서, 기쿠코의 소개로 도스이를 찾아가게 되었던 것입니다.

여기에서도 알 수 있듯이, 그녀에게는 뒤를 봐줄 만한 인물이 없었습니다. 예를 들어 나카지마 쇼엔中島湘烟[109]은 다나베 가호에 앞서 〈선악의 갈림길善悪の岐〉(1887년 11월, 여학잡지사女学雑誌社)을 발표하여, 이른바 여류 소설가의 선구자가 된 여성이었습니다만, 쇼엔은 교토의 유복한 상인의 집에서 태어나, 젊었을 때는 궁중에서 일한 적도 있고, 당시의 자유당이라는 정당의 부총리인 나카지마 노부유키中島信行와 결혼한 사람이었습니다. 다나베 가호의 아버지는 에도 시대에는 도쿠가와 막부의 외국 행시관으로 두 번 외국에 출장을 명령받을 만큼 인정을 받아 메이지 유신 이후에는 신정부의 외무성 고관, 후에는 원로원 고관이 되었습니다. 가호 자신은 메이지 여학교와 도쿄고등여학교에서 공부하고, 〈덤불의 휘파람새〉 집필에 즈음해서는 쓰보우치 쇼요의 지도를 받아, 출판할 때도 쇼요가 서문을 써주었

---

109 나카지마 쇼엔中島湘烟 : 1863-1901, 여류민권운동가. 〈동포자매에게 고한다同胞姉妹に告ぐ〉를 《자유등自由灯》에 연재하는 등, 여성해방을 위해 눈부신 활약을 보였다.

습니다. 또 기무라 아케보노木村曙는 후시미伏見의 유복한 상인 집안에서 태어나, 도쿄여학관에서 영어와 프랑스어를 배우고 가업을 돕는 틈틈이 쓴 문장이 당시의 유력한 소설가 아에바 고손饗庭篁村[110]에게 인정을 받아 〈부녀의 귀감婦女の鑑〉(1889년 1월 3일-2월 28일, 《요미우리신문》)을 발표할 수 있었습니다. 레르몬토프[111]의 〈욕천기浴泉記〉(1892년 10월-1894년 6월, 《시가라미 조시しがらみ草紙》)의 번역으로 알려진 고가네이 기미코小金井喜美子는 모리 오가이의 여동생으로, 의학박사 고가네이 요시키요小金井良精의 아내였습니다.

이렇게 그녀가 소설을 쓰려고 했던 시기를 전후하여 문학 활동을 개시한 여성들은 모두 사회적으로 높은 지위나 직함을 가진 육친이나 배우자의 후원을 받고 있었습니다. 즉, 사회적으로 저명한 인물의 집안사람이고 배우자라는 뒷받침에 의해 그녀들의 작품은 교양 있는 가정에도 악영향을 미치지 않는, 오히려 가정의 품위를 높이는 가치 있는 것으로 보증받았던 것입니다. 그것이 당시의 실정이었습니다. 실로 그 점이야말로 당시의 여성 작가의 위치를 상징하고 있다고 해도 과언이 아닌데, 히구치 나쓰는 어떤 의미에서도 그러한 뒷받침을 해줄 배경을 가지지 못했습니다. 그런 의지할 곳 없는 입장의 젊은 아가씨가 작은 연줄에 기대어 나카라이 도스이의 집을 찾아온 것이기 때문에, 도스이의 좋은 점만을 찾아내어 자신의 행운을 스스

---

110 아에바 고손饗庭篁村 : 1855-1922, 소설가, 희곡평론가. 풍자 · 골계滑稽에 능했다. 작품집 《대숲むら竹》 등이 있다.

111 레르몬토프Mikhail Y. Lermontov : 1814-1841, 러시아 작가. 고아한 서정시, 분노나 고립감을 담은 시나 소설을 씀. 시집 《악마》, 소설 〈현대의 영웅〉이 있다.

로 믿게끔 하는 긴 〈일기〉를 쓴 그 심정은 쉽게 헤아릴 수 있을 것입니다. 어쨌든 그러한 사정 때문에 그녀는 도스이를 방문했을 때 그와의 대화에서 인상에 남았던 말로 "나는 명예를 위해 글을 쓰는 것이 아니다. 부모형제를 부양하기 위해서 글을 쓴다"는 내용을 적고 있습니다. 그렇지만 앞서 나왔던 도스이의 회상에서는 그 말을 그녀가 한 것으로 되어 있습니다. 비교해 보면 여러 가지 흥미 있는 점이 발견되므로, 보다 확실히 하기 위해 도스이의 회상 '이치요 여사一葉女史'도 소개해 두겠습니다.

> 어느 일요일 오후, 회사도 학교도 쉬기 때문에 온 가족이 모여 과자를 먹고 차를 마시며 왁자지껄할 때, 조심스럽게 작은 목소리로 찾는 자가 있었습니다. 응대하러 나간 여동생을 따라 현관에서 조용조용 들어온 사람이 히구치 나쓰코 씨. 때마침 시기도 지금쯤으로 겹옷을 입고 있었는데, 줄무늬도 색깔도 매우 나이 들어 보이며 허리띠도 그에 상응하는 취향. 별로 숱이 많지 않은데 머리를 양 갈래로 약간 처지게 내려 묶은 데다가 장식도 없어서 매우 초라해 보였습니다. 어느 쪽인가 하면 키가 작은데 조금 등을 굽히고, 안색이 별로 좋지 않은 얼굴에 가능한 한 애교스럽게 보이려고 하면서 정숙하게 들어와서 정중하게 인사하고 나서 매우 어려워하며, 얼굴도 제대로 못 들고 어깨로 두세 번 호흡하고 나서, 낮지만 정확한 말씨, 물론 공손을 다한 말씨로, 옛날 궁녀가 심부름을 온 것 같아 만에 하나라도 건방지다는 느낌을 주지는 않을까 어떻게 하면 여자답게 보일까 그것에만 마음을 쓰는 것 같았습니다. 나를 비롯한 형제들도 입에 침이 마르도록 방석을 권했지만 결국 그것도 깔지 않고 두 시간 정도 대화를 했기 때문에, 예의범절에 익숙하지 않은 우리들은 무릎도 다리도 끊어질 듯이 아팠습니다. 그렇게 힘들게 두 시간이나 마주 앉아 별 내용도 없는 이야기를 하다 돌아간 나쓰코 씨는 수일 후에 노노미야 여사를 통해 나에게 부탁을 했습니다. 나는 소설을 써보고 싶다, 꼭 쓰게 해 달라고 하며 4, 5일 후에 나쓰코 씨는 미처 완성하지 못한 바느질감을 가지고 찾아왔습니다. 나는

> 친히 맞이하며 당신이 원하는 것은 노노미야 씨으로부터 자세히 들어 알고 있지만, 반대이다. 남자도 소설을 쓰면 사람들이 도락자처럼 여긴다, 하물며 여자의 몸으로 각종 비난을 받는 것은 매우 괴로운 일일 것이다, 또한 당신은 체력도 별로 강한 편이라고 생각되지 않는다, 원컨대 다른 방면에서 직업을 구하라며 온갖 말로 타일렀지만, 아무래도 바느질 정도로는 엄마와 여동생을 충분히 부양할 수도 없다, 어떤 비난도 감수할 테니 꼭 하게 해 달라는 것이었습니다. 그렇게 원한다면 우선 시험 삼아 써봐라, 그 후에 고요 씨 외의 다른 대가에게도 소개하겠다, 단 둘 다 독신이기 때문에 사람들의 의혹을 피하기 위해 가능한 한 편지로 되는 일은 편지로 보내라고 말해 두었습니다.
>
> 십여 일이 지나서 단편소설을 가지고 왔습니다만, 참으로 훌륭한 필적으로 와카를 써서 부치는 시키시色紙(단자쿠短冊)에 냈으면 싶은 것을 열 줄짜리 괘지에 술술 써내려갔고 문장도 훌륭했지만 너무 훌륭해서 신문이나 잡지에는 어떨까 하는 생각이 들었습니다. 그 고상함이 좋지 않아서 나는 내 생각을 이야기했습니다. 나쓰코 씨는 매우 기뻐하며 또 일주일 후에 고쳐 왔는데 〈밤벚꽃闇桜〉이라는 제목으로 무사시武蔵(1907년 6월, 《중앙공론中央公論》) 제1호에 실렸던 소설입니다. (밑줄은 저자〔가메이〕)

히구치 나쓰의 〈일기〉가 공표된 것은, 그녀가 죽고 나서 16년 뒤인 1912년 5월 《이치요 전집一葉全集》(하쿠분칸)에서였습니다. 따라서 도스이는 아마 〈일기〉의 존재조차 알지 못한 채 위와 같은 회상을 했겠지만, 양자의 증언은 어떤 의미에서는 약속이라도 한 듯이 딱 일치하고 있습니다. 〈일기〉 속의 나쓰는 무척 긴장한 채 인사를 했고, 도스이의 눈에 그녀는 변변치 못한 옷차림과 조심스러운 말투로 완고할 정도로 옛날 궁녀 풍의 범절을 지키면서, 상대방을 거북하게 하는 여성으로 비춰졌습니다. 도스이 등이 정신적으로 지친 나머지 그녀가 돌아간 뒤에 안도의 한숨을 쉬는 모습이 마치 눈에 보이는 듯합니다.

그렇지만 어쨌든 도스이의 회상에는 나쓰가 "어머니와 여동생을 충분히 부양하기" 위해서라고 되어 있습니다. 그런 의미에서 나쓰와 도스이는 이른바 자신이 한 말을 상대방이 한 것처럼 쓴 셈입니다. 그러나 어느 쪽도 거짓말은 아니었다고 봐야 할 것입니다. 그것은 서로 상대방을 이해할 수 있다고 여긴 최초의 공통기반이었기 때문입니다. 두 사람은 소설을 쓰는 것이 "하늘의 계시靈感를 받은 예술가에게만 허락되는", "정신적으로 극히 숭고하고 뛰어난 행위"라는 관념을 입밖으로 내지 않았습니다. 그녀는 나중에 히구치 이치요라는 이름으로 알려지고 나서, 《문학계文学界》[112](1893년 1월 창간)의 도가와 슈코쓰戸川秋骨[113]나 바바 고초 등과 교제를 하게 되지만, 이런 단적이고 정직한 상호이해는 불가능했던 것은 아닐까요.

다만 이때의 도스이는 자신은 부모형제를 부양하기 위한 매문売文 이외에도 써야 할 것을 마음에 담아두고 있다는 의미의 이야기를 하고 있지만, 나쓰는 그런 것을 가지고 있지 않았습니다. 이것은 일본 현대문학 연구자가 말하는 '내적 필연성'이라든가 '내발적 동기'와 같은 문제가 아닙니다. 도스이는 처음부터 대중적인 신문 독자를 상대로 모노가타리를 만들어 왔음에 틀림없고, 단지 앞서 본 것과 같은 콤플렉스에서 생겨난 욕구를 언젠가 마음껏 충분히 표현해 보고 싶다고 한 것이라 할 수 있습니다. 그렇지만 나쓰에게는 아직 그런 경험이 없었습니다. 또 그뿐만이 아니라 그녀는 소학교 시절,

112 《문학계文学界》: 1893년 1월 창간된 잡지. 기타무라 도코쿠, 시마자키 도손, 우에다 빈上田敏 등이 동인으로 당시 문단에 청신한 낭만주의를 도입했다. 종간은 1898년 1월.

113 도가와 슈코쓰戸川秋骨: 1870-1939, 영문학자, 수필가. 기타무라 도코쿠, 시마자키 도손등과 친교를 맺고, 《문학계》에 참가했다.

에도 시대의 구사조시를 탐독했던 적이 있는 것 같고, 하기노샤에 다니게 되고 나서부터는 아마도 와카 공부를 위해 《겐지모노가타리》를 비롯한 고어체 모노가타리를 공부했지만, 동시대의 소설 경향은 거의 모르고 있었습니다. 그것은 그녀가 최초로 발표한 〈밤벚꽃〉(1892년 3월, 《무사시노武蔵野》)이라는 소설의, 계절과 동떨어진 구상과 문체에서 추측할 수 있습니다.

음력 4월 21일. 〔…〕 이날 일전의 소설에 이어지는 부분을 더 써서, 내일은 도스이 선생을 찾아가려고 그날 밤 정서를 했어야 하는데, 5회분 정도 썼을 무렵에 어머니가 너무 밤이 깊었으니 내일 하라고 말씀하셔서 그만두었다.

22일 예의 오후부터 도스이 선생을 찾았다. 이런저런 이야기를 들려주시고 "일전 소설의 1회분은 신문에 싣기에 조금 문장이 긴 데다가 고어체가 너무 많다. 조금 더 속어조로"라고 가르쳐 주셨다. "또한 여러 학자들도 소개하려고 했지만 약간 신경 쓸 일도 생길 것 같아서 그만두었다. 하지만 내 친구 고미야야마, 즉진거사小宮山即真居士는 좋은 스승이라고 할 만한 사람이므로 그 쪽에는 소개할 것"이라고 말씀하셨다. 어젯밤에 쓴 소설을 첨삭해 달라고 두고 이날은 일찍 돌아왔다. 사람은 한 번 봐서 좋아 보여도 두 번째는 그렇지 않는 사람도 있다. 선생은 전날 뵈었을 때보다 오늘 더 친근한 듯해서 참으로 고마운 사람이라는 생각이 들었다.

이런 조언과 지도 결과 먼저 〈밤벚꽃〉이 도스이의 주선으로 활자화되었던 것인데, 그 첫머리는 다음과 같은 것이었습니다.

칸막이 나지막한 담장의 겐닌지建仁寺가 말고 서로 같이 쓰는 우물은 깨끗하고 깊은 처마 끝에 핀 매화나무 한 그루는 양가의 봄을 보여주며 향기도 서로 나누는 나카무라 소노다中村園田라고 하는 집안이 있다. 소노다의 주인은 재작

> 년에 작고하고, 상속은 료노스케良之助라는 22살의 젊은이로 모 학교 학생이라더라. 나카무라 집안에는 딸 하나. 아들 하나가 있었지만 요절하여 딸을 일점혈육이라 몹시 총애하는 것은 마치 손 안의 옥비녀, 꽃에 불지도 않는 바람을 먼저 걱정하고, 오래 살라며 이름을 치요千代라고 지은 부모 마음에서 알 수 있을 것이다. 떡잎은 싹부터 알아본다고 사람들의 칭찬이 자자한 꽃의 모습은 비를 재촉하는 음력 3월의 산에 피어나기 시작한 꽃봉오리 같아 언제 만개할까 하고 기다리는 잎 사이로 머뭇거리는 달처럼 아름다운 16살의 틀어 올린 머리에 부드러운 붉은 옷은 화원에 심어도 숨겨지지 않는 나카무라가의 따님이라고 모르는 사람들에게도 소문이 자자하니, 미인도 귀찮기도 하겠지.

나쓰의 〈일기〉에 의하면, 도스이는 원고를 보고 "너무 고어체가 많으니 조금 더 속어조로" 하라고 조언했다고 합니다. "속어조로" 하라는 것은, "좀 더 속어를 사용하여"라는 의미였다고 생각되는데, 그 충고에 따른 결과가 이 정도 문장이었다면 처음 단계에서는 더 심한 고어체였을 것입니다. 우리들은 그것을 볼 수 없지만, 이 〈밤벚꽃〉으로 추측건대 당시 나쓰의 관심은 주로 고전적인 수사를 구사하는 데 있었다고 판단할 수 있습니다.

예를 들어 "향기도 서로 나누는 나카무라 소노다 가문"은 '서로 나누는 사이'와 '나카무라'의 가케코토바掛詞[114], "손 안의 옥비녀"는 '수중의 옥'과 '옥비녀'의 가케코토바, "만개는 언젤까 기다리는 나뭇잎 사이"는 '만개는 인제일까 기다린다'와 '소나무 잎 사이'의 가케코토바입니다. 또 "센단의 두 잎 서넛부터"는 '될성부른 나무는 떡잎부터 알아본다'는 속담을 기초로 하여, '3, 4세경부터 크면 분명히 아름다울 것이라고 생각하게 하는 귀여움으로'라는 표현을 계속하여, 2, 3, 4라는 숫자를 겹친, 수사상의 기교입니다.

---

114 가케코토바掛詞 : 수사법의 하나. 한 낱말에 두 가지 이상의 뜻을 갖게 하는 것.

에도 시대에는 여자가 가장 아름다운 것은 16세경이라는 사회 통념이 있어서, "나이는 18인지 19인지" ('연령은 이팔(28)의 16세 정도로, 아직 이구(29) 18세는 되지 않았을 것이다'와, '밉지 않고'의 가케코토바)라는 말장난이 있었습니다. 그녀가 이 모노가타리의 여주인공 치요를 16세로 설정한 것은 그것을 답습한 것이 틀림없습니다.

도스이로부터 "좀더 속어조로" 하라는 조언을 받고도 여전히 이런 판에 박은 수사법으로 시종일관하고 있는 점으로 미루어 보아 그녀의 원고는 그저 규범적인 고어문을 충실하게 모방했을 뿐이 아닌가 생각되지만, 어쨌든 이런 글쓰기는 그녀가 처음으로 도스이를 방문했을 때의, 옛날 궁녀풍의 예의범절을 지키고자 했던 자세와 공통된다고 생각됩니다. 그것은 모노가타리 내용과도 공통이 되고 있습니다. 이 모노가타리의 여주인공이라 할 수 있는 치요는 어릴 적 동무인 료노스케에게 연심을 품게 되고 둘이서 산보하는 것을 친구들이 놀린 것을 계기로 확실히 사랑을 자각하게 되지만, 료노스케에게 그것을 말할 수 없어 혼자 생각하며 고민하다가 병에 걸려 내일을 장담할 수 없는 상태가 되고 만다는 줄거리를 원고용지 불과 13장 정도로 쓴 '소설'이었습니다. 이치요는 어릴 적 동무에 대한 짝사랑이라는 흔한 설정을 비극으로 꾸미고자 그저 오로지 마음에 담아두고 참는 사랑이라는 모티브를 사용한 것입니다. 어릴 적 동무와의 사랑의 파탄이라는 모티브는 다음의 〈늦서리 別れ霜〉(1892년 4월, 《개진신문改進新聞》, 서명은 사스가노 시카코春日野しか子)에서도 사용되고 있습니다.

부모를 닮지 않은 자식을 도깨비 자식이라고 부르지만 매가 낳은 독수리鷹(다카)라고 올해 이팔청춘 꽃봉오리 색깔도 화려하고 냄새도 향기로워 아마 당대의 고마치 소토오리[115] 공주님이 세상에 내놓지 않은 것도 당연한 것인가. 거친 바람이라도 불면 그 버드나무 같은 허리 어떻게 할까 하고 뭇사람들의 입에 오르내리고 고토이나리 축일에 뒷모습만이라도 볼 수 있는 젊은이는 영예롭고 행복 다시 없으리라. 졸업 시험의 우등증은 무엇인가 하며 국회의원 자리에 견주어 평생의 희망의 하나로 삼는 학생도 있었다.

이것은 〈밤벚꽃〉에서 치요를 소개한 것과 질이 같은 문체이지만, 그것을 에도 시대의 닌죠본처럼 다소 격식을 차리지 않고 썼음을 금방 알아 차렸을 것입니다. 첫 부분의 표현은 '부모를 닮지 않은 아이를 도깨비 자식이라고 한다'는 에도 시대의 속담과 '매가 독수리를 낳는다'(평범한 부모에게서 뛰어난 자식이 태어난다)는 속담을 연결하여 이 '다카鷹'에게 여주인공의 이름 '다카高'를 중첩시킨 언어유희이며, 이어서 '올해 이팔청춘 꽃봉오리'라고 하고 있는데 이는 '나이는 이팔인가 이구'라는 표현을 염두에 두고 사용한 것입니다. '냄새匂'는 오늘날에는 후각이 느끼는 향기를 의미하지만 에도 시대까지는 또 하나 내면으로부터 빛을 발하는 아름다움을 의미했습니다. 나쓰는 후자의 의미로 사용해서 예로부터 일본의 대표적인 미인으로 간주되었던 오노노 고마치小野小町와 소토리 히메衣通姬의 이름을 예시하여 오타카가 최상급의 미녀임을 강조한 것입니다. 소토리 히메는 그 아름다움이 옷을 통해 빛을 발한다는 뜻에서 붙여진 이름으로 '냄새'와 소토리 히메가 연관되는 말임은 말할 필요도 없습니다.

---

115 고마치 소토오리 : 일본의 대표적 미인으로 간주되는 오노노 고마치와 소토리 히메의 이름을 합성한 것.

게다가 주목해야 할 것은 〈밤벚꽃〉은 치요를 바느질 좋아하는 처녀로 소개하고 있을 뿐이지만 〈늦서리〉의 화자는 좀더 나아가 오타카가 무엇을 지향하고 있으며 어떤 교양을 익힌 처녀인지를 자세하게 서술하고 있습니다. 그에 의하면 오타카는 거문고와 피리에 능하고 히라가나 초서체를 능숙하게 쓰며 《이세모노가타리伊勢物語》,[116] 《겐지모노가타리》와 같은 야마토 문장やまと文章[117]의 서적을 즐기고 여성의 본분은 바느질이라고 생각하고 있는 정말 마음가짐이 바른 처녀였습니다. 이 점에서 그녀는 에도 시대의 여성관에 의해 조형되었다고 할 수 있습니다. 왜냐하면 에도 시대에는 수많은 여성교훈서가 출판되었지만 모든 여성교훈서는 공통적으로 '여성의 네 가지 기예' 즉 여성이 몸에 익혀야 할 네 가지 기예로서 서예, 재봉, 노래詠歌, 악기를 들고 있기 때문입니다. 뿐만 아니라 네 가지 부덕婦德을 기르기 위해 일곱 살부터 가나 문자를 익히게 하고, 나이가 더 들면 '음사淫思가 없는 옛 시가'를 읽혀 풍아한 도를 가르치는 것이 좋다고 되어 있었습니다.

이와 같이 나쓰는 오타카를 에도 시대의 부덕의 구현자로 설정하고 있는 것으로 그녀의 이상형에 대한 선호는 이러한 점도 잘 나타난다고 볼 수 있습니다. 그러나 그녀는 그 여주인공이 이만큼 좋은 조건을 갖추고 있었음에도 불구하고 오타카에게 행복한 운명을 부여하지는 않았습니다. 그 이야기는 다음과 같이 진행됩니다.

---

116 《이세모노가타리伊勢物語》: 헤이안 시대의 우타모노가타리歌物語. 작자 미상. 아리하라 나리히라在原業平 같은 남성의 일대기풍으로, 호색, 즉 남녀의 정사情事를 중심으로 풍류적인 생활을 노래한 약 125개의 설화로 이루어져 있다.

117 야마토 문장やまと文章: 주로 헤이안 시대의 일본의 아어체으로 이루어진 문장.

유복한 포목상 가정에서 성장해 '네 가지 기예'를 익힌 오타카에게는 한때 요시노스케라는 약혼자가 있었습니다. 요시노스케의 집은 원래 큰 포목상이어서 그의 부친과 오타카의 부친은 양가의 결합을 위해 두 사람을 결혼시키기로 했던 것입니다. 그러나 그 후 오타카의 아버지는 변심하여 음흉한 책략으로 파산시킵니다. 재산을 잃은 그의 양친과 요시노스케는 초라한 셋집을 빌려 이사하고, 그는 세 가족의 생계를 위해 인력거꾼 노릇을 하고 있었습니다.

이야기는 이러한 상황으로 시작되는데, 어느 날 오타카가 음악 선생의 집에 수업을 받으러 갔다가 집에서 마중 오는 차가 늦어서 길가에 나가서 인력거를 잡았더니 그것이 요시노스케가 끄는 인력거였습니다. 동요한 오타카는 자기 집에 인력거를 대 달라는 말을 하지 못하고 인력거를 여기저기로 달리게 합니다. 결국은 아는 음식점에 인력거를 세우고 방으로 요시노스케를 불러 자신의 심정을 털어놓았습니다. 처음에 요시노스케는 오타카의 말을 거부했지만 점차 완고한 그의 마음도 풀려 다시 결혼을 약속합니다. 그러나 요시노스케의 부친은 오타카를 받아들이지 않습니다. 셋집으로 찾아온 오타카를 쫓아내고 맙니다. 절망한 오타카와 요시노스케는 동반자살을 결심하고 요시노스케는 단도로 가슴을 찌르고 죽지만, 오타카는 뒤를 쫓아온 하인에게 저지당하고 맙니다. 집으로 끌려온 오타카는 방에 유폐되어 7년 동안 유모의 감시하에 놓이지만 어느 날 밤 같은 방에 기거하는 유모가 잠든 틈에 방에서 마당으로 빠져나옵니다.

나쓰는 그 후의 오타카의 행동을 애매하게 묘사하고 있습니다. 그러나 유모의 말을 통해 판단해 보면 오타카는 소나무 가지에 목을 매고 말았다는 사실을 읽어낼 수 있습니다.

이 소설을 당시의 비평가들이 어떻게 평가했는지 그 구체적인 예를 저는 모릅니다. 다만 당시의 대표적인 비평가 이시바시 닌게쓰의 기준에서 보자면 이 작품은 결코 높은 평가를 받지 못했을 것이라고 추측할 수 있습니다. 왜냐하면 이시바시 닌게쓰는 〈죄과론罪過論〉(1890년 4월 1-3일, 《고코신문江湖新聞》)에서 "적어도 소설이라는 이름을 붙일 수 있는 소설이란 어느 것이나 모두 인물의 의사意思와 기질에서 나오는 행위 및 그 결과로 성립되지 않는 것은 없다"라는 원칙을 내걸고 있었기 때문입니다. 나아가 그는 대저 비극이라 부를 수 있는 소설은 주인공의 의사나 기질과 시대의 기운의 충돌을 그려야 한다는 기준에 의해 동시대의 소설에 비판을 가하지만 이는 독일문학에서 수입한 공식주의이기 때문에 오히려 강력한 영향력을 가지고 있었습니다. 그러한 기준에 비추어 보면 오타카의 비극은 그녀 자신의 의사와 기질이 원인이라기보다는 그녀의 부친의 악행과 요시노스케 부친의 옹고집에 내몰린 결과였습니다. 또 오타카의 자살도 그녀의 의지와 기질과 시대의 기운의 충돌에 의한 것이 아니라 그녀가 고민한 결과로서의 동반자살에 지나지 않았던 것입니다.

도스이의 배려

다만 만약을 위해 말씀드리자면 나는 이시바시 닌게쓰와 같은 평가 기준을 지지하지 않습니다. 그보다 당시의 소설비평의 방향과 히구치 나쓰의 소설 사이의 간극이 얼마나 큰 것이었는지 확인해 두고 싶었기 때문입니다. 나는 또한 그녀의 작품을 독창성의 유무라는 관점에서 평가하려는 것은 아닙니다. 그런 관점에서 평가를 한다고 해도 그녀에게는 자신의 의도와 무관한, 의미 없는 평가에 지나지 않을 것입니다. 그녀는 에도 시대의 구사조시를 탐독하던 소녀 시절을 거쳐 하기노샤에서 고전 모노가타리를 배웠으며 이른바 닌죠본에 등장한 '모노가타리를 읽는 여자'가 이번에는 그녀 자신이 모노가타리를 써 보려고 한 것이므로 모노가타리 패턴의 재고在庫는 극히 제한된 것일 수밖에 없었습니다. 그리고 자신이 듣고 본 사건을 모노가타리에 반영시킨다는 '근대문학'적인 발상은 아직 몰랐을 것입니다. 그럼에도 불구하고 자기가 쓴 모노가타리를 팔아 보겠다고 나섰으니 상당히 뻔뻔스럽고 대담한 결심인 셈입니다. 그러므로 그녀가 할 수 있는 일이란 고작해야 슬픈 연애 이야기를 독자의 마음에 들 것 같은 수사들을 능숙하게 이어 붙여 장식하는 정도였습니다.

최근 페미니즘적 입장에 선 연구에서는 히구치 이치요의 초기 소설의 대부분이 짝사랑을 테마로 하며 동반자살이라는 비극적 결말로 끝나는 것은 나카라이 도스이의 조언과 지도의 결과로 보고 있습니다. 게다가 이런 입장의 연구자들은 그러한 유형성을 도스이의 주술에 걸린 탓이라 하며 이치요는 그 주술에서 해방되지 않고서는 빼어난 소설을 쓸 수 없었다고까지 단정하고 있습니다. 이것은 도스이와 나쓰의 관계를 '남성/여성 – 억압/피억압(혹은 지배/피지배)'라는 이항대립 구도로 환원해 버린 시시한 공식론에 지나지 않습니다. 그들이 전제하고 있는 것은 이치요가 '내발적内発的' 창작 동기를 가지고 있었을 것이라는 '근대문학'적 확신이지만 그들 자신은 그 선입관을 의식하지 못하고 있습니다.

나쓰의 '일기'를 보면 도스이가 자신의 취향이나 창작 방법을 강요하고 있는 것으로 보이지는 않습니다. 오히려 이치요의 고정관념적인 모노가타리 유형과 문체에서 그녀를 해방시키려고 시도했다고 할 수 있습니다. 물론 일반론적으로 말해 나쓰 자신의 감각과 그 배후에 숨겨진 도스이와 나쓰의 역학관계는 별개의 것으로 실은 일종의 표리관계에 있었다고 보는 시점도 가능합니다. 그러나 동시에 도스이가 느꼈던 부담과 그럼에도 불구하고 그녀를 위해 시간을 쪼개고 무상으로 지도를 맡아 주었다는 점도 간과해서는 안 되겠지요. 도스이의 부담을 다음과 같은 부분에서 살펴볼 수 있습니다.

> 음력 4월 25일
>
> 〔…〕 그날 밤 도스이 선생에게서 기별이 왔다. 소설에 대해 할 말이 있고 전에 약속했던 즉진거사에게 소개할 터이니 다른 일이 없다면 내일 오전에 간다의 오모테진보초 다와라라는 하숙으로 오라는 것이었다. 〔…〕 아침 일찍 일어나 보니 하늘은 어느 새 검은 구름으로 덮여 있다. 〔…〕 나는 이 나이가 되도록 하숙집에 사람을 찾아간 적이 없기 때문에 왠지 꺼림칙해서 들어가기는 싫었지만 부끄러운 일이 아니라고 다짐하면서 나카라이 씨 계십니까 라고 물으며 들어갔다. 하녀가 수상하다는 표정으로 누구냐고 묻는다. 내 이름을 말하니 이쪽이라며 데려다 주었다.
>
> 〔…〕 선생이 계신 곳은 2층의 아래 방인 서랍장 등이 늘어서 있어 살림살이가 괜찮은 것 같다고 생각하며 자리에 앉아 그 편지를 쓰고 있다가 "잠깐 실례하겠다"라며 쓰기를 끝냈다. 오늘은 양장 모습이었다. 이윽고 예의 온화한 어조로 :어제는 너무 날씨가 좋았기 때문에 오늘 비가 올 것을 생각도 못하고 편지를 보낸 것은 아주 미안하게 되었다. 실은 고미야마군도 갑자기 머리가 아프다고 하며 오늘 새벽에 가마쿠라로 갔다"고 하며 몹시 딱해 하신다.
>
> 소설에 대해서도 정성껏 얘기해 주시고 다음번에는 이러이러한 것을 써라, 나는 일찍이 쓰고자 하는 마음은 있었지만 시간이 없어서 그냥 날만 보냈다라고

하며 이렇게 쓴다 쓴다 하면서 못 쓰는 것은 우스운 일이라고 말한다. 그것보다 우선 오늘은 나쓰 군에게 할 말이 있다고 한다.

그게 뭐냐고 묻자 다름이 아니라 "나는 아직 늙은 남자도 아니고 자네는 묘령의 여자이기 때문에 교제하기 아주 어려운 사이이다"라며 참으로 곤란한 듯이 말한다. 그럴 수도 없을 것이라고 일찍부터 생각을 했기 때문에 얼굴이 빨개져서 몸 둘 바를 모르고 그저 부끄러워하고 있었다. 또 말하기를 따라서 내가 한 가지 방안을 생각했다, 그건 다름이 아니라 "나는 자네를 나의 오랜 친구인 청년으로 생각하고 여러 가지 이야기를 할 것이니 자네 또한 나를 봄에 있어 청년 남자라고 생각하지 말고 같은 여자친구라고 생각하고 격의 없이 생각하기 바란다"라고 말하고 웃었다. 우리 집이 가난한 것도 도스이 씨가 알고 계셔 혹 곤란한 일이 있으면 무엇이든지 말해라, 내가 할 수 있는 일은 있는 힘껏 해 주겠다라고 하며 도스이 씨의 빈곤 내력 등을 남김없이 이야기하는데 참으로 생각이 많았다. 점심을 또 도스이 씨에게 대접받고 집에 돌아왔다. 선생님이 말씀하시는 것을 들으니 우리집 가난은 아직 가난도 아니다. 그 분이 경험한 것이야말로 대단한 것이라고 여겨졌다.

5월 8일

도스이 선생을 방문했다. 가르침을 구하고자 함이다. 〔…〕 선생님이 곧 하숙에 돌아오셔서 소설에 대해 여러 가지 이야기를 했다. 평소처럼 정성껏 가르쳐 주셨다. 오늘이야말로 고미야마 군에게 소개할 테니 잠깐 기다려라. 지금 회사에서 돌아오는 길에 이곳에 들를 것이니라고 말씀하셨다. 잠시 후 약간 해가 질 무렵에 즉진거사가 왔다. 선생님은 삼십사 세 도스이 선생보다 두 살 위인데 키는 별로 크지 않고 살이 쪘다. 인품은 온화해 보인다.

12일

선생님한테 편지가 왔다. 고우지 마치의 히라가와초로 이사했다는 소식이다. 하고 싶은 이야기가 있으니 찾아오시라고 한다.

15일

점심이 지난 무렵에 약속한 대로 나카라이 씨를 히라가와초로 찾아갔다. 이번

집은 아주 훌륭하다. 가서 잠시 있다가 왔다. 무슨 일인가 하고 묻자 "아니아니 내가 알고 있는 오사카의 책방에서 잡지를 내고자 한다. 소설을 쓰는 사람을 주선하라는 말이 있어서 자네 이야기를 해 두었다. 그랬는데 공교롭게도 러시아 황태자 전하의 변고 때문에 갑자기 일이 생겨서 오늘 아침 기차로 오사카로 돌아갔다. 오시지 말라고 기별하려고 했지만 시간이 안 될 것 같아서 내버려 두었다. 용서해라"라고 사과하는 것도 참 미안하다. 〔…〕

27일

전에 약속한 소설 원고가 다 되어서 도스이 선생을 방문했다. 오늘은 내가 평소보다 늦어서 선생님이 계셨다. 이것저것 나를 위해서 많은 이야기를 들려주셨다. 돌아오려고 할 때 잠깐만 기다려라. 자네에게 주려고 지금 요리를 부탁해 두었으니라고 자상하게 말씀하시는 것을 늘 그렇듯이 딱 거절하지 못하고 그대로 있었다. 마침내 요리가 왔다.

도스이가 만나게 해 주었던 고미야마 즉진거사小宮山即真居士는 세상에는 고미야마 덴코라는 이름으로 알려졌으며 한때 도쿄아사히신문[118]의 주필로 일한 적이 있는 유명한 저널리스트로 〈렌토 대왕聯島大王〉(1887년 11월-1888년 3월, 《개진신문》)이라는 정치소설 계통의 모험기업가 소설을 쓰기도 했습니다. 도스이의 회상에 의하면 나쓰를 오자키 고요에게 소개할 생각이었던 모양이지만 우선 친하게 지내는 고미야마에게 소개해서 오사카에서 발행할 예정이었던 잡지를 통해 등단시키려고 생각한 것 같습니다. 아니면 전에 《오사카일보大阪日報》 기자였던 고미야마가 그 중개를 했는지도 모릅니다.

---

118 《도쿄아사히신문東京朝日新聞》: 1879년 무라야마 류헤이村山竜平를 사주社主로 하고, 오사카大阪에서 창간된 《아사히신문朝日新聞》이 1888년 개제한 것. 1889년 오사카에서 발행된 것은 《오사카마이니치신문大阪毎日新聞》으로 개칭改称.

그러나 공교롭게도 그 잡지 관계자는 '러시아 황태자 전하의 변고'를 취재하기 위해 서둘러 오사카로 돌아가야만 했습니다.

그 '변고'란 이른바 오쓰 사건大津事件으로 이 무렵 러시아의 황태자 니콜라이 알렉산드로비치가 일본을 방문하여 5월 11일 시가 현滋賀県 오쓰에서 교토로 향하던 중 경비를 맡고 있던 순사 쓰다 산조津田三蔵가 휘두른 칼에 부상을 당하는 사건이 일어났습니다. 왜 그가 그런 흉악한 짓을 했는지 동기는 분명하지 않습니다. 니콜라이는 곧장 도쿄로 가서 메이지 천황을 만나지 않고 우선 나가사키에 상륙하여 서일본을 돌아보고 도쿄로 향할 예정이었습니다. 그러한 행동에 대해 천황에 대한 불경이며, 실은 수행하고 있는 무관에게 일본의 방위시설을 은밀히 염탐시키고 있다는 소문이 퍼져 쓰다는 그 소문에 자극받았을 것이라고 오늘날에는 해석하고 있습니다. 그것은 일본국내에 커다란 충격을 준 사건이었습니다. 왜냐하면 당시의 일본 정부는 북방의 군사강국 러시아의 남하정책에 신경을 곤두세우고 세심하게 외교적 노력을 기울이고 있던 시기였기 때문입니다. 다행히 니콜라이의 상처는 가벼웠지만 메이지 천황은 러시아 황제에게 사죄 전보를 보냄과 동시에 몸소 니콜라이 병문안을 갔습니다. 뿐만 아니라 국회는 말할 것도 없고 국내의 시 · 정 · 촌의 태반이 사죄 편지와 위문품을 보냈으며 야마가타 현山形県의 가나야마金山라는 마을에서는 긴급 마을 회의를 열어 앞으로 이 마을의 주민은 '쓰다'라는 성과 '산조'라는 이름을 붙이지 않는다는 조례를 만들 정도였습니다. 일본의 국가적 위기의식에서 출발한 내셔널리즘이 국민적인 규모로 형성된 것은 이 사건부터라고 해도 과언이 아닙니다.

도스이가 소개하려고 했던 인물이 오사카로 돌아간 것은 아마도 취재를 위해서였겠지만 나쓰의 '일기'를 보는 한, 도스이와 그녀 사이에서 그 사건은 별다른 화젯거리도 되지 못하고 있습니다. 도스이에게 그 얘기는 남자끼리 나누어야 할 화젯거리였을지도 모릅니다. 만약 두 사람 사이의 젠더 문제를 다룬다면 이런 부분에 주목해야 하지 않을까요.

왜 내가 이 점에 주목하는가 하면 도스이가 그녀에게 "나는 아직 늙은 남자도 아니다. 자네는 묘령의 여자이므로 교제하기 매우 어려운 사이"며 곤란하다는 듯이 말하고 있기 때문입니다. 독신의 중년 소설가의 집에 젊은 여자가 종종 다닌다는 것은 당시 악의적인 호기심의 대상이 되기 쉬운 상황이었습니다. 스스로 권했다고는 하나 이는 도스이에게 참으로 성가신 일로서 그는 그것을 숨기지 않고 — 적어도 나쓰에게는 그렇게 느껴지는 모습으로 — 말했고, 나아가 "나는 너를 나의 오랜 친구 동년배의 청년으로 생각하여 모든 대화에 임할 것이다. 너는 나를 청년 남자로 생각지 말고 동성의 친구인 여자로 보고 격의 없이 생각해 주기 바란다"라고 제안해야 할 정도였습니다.

도스이에게 이 제안은 아마도 고육지책이었을 것입니다. 앞서 말했듯이 만약 상대가 소설가 지망의 젊은 남자였다면 도스이는 그를 서생으로 집에 들여서 소설의 소재를 찾게 하거나 원고의 정서를 부탁할 수 있습니다. 그러나 상대가 나쓰이고 보면 그렇게 할 수도 없습니다. 어쩔 수 없이 도스이는 같은 성의 친구라는 허구의 관계를 연기하자는 제안한 것이겠지요.

물론 두 사람이 이성의 사제관계를 넘어서 동성의 친구관계를 만들어 내는 것은 쉬운 일이 아닙니다. 설령 그것이 가능하다고 하더라도 어디까지나 그것은 두 사람 생각일 뿐 다른 사람의 눈에는 여전히 스캔들로밖에는 비치지 않을 것입니다. 연구자들 중에는 도스이를 젊은 여성을 유혹하는 말에 능하고 많이 놀던 중년 남성으로 보는 사람도 있습니다. 그러한 시기심이 가득 찬 시선으로 본다면 이 대사 역시 그중 하나일지도 모르겠습니다. 그러나 사실 중요한 것은 도스이의 제안이 젠더의 문제를 현재화顯在化시켜 오히려 그녀에게 두 사람의 관계의 어려움을 의식하게 하는 결과가 된 사실입니다. 그리고 또 한편으로는 그녀가 이 문제를 극복하기 위한 하나의 시도로서 〈매목〉을 쓴 것이 아닌가 하는 해석도 가능하겠지요. 앞 장에서 소개한 것처럼 이 소설은 고다 로한의 '풍류불'을 모방해 당시의 내셔널리즘의 동향에 동조하려고 했던 작품이며 과잉되다 싶을 정도로 지사적 기개를 강조한 어투는 그녀가 한껏 남성 작가에게 대항하려고 시도한 작품이었음을 보여주고 있습니다. 만약 서명이 없었더라면 작가가 여성임을 알아챌 사람은 거의 없지 않았을까요.

자신에 대한 이야기

그러나 그녀가 〈매목〉을 쓴 것은 조금 더 나중의 일로, 당시의 나쓰는 다음과 같이 도스이 문하에서 소설 수업을 계속하고 있었습니다.

> 음력 6월 15일
> 〔…〕 오늘도 종일 비가 내렸다. 나카라이 선생을 방문하려고 생각했지만 갑자기 머리가 아파서 그만두었다.
>
> 16일
> 〔…〕 해가 진 후 나카라이 선생에게서 편지가 오다. 할 말이 있으니 내일이나 모레 오라고 한다. 예의 소설 건이라고 생각하자 가슴이 두근두근 뛴다. 왠지

모르게 마음에 걸려 밤새 한 숨도 자지 못하다. 밤새 큰 비 내리다.

17일

새벽까지는 아직 밤 기운이 남아서 비구름이 뭉글뭉글 개일 기색이 없었지만 낮부터 서서히 구름 사이로 해가 보였다. 오늘이야말로 나카라이 님을 방문해야지 하고 서둘러 준비를 하고 오후 2시경 나가려고 하는데, 오쿠다 노인이 온다. 그래서 같이 가자고 해서 나왔다. 이윽고 예의 하녀에게 안내를 받아 예의 그 방으로 들어가서 "아직 안 돌아오셨습니까?"라고 물으니 조금 의아하다는 표정을 지으며, 오늘 편지를 보내셨나요라고 묻는다. "아니요, 제가 보내지 않고 어제 선생으로부터 연락이 있어서 오늘쯤 오라고 말씀하셨습니다" 하고 대답하니 "그러면 곧 돌아오시겠군요. 오늘 집을 나가실 때 오늘은 회의가 있어서 평소보다 늦게 돌아올 것이라고 말씀하셨습니다", "그럼 잠시 기다리겠습니다. 그래도 안 돌아오시면 나중에 찾아뵙지요." 이러고 있는 동안에 고우코님(도스이의 여동생)이 돌아오셔서 이런저런 이야기를 하고 있자니 5시가 넘었다. 이젠 돌아오시지 않는 거겠지. 그렇다면 날이 저물기 전에 가야겠다고 생각하는 차에 저녁 식사가 차려졌다. 거절하기도 어렵고 해서 조금 먹었을 때 선생은 돌아오셨다.

할 이야기가 무척 많았다. 고미야마 님의 깊은 배려와 선생의 깊은 정이란 참으로 황송스럽다. 하지만 붓 가는대로 적는 것도 한편으로는 나 자신이 부끄럽기도 하다. 잘 해 낼 수 있을까 없을까. 지금도 결정 못하겠지만 후에 옛이야기가 되면 매우 기쁠 텐데 하고 그렇게 말하면서 인사를 하고 나올 무렵 해는 이미 서산에 저물 무렵이었다. 오늘은 길을 바꾸어서 왕궁의 호리바타로 돌아왔다. 돌아보니 서산 끝으로 달은 들어가고 붉은 구름이 마치 깃발처럼 얇게 가로로 늘어서 있는 것도 매우 정취 있다. 지나가는 사람이 없는 것은 아니지만 번화한 길은 아니므로 매우 적막하다. 둑에 심어져 있는 버드나무가 실처럼 길게 늘어져 바람에 흔들리는 것은 사람도 이렇게 세상 바람에 따르라는 것일까. 울적하다. 그에 비해 소나무 소리가 당당하게 들리는 것은 지조 있는 정조의 표시로 생각되어서 가라앉은 마음도 다시 일으킨다. 가을의 저녁 무렵은 아니지만 생각하는 것이 있는 몸에게는 보는 것, 듣는 것, 모든 것이 애달프니 내 몸을 없는 것으로 치면 좋겠다고 생각하지만 부모와 형제자매를 생각하니 내 몸 하나가 아니라고 생각을 돌린다. 어느 사이에 구단자카九段坂에 다다랐다. 여기부터는 매우 시끌벅적하여 마차 소리 등 끊이지 않는다. 신경 쓰지 않으면 걷기가 위험하다. 생각에 잠겨 고개를 푹 숙이고 오는 모습이 얼마나 이상해 보일까. 길 가는 사람들이 얼굴을 바라보는 것이 계면쩍기도 하고 쑥스럽기도 하여 그렇게 보이지 말아야지 하고 생각했지만 여전히 저절로 얼굴빛에 드러난다. 집에 돌아온 것은 어두워진 후였다.

처음의 밑줄 친 부분의 함축성 있는 표현은 지금까지는 상식적으로 고미야마 덴코가 발표무대를 소개하고, 도스이가 취향이나 쓰는 방법에 대해 조언한 것이라고 해석되어 왔습니다. 그 해석에 따르자면 "하지만 붓 가는 대로 적는 것도 한편으로는 나 자신이 부끄럽기도 하다. 잘 해 낼 수 있을까 없을까. 지금은 결정 못하겠지만"이라는 표현은 그녀가 그 제안에 따라 쓰는 것을 꺼림칙하게 생각하고 또 자신이 없었다는 것을 나타내는 셈이 됩니다. 그렇지 않다면 나쓰의 "문학"의 뜻이 도스이 등이 제안한 신문소설적인 취향에 위화감을 느껴 금방 판단할 수 없다는 것이 되겠지요.

만약 그렇다면 "순간 마음을 정할 수 없었기 때문에 대답을 미루었다"라고 쓰면 될 것을 "후에 옛이야기가 되면 매우 기쁘겠지만 지금은 우물우물하고" 일기에 쓰는 것을 피하려 한 것 같은 수수께끼 같은 말투를 사용할 필요는 없었을 것이라는 반론은 아마 피하기 어려울 것입니다. 그와는 별도로 이를테면 나쓰의 신상에 관련된 이야기가 있었던 것은 아닌가 하는 추측도 가능케 하는 표현이기 때문입니다.

늘 인력거를 불러 주었던 도스이가 이날은 그렇게 해 주지 않았는지 나쓰는 걸어서 평소와는 다른 길로 돌아옵니다. 도중에 그녀는 황거皇居 해자 주변의 버드나무에서 세상의 풍조를 거스르지 않는 삶의 상징을 보고, 그 반대로 바람에 가지를 떨고 있는 소나무에서 (혹독한 겨울에도 푸르름을 잃지 않는) 절조를 지키며 역경을 견디는 삶을 배우고 있습니다. 그러한 기술 가운데 그녀의 동요를 읽어낼 수 있습니다. 적어도 이 시기의 나쓰의 마음의 동요는 "그렇다면 내 몸을 없는 것으로 하면 좋겠다고 생각하지만 부모 형제자매를 생각하니 내가 나 하나만은 아니다"라는 상황을 뒤돌아보지 않고는 진정시킬 수 없는 것이었습니다. 이때 비로소 그녀는 "나는 명예를 위해서 쓰는 것이 아니다. 부모형제를 먹이고 입히기 위함이다"라는 도스이의 말이 가진 무게를 깨달았다고까지는 할 수 없더라도 그런 말을 자신의 말로 쓸 정도는 되었습니다.

다만 지금 제가 주목하고 싶은 것은 그러한 해석의 옳고 그름이 아닙니다. 오히려 그녀가 고미야마나 도스이의 말을 덮어 둔 채 "후에 옛이야기가 되면 매우 기쁘겠다고 현재는 그렇게 말하고 지금은 빼겠다"라며 마치 에도 시대의 요미혼의 법칙의 하나인 '은닉'의 기교를 구사했다는 바로 그 점에 대해서입니다. 지금 쓰고 있는 것은 자신에 대해 무엇 하나 감출 필요가 없는 '일기'이며, 지금까지의 인용에서도 알 수 있었듯이 그녀의 문체는 대화를 재현하는 데 중심을 두는 경향이 강했습니다. — 그 경향을 드러내 보이려고 인용문에서 발화에 인용부호를 붙여 왔습니다만 — 그럼에도 불구하고 이 경우에 한하여 그녀는 정작 중요한 상대의 말을 생략하고 이른바 자신을 포함한 미래의 독자들을 향해 복선plot을 만들어내고 있습니다.

이것은 '일기' 쓰기로서는 매우 기묘한 것임에 틀림없습니다. 그녀가 그렇게 한 직접적인 이유는 도스이의 친절이 차마 입에 담지 못할 정도로 사무치게 고마웠기 때문이었는지도 모릅니다. 혹은 나쓰가 그렇게 자주 방문하는 것을 도스이가 '묘령의 여자'인 나쓰의 입장을 고려라도 하듯이 얼버무리면서 완곡하게 거절했기 때문일지도 모릅니다. 이러한 여러 가지 추측을 환기하게 되지만, 단순히 문체 자체의 문제로 본다면 이는 '일기'가 거의 이야기의 장場으로 변했음을 의미합니다. 바꾸어 말하면 그것은 어떤 사항을 '일기'에 쓸 것인가 아니면 '일기'에조차 쓰지 않고 마음 한 구석에 감추어 둘 것인가를 스스로 선택하고 조작할 수 있게 된 것입니다.

이렇게 하여 나쓰는 '일기'를 자신에 대한 이야기로 바꾸어 후세의 연구자로 하여금 각자의 감정이입에서 비롯되는 억측을 하게 하는 이야기를 만들어내는 장치를 마련한 셈입니다.

제11장

여자가 이야기하는 모노가타리

히구치 나쓰가 이치요라는 이름으로 발표한 〈키재기〉에 진필본真筆本 텍스트가 있다는 이야기는 제1장에서 했습니다. 본래 이 이야기는 잡지 《문학계》에 7회에 걸쳐 발표되었고, 그 수개월 후 잡지 《문예클럽》[119](1896년 4월)에 다시 일괄 게재되었습니다. 이렇게 일괄 게재된 〈키재기〉는 《메사마시쿠사めさまし草》 1896년 5월호의 신작합평란 '3인 잡담' 〔사이토 료쿠斎藤緑雨(1867- 1904), 고다 로한, 모리 오가이〕에서 높은 평가를 받았습니다. 그 이후 이치요라는 이름은 메이지 시대 여성작가의 대표가 되었고, 〈키재기〉는 그녀의 대표작이 되었습니다. 또한 별도로 1896년 3월경(추정) 그녀는 손으로 〈키재기〉를 정서하였고, 그것이 그녀의 사후 1918년 2월, 하쿠분칸에서 그녀의 필적 그대로 영인影印본으로 간행된 덕분에 우리들은 그녀

119 《문예클럽》: 문예잡지. 1895년 하쿠분칸 창간. 이즈미 교카, 히구치 이치요, 히로쓰 류로들의 작품을 실었다.

의 아름다운 서체를 접할 수 있게 되었습니다.

어째서 그녀는 〈키재기〉를 다시 정서해야만 했을까. 그 사정에 대해서는 제1장에서 바바 고초의 해설을 소개해 두었으므로 여기서는 반복하지 않겠습니다. 단지 그와 관련해서 한 가지 주의해야 할 점은 《문학계》에 발표된 것에는 총덧말인 경우와 부분덧말인 경우가 있었던 점입니다. 게다가 진필판은 거의 총덧말이었는데, 그것이 《문학계》의 덧말과 완전히 일치하는 것이 아닙니다.

이러한 현상이 일어난 이유는 《문학계》의 각 호를 담당한 편집자에게 방침의 차이가 있었기 때문인지도 모릅니다. 그러나 부분덧말인 〈키재기〉가 실린 호의 다른 소설이나 평론이 모두 부분덧말이었던 것은 아니고, 총덧말인 것도 실려 있었습니다. 따라서 편집자의 판단으로 필요한 덧말만 남겼다고는 할 수 없습니다. 단지 편집자가 이치요의 총덧말 원고를 부분덧말로 바꾸었는지, 혹은 그 반대였는지 모르지만, 아무튼 한 가지 확실한 것은 편집자의 해석이 가해진 텍스트를 독자들은 읽고 있다는 사실입니다.

사소한 것 같지만, 제1장에서 지적한 대로 메이지 시대의 텍스트에서 한자와 덧말의 관계는 덧말이 한자의 발음을 나타내기 위해서 사용되었을 뿐만 아니라, 번역, 해석 또는 비평적인 관계를 갖고 있는 경우도 있었습니다. 게다가 이치요는 《문학계》에 발표한 것을 다시 정서하면서 덧말을 바꾸거나 한자를 바꾸었기 때문에, 그 과정에서 그녀 자신이 편집자의 해석이 가해진 자신의 소설을 재해석한 셈이 됩니다.

성립 사정을 이렇게 정리해 보면, 현재 우리들이 보고 있는 〈키재기〉가 의외로 복잡한 해석과 재해석 과정을 거친 것임을 알 수 있으며, 이번에는 그러한 점을 염두에 두고 〈키재기〉를 읽고, 아울러 그 문체가 지금까지 논해 온 문체사 속에서 어떠한 위치를 차지하고 있는지 검토해 보겠습니다.

또한 앞으로 하는 인용은 《문학계》 발표 형태를 기본으로 삼고 그것이 부분덧말인 경우에는 진필본真筆本의 덧말을 ( )로 보충하고 또 본문의 차음宛字, 가나仮名 사용법의 차이는 ( ) 속에 제시하겠습니다.

〈키재기〉의 서술행위

〈키재기〉는 요시와라 吉原라는 에도 시대 이래의 유곽 지대 서쪽에 위치한 다이온지마에大音寺前라는 지역을 무대로, 요시와라 유곽 번영에 기대어 사는 사람들의 세계를 특히 어린이들에 초점을 맞추어 이야기화한 작품입니다.

유곽의 '곽廓'은 본래 성이나 요새 등 전쟁에 대비한 건물이 있는 구역, 주위에 구축한 흙이나 돌로 만든 둘레를 이르는 말입니다. 유곽의 경우는 유녀를 두는 유녀방이나 손님에게 유녀를 알선하는 찻집 등이 모여 있는 구역에 높은 담을 두르고 그것을 곽廓이라고 불렀으며, 후에는 그 구역자체를 의미하게 된 것입니다. 에도 시대에 에도 북쪽 전답에 축조된 요시와라 유곽에는 높은 담을 따라 오하구로도부 鉄漿溝라는 도랑이 있었습니다. 그 도랑에는 아홉 곳에 도개교跳開橋가 놓여 있었는데, 보통은 올려져 있어서 손님의 출입은 정문 한 곳으로 제한되어 있었습니다. 도개교를 사용하는 사람들은 유곽에서 일을 하청받는 직인이나 머리 만져 주는 사람, 바느질하는 사람들로 신호를 보내면 경비가 도개교를 내려 주었습니다.

유곽 안에는 정문에서 안까지 나카초中町라는 길이 똑바로 나 있었고, 그 양쪽에는 찻집이 늘어서 있어, 후시미초伏見町, 에도초江戸町, 스미초角町, 아게야초揚屋町, 교초京町 등으로 나뉘어 있었습니다. 영화나 TV에서 오이란도추花魁道中라는 행사를 자주 소개합니다만, 이것은 최고급의 유녀인 오이란花魁이 에도초江戸町에서 교초京町까지 행차하는 것을 도우카이도추東海道道中에 빗댄 말입니다.

다이온지마에는 그 정문의 반대쪽, 즉 유곽의 뒤쪽에 해당하며, 나가야의 한 칸을 빌려서 생계를 유지하고 있는 직인이나 그 사람들을 상대로 영세한 장사를 하는 가게가 모여 있던 지역이었습니다. 화자는 우선 이 지역의 아이들이 요시와라의 기풍이나 가치관에 완전히 물들어 있는 모습을 소개해 갑니다.

예를 들면 당시 유녀의 고용기간은 10년으로 정해져 있었고, 연령의 상한선은 28세까지라는 규칙이 있었습니다. 따라서 고용기간이 끝난(유녀실에서 몸을 팔 수 있는 기한이 끝난) 여성은 일단은 자유의 몸이 되지만, 유녀로 팔릴 만큼 불행한 신세이므로 돌아갈 집도 없어 결국은 유녀나 손님을 돌보는 반토신조番頭新造(상점, 여관 등의 지배인에 해당함)가 되어 유곽근무를 계속할 수밖에 없습니다. 그중에는 단골손님과 살림을 차리는 사람도 있었지만, 대개의 경우 "어제까지 가시야河岸店의 무슨무슨 무라사키의 겐지라는 이름만 남기고, 오늘은 불량배와 서툰 꼬치구이점을 내고 돈을 탕진하면 다시 옛집으로 돌아가는 초라한 아낙네 모습"으로 끝나는 것이 보통이었습니다.

이것은 히구치 이치요의 특기인 압축된 수사법으로, 가시야河岸店라는

것은 오하구로도부鉄漿溝 근처의 유녀집을 일컬으며 거기에 있는 유녀는 조로女郎(하급유녀를 비하해서 부르는 말)로 취급되었습니다. 다음으로 "무슨무슨 무라사키의 겐지명源氏名"이라는 말은 〈겐지이야기〉에서 유래합니다. 에도 시대부터 유녀의 이름은 〈겐지이야기〉에서 빌리는 경우가 많아, 이것을 겐지명이라고 했습니다. "무슨 무슨 무라사키"가 "와카무라사키若紫"의 내용을 암시하고 있음은 말할 필요도 없습니다. 유곽에는 익숙치 않은 손님으로부터 돈을 빼앗는 무리가 있어서 그러한 사람들을 '지마와리地廻り(불량배)'라 합니다. "돈을 탕진하면身代たゝき骨"은 모아놓은 재산을 전부 탕진한 것을 의미하는 "가산을 탕진하다身代をたたく"는 뜻과, 새의 뼈鳥の骨를 잘게 빻아서たたいて 요리로 사용한다는 뜻의 중의법입니다. 상당히 풍자적인 말투입니다만, 여기에는 어제까지 남한테 지갑의 돈을 쓰게 한 사람이 오늘은 자신의 돈을 토해 내야 하는 지경에 이르게 됐다는 풍자가 포함되어 있다고 봐야 할 것입니다.

그러한 이유에서 앞의 표현은 유녀의 신분으로 떨어질 수밖에 없었던 여성이 결국은 유곽에서 빠져나올 수 없는 운명을 반드시 동정적이라고는 할 수 없는 어투로 이야기한 것입니다만, 화자에 의하면 이 지역의 소녀들은 그렇게 보고 있지 않습니다. "왠지 여염집 사람보다는 좋아 보여서 이것에 물들지 않은 어린이가 없다"(그런 경우의 여자라노 어딘지 모르게 여염집 여자들보다는 겉보기에 화려해 보여서 그런 풍조에 물들지 않은 어린이는 없다)고 하고 있습니다. 그것을 화자는 "장소 탓인지라"(장소가 장소인지라 옳고 그름을 따져봤자 소용없다)라며 반은 어이없고, 반은 포기한 듯이 긍정하고 있습니다.

기강이 나쁜 것은 남자 아이의 경우가 더 심한 것 같습니다.

> 가을은 구월 니와카仁和賀 축제 무렵의 대로를 보라. 잘도 배운 로하치露八의 흉내, 에이키栄喜의 동작, 맹자의 어머니도 놀랄 만큼 빠른 숙달, 잘한다고 칭찬받고 오늘밤에도 한 바퀴 돌고자 건방진 아이들은 일곱, 여덟 모여, 드디어는 어깨에 얹은 수건, 흥얼거리는 노랫가락, 15세 소년의 조숙함이 끔찍하다. 학교의 창가唱歌에도 깃쫑쫑 하며 박자를 맞추고, 운동회에서 목도선창할 것 같은 모습, 그렇지 않아도 교육은 어려운 것인데. 교사의 고심이야말로 상당할 것 같다. 이리야入谷 근처에 육영사라고 있어 사립이지만 생도의 수는 천명에 가깝고 좁은 교실에 밀치락달치락 늘어서 있는 옹색함도 교사가 인망 있어 그저 학교라는 한마디면 이 근처에서는 통할 정도다. 다니는 어린이들도 각양각색 어떤 아이는 아버지가 소방수로, 아버지는 도개교의 경비실에 있다고 배우지 않아도 아는 그쪽 방면의 똑똑함. 사다리타기 흉내 내는 아이에게 어이쿠, 시노비가에시忍びがえし(도둑방지를 위해 담 위에 못, 유리조각 등을 박은 것)를 망쳐 놓았어요 하며 장황하게 호소하는 삼백대언이라는 변호사집 아이도 있고. 너의 아버지는 마부지? 라는 말에 멋쩍어하며 얼굴 붉히는 귀여움. 드나드는 집의 귀한 아들이 별장에서 화족인 양하며 술 달린 모자를 얼굴에 가득 미소를 띠고 양복을 차려입고 화려한 행세를 하는 것을 도련님 도련님하며 따라 다니는 모습도 재미있다.

니와카仁和賀는 니와카교겐俄狂言의 약어로 본래는 아마추어가 연회석이나 가두에서 펼치는 즉흥적인 골계 촌극을 말하며, 후에는 무대 흥행에 포함되게 되었습니다. 이 경우는 그것을 흉내 내어 매년 아키바곤겐秋葉権現이라는 신을 기리는 축제 때 남녀 예능인이 여러 가지 분장을 하고 요시와라 안을 돌아다니는 행렬을 말합니다. 로하치露八나 에이키栄喜는 인기 높은 남자 예능인으로 니와카교겐俄狂言에서는 빼놓을 수 없는 광대역이었습니다. 남자아이들이 좋아서 그것을 흉내 내려는 풍속을 화자는 '맹모삼천지교'라는 중국 성인의 소년기에 얽힌 유명한 에피소드를 예로 들어 "맹자의 어머니도 놀랄 만큼 빠른 숙달"이라며 과장되게 놀라는 모습을 보여주고 있습니다.

"어깨에 얹은 수건"은 유녀의 기둥서방이 되는 건달 — 앞에서 말한 '불량배' 등도 그러한 사람이었을지 모른다 — 의 풍채. "흥얼거리는 노랫가락"은 그런 남자가 유녀방 격자창 안쪽에 늘어서 있는 유녀를 희롱하면서 콧노래를 섞어 부르는 유행가. "깃쫑쫑"은 메이지 중기의 유행가로 하나의 가사가 끝날 때마다 "아, 깃쫑깃쫑, 깃쫑나"라고 후렴을 붙인데서 생긴 말입니다. "목도선창木やり音頭"은 원래는 목재를 집산하는 목재저장소에서 불려진 노동가였는데, 후에 요시와라에서 기생이 데코마이手古舞라는 무용과 함께 부르는 노래가 되었습니다.

학교에서도 그런 노래를 부를 만한 아이들은 "소방수비계공네火消鳶人足"의 아이들이었습니다만, 히케시火消し는 소방수, 토비닌소쿠鳶人足는 건축이나 토목 등의 공사 때 높은 발판위에서 일을 하는 기술자인 비계공을 말합니다. 모두 위험한 장소에서 일하기 때문에 목숨을 아끼지 않는 난폭한 사람의 대표로 여겨졌습니다. 삼백대언三百代言의 '대언代言'은 변호사를 말합니다. 당시의 변호사 중에는 집요하게 상대의 약점을 잡아 논리를 세워 이기거나 재판의 의뢰인을 위해 일하는 척하면서 재산을 횡령하거나 하는 자가 있어서, '삼백대언'이라는 멸시적인 호칭이 생겼습니다. "쓰케우마付け馬"란 손님에게 붙어 돈을 갈취하는 남자를 이릅니다. 요시와라에서는 손님이 돈이 부족하여 집으로 가지러 가는 경우, 가게에서는 손님이 도망치지 못하게 고용인 남자를 동행시켰습니다. 이 남자를 '쓰케우마'라 합니다.

여기서 "다니는 어린이들도 각양각색通ふ小供の数々に" 부분부터 구어로 고쳐 봅시다.

> (그 학교에) 다니는 수많은 생도 중에는 소방수나 건축공사장에서 일하는 비계공의 아이도 있고, 아버지는 도개교 옆의 경비실에 있다고 스스로 이야기하며, 가르쳐주지도 않았는데 부모의 일을 보고 배워, 사닥다리를 오르는 흉내를 내다 벽 위의 시노비가에시를 망치는 실수를 저지르고, 삼백대언이라고 손가락질 받는 변호사의 아이가 "어, 시노비가에시를 망쳐버렸어요"라고 장황하게 소송을 일으키는 일도 있을 것이다. "네 아버지는 쓰케우마지?"라고 많은 사람 앞에서 폭로되어 "그래"하고 인정하는 것도 괴로워서 단지 얼굴을 붉히는 아이가 기죽어 있는 것도 불쌍한 일이다. 자신의 부모가 일을 받으러 드나드는 유녀방의 귀한 자식이 별택에서 다니고 있어 화족 아이를 흉내 내어 포동포동한 얼굴에 술 달린 모자를 쓰고 양복을 잘 차려입은 것을 참으로 보기 좋다며 그 아이의 뒤를 따라다니며 도련님 도련님하며 비위를 맞추는 모습도 웃음을 자아낸다.

이처럼 구어로 고쳐 보면, 아이들에게 있어서는 노골적으로 듣고 싶지 않은 일을 폭로하는, 꽤 잔혹한 말투임을 알 수 있습니다.

그러면 어째서 화자는 어린이들이 학교에서 유행가를 부르는 것을 "그렇지 않아도 교육은 어려운 것을 교사의 고심이야말로 상당할 것이다"라고 선생에게 동정을 했냐 하면, 그것은 1882년 4월, 문부성이 창가교육을 시작했기 때문입니다. 그때까지 일본인이 소리를 내어 부르는 대중적인 노래는 크게 나누어 유곽에서 손님을 접대하기 위한 연회노래와 모내기나 베를 짤 때 부르는 노동가 계통이 있었습니다. 양쪽 다 성적 비유가 있는 가사가 많았으며 더욱이 목을 버리는 무리한 발성을 필요로 하는 곡이 대부분이었습니다. 때문에 문부성은 이것을 정조교육면으로나 건강 면으로나 바람직하지 않다고 여겼겠지요. 소학교에서는 그 노래를 부르는 것을 금하고 대신에 창가를 보급시키기로 했습니다. 이러한 목적으로 만들어진 창가는 유럽의 도레미파솔라시도의 음계를 기초로 한 곡에 일본의 사계절의 아름다움이나 역사상의 인물을 칭송하는 가사를 붙인 것으로 — 그 전의 노래는 네 번째의 '파'와 일곱 번째의 '시'가 없었기 때문에 이때부터 사칠빠짐이라고 부르게 되었습니다 — 이에 의해 어린이의 정서와 건강 증진을 도모했습니다. 이런 의미에서 현대식으로 말하면 창가는 민간의 유행가나 노동가를 저급하고 외설스러운 것으로 억압하는 형태로 보급되었는데, 화자는 그러한 시점視点을 취하지 않고 창가교육을 지지하는 '양식良識'편에 선 시점에서 이 지역 아이들의 '특수한' 기풍을 소개한 것입니다.

그러나 그러한 기풍이 점지해 준 자식이라 할 수 있는 조키치長吉라는 젊은이를 등장시킨 부분부터, 그 말투에 미묘한 변화가 나타나기 시작합니다.

8월 20일의 센조쿠신사千束神社(龍泉寺町의 氏神)의 축제가 이틀 후로 다가오고 솟구치는 듯한 활기가 마을을 감싸고 각 마을의 젊은이들은 앞 다투어 축제에 올릴 상영물 궁리에 정성을 들이고 아이들 또한 자신들의 축제를 멋있게 하기 위한 궁리에 빠져 있었습니다. 그중에는 건축공사장에서 일하는 비계공의 우두머리의 자식인 조키치가 있었습니다.

> 요코초横町파라고 자처하는 난폭한 꼬마대장의 나이는 16세, 니와카仁和賀의 철봉을 들고 아버지를 대신할 때부터 위풍당당해져서, 띠는 허리 끝에 대답은 콧소리로라는 규칙을 세워, 밉살스러운 모습. 저것이 두목의 아이가 아니고

무어란 말인가라고 공사장 비계인 마누라의 험담이 들려온다. 마음껏 제 뜻을 관철시켜 몸에 걸맞지 않는 위세를 떨치지만 오모테마치表町의 다나카야田中屋의 쇼타로正太郎의 나이는 나보다 3살 어려도 집에 돈 있고 공손하여 사람들도 밉게 보지 않는 만만찮은 적, 나는 사립학교에 다니고 그 녀석은 공립에 다녀서 같은 창가를 불러도 더 정통인 것 같은 표정이다. 작년에도 재작년에도 그 녀석은 어른 맛샤(기생)가 붙어서 축제의 취향도 나보다는 멋져 보여 싸움에 손을 대기 힘든 짜임새이다. 올해도 또 지면, 천하의 요코초의 조키치라고 평소 했던 힘자랑도 허풍이라고 비방받고, 벤텐弁天 해자의 수영 때도 내 편이 되는 사람은 많지 않겠지. 힘으로 말할 것 같으면 내가 세지만, 다나카 녀석田中屋의 얌전함에 속아서, 첫째는 학문이 되니까 겁내고, 요코초파의 다로키치太郎吉, 산고로三五郎 등 속으로 저쪽으로 마음이 기울어진 것도 분하다. 축제는 내일모레 결국 우리 쪽이 질 것 같으면 이판사판으로 날뛰어 쇼타로의 얼굴에 상처 하나 내는 것쯤은 나도 한쪽 눈과 다리가 없는 셈 치면 가능하다. 가담자는 인력거 끄는 우시丑, 상투끈 만드는 집의 분文, 장난감집의 야스케弥助 등이 있으니 지지는 않을 것이다. 아아, 그보다는 그렇지, 그렇지, 후지모토藤本라면 좋은 지혜를 빌려 주겠지 하고, 18일 저녁 무렵 눈과 입을 귀찮게 하는 모기를 쫓으며 대나무 숲 우거진 류게지龍華寺 마당에서 신뇨信如방으로 느릿느릿 가서 노부信야 있느냐며 얼굴을 내민다.

니와카는 앞서 설명했습니다. 그 니와카 행렬 때 공사장 두목이 선두에 서고, 철봉(쇠막대기 앞부분에 몇 개의 철고리를 단 것)을 세게 지면에 부딪치어 멋있는 소리를 내면서 걷습니다. 여기에서 철봉잡이(근처집에서 일어난 작은 사건을 소란스럽게 소문내며 돌아다니는 사람)이라는 말이 생겨났습니다. 이 경우에는 그 본래의 의미로 사용하여, 조키치는 아버지 대신 철봉을 잡은 후, 마치 자신이 두목이 된 것처럼 우쭐거리기 시작했다고 하고 있는데, 재미있는 것은 그 말을 정말로 철봉잡이다운 공사장 비계공의 아내의 말투를 빌리고 있는 점입니다. 〈키재기〉의 말투(문체)의 커다란 특징의 하나는 이와 같이 화자가 여러 사람의 입장으로 이행하면서, 그 사람의 말투를 빌려서 이야기하거나 지금 인용한 "마음껏 자기 뜻을 관철시켜 몸에 걸맞지 않는 위세를 떨치지만"의 다음부터 나오는 표현에서 알 수 있듯이, 극히 자연스럽게 조키치의 내적인 의식이나 감정 속으로 들어갈 수 있었던 점입니다. 게다가 일단 작중인물의 내적 독백을 통과한 후에는 그 인물에 대해, 앞에서와 같은 잔혹한 시선이나 비아냥거리는 말투는 자취를 감추고 점차적으로 공감하는 말투가 됩니다. 그렇기 때문에 복수의 인물의 내면을 거침에 따라 여러 가지 생각이나 정념이 서로 영향을 주고받는 풍부한 감정세계를 만들어 낼 수 있게 됩니다. 이치요는 작중인물의 회화를 인용부로 묶지 않고 지문의 말투와 작중인물의 대사나 내면의 독백을 하나의 연속적인 문장으로 작성했습니다. 그것이 이상과 같이 입장을 자유자재로 이동할 수 있게 했다고 할 수 있겠지요.

그런데 조키치의 내적인 독백에 의하면, 그는 요코초에 사는 아이들의 우두머리로서 자부심을 가지고 있으며 오모테마치의 쇼타로 소년에게 적대적인 감정을 품고 있었습니다. 요코초의 어린이 조직에는 다로키치나 산고로 이외에 인력거를 끄는 우시마쓰丑松, 상투끈 만들기를(일본식 머리를 묶을 때 사용하는 머리를 묶는 지승) 부업으로 하는 집의 분지文次, 장난감 가게의 야스케弥助 등이 있었습니다. 이처럼 자신들이 살고 있는 지역을 틀로 하는 인간관계를 지연관계라고 하며, 그것은 강한 감정적인 결속력과 세력권 의식을 만들어 내고 있었습니다. 조키치의 쇼타로에 대한 라이벌의식은 쇼타로가 오모테마치와 지연이 있는 아이들의 중심이기 때문입니다.

쓸데없는 오기를 부린다고 할 수도 있지만, 쇼타로의 집이 부자이며 그 덕분에 작년, 재작년의 축제 때에는 요시와라의 맛샤末社(유곽에서 손님의 접대를 하는 기생)까지도 오모테마치의 아이들 편에 서서 화려한 볼거리로 자신들을 굴복시켰습니다. 그렇기 때문에 더더욱 적의를 불태우게 되었습니다.

더욱이 그들의 적의는 "저쪽은 공립이라서 같은 창가도 더 정통인 것 같은 표정을 짓는다"고 하는 사립/공립이라는 학교의 대항의식에 의해 증폭되고, "축제는 내일모레 결국 우리들이 질 것 같으면 이판사판으로 난폭해져서, 쇼타로의 얼굴에 상처하나 내는 것쯤은 나도 한쪽 눈과 다리가 없는 셈 치면 가능하다"고 마치 언제 죽을지 모르는 젊은 비계공들이 싸움 전에 격분하는 것처럼 기분을 고취시키고 있습니다.

〈키재기〉의 대비구조

〈키재기〉는 지금까지 신뇨라는 소년과 미도리美登利라는 소녀의 풋풋한 첫사랑을 그린 이야기로 읽혀져 왔습니다. 그러한 스토리가 포함되어 있는 것은 사실입니다. 그러나, 그것이 오랫동안 독자를 확보할 수 있었던 이유는 사견에 의하면 앞서와 같은 말투(문체)에 의해 아이들의 감정을 리얼하면서 서민들 사이에 잠재하는 대비구조를 잘 드러나게 한 점에 있습니다.

후지모토 신뇨藤本信如라는 소년은 이 지역에 커다란 영향력을 가진 류게지라는 절의 후계자였습니다. 얌전한 성품 때문에 소학교 저학년 때에는 급우로부터 창피를 당하기도 했지만, 학년이 올라감에 따라 공부에 두각을 보여 지금은 무시할 수 없는 입장이 되었습니다. 그렇기 때문에 더욱 조키치는 신뇨의 인망을 빌려서 패거리의 결속을 도모하고, 쇼타로네 조직에 대항하려는 것입니다만, 여기에 요코초파를 통합하는 두 가지 원리, 즉 류게지의 '성聖'과 공사장의 우두머리인 조키치의 아버지의 세속적인 '힘力'의 조합을 볼 수 있습니다.

그에 비하여 미도리는 기슈紀州(와카야마 현和歌山県)에서 태어나 다이온지마에로 이사를 와, 당시에는 지역의 아이들로부터 시골뜨기라고 바보취급을 받았습니다. 그러나 외모가 뛰어나고 더욱이 언니가 유명한 유녀였던 덕분에, 미도리도 용돈이 풍부하여 인심 좋게 친구들에게 물건을 사주기도 해서 지금은 오모테마치 아이들의 여왕 같은 존재가 되어 마음내키는 대로 행동하고 있었습니다. 그런 의미에서 여기에서는 내부인/외부인이라는 대비와 함께 신뇨와의 관계에서는 성聖/천賤이라는 대비가 생겼다고 할 수 있습니다. 유녀라는 것은 필경 손님에게 몸을 파는 천한 여자라는 관념이 있었기 때문입니다. 그것을 노골적으로 드러낸 것이 축제 때 벌어진 싸움에서의 조키치의 처사였습니다. 그는 "뭐라고 이 유녀가 따귀를 때려줄까 부다. 언니의 뒤를 이을 거지가. 너의 상대로는 이것이 맞아"(계집애인 주제에 뭐라고 지껄이는 거야. 어차피 언니의 뒤를 이을 거지년. 너 같은 년의 상대는 이것이 맞아)라고 욕을 하며, 미도리에게 진흙 묻은 짚신을 던집니다.

그리고 아마 그러한 시선을 알면서도 그런 눈으로 보지 않는 아이가 두 명 있었습니다. 한 명은 쇼타로인데 어머니는 이미 죽었고 아버지는 데릴사위였는지 본가로 돌아가 버렸기 때문에 다나카야라는 전당포의 간판을 내리고 조모와 둘이서 생활하고 있습니다. 다만 조모가 고리대금업을 하고 있는 덕택에 경제적으로는 유복하여 미도리와 함께 오모테마치 어린이 그룹의 중심이 되었습니다. 그는 열세 살 소년의 신분으로 조모의 일을 거들어 수금을 하러 다니지만, 그런 일을 창피해하거나 의문을 품지 않는 순수한 성격으로 오히려 그런 성격을 자신이 '나약하다'고 창피해 하는 아이였습니다. 연상인 미도리에게 응석부리며 이런 식으로 자신의 슬픔을 토로합니다.

> 아 재작년부터 나도 일수를 받으러 다니고 있어. 할머니는 나이가 들어서, 더욱이 밤에는 위험하고, 눈이 나빠 도장을 찍거나 무슨 일을 할 때 불편하기 때문에 말이지. 지금까지 몇 명이나 사람을 써봤지만, 노인네에다 아이니까 우습게 봐서 생각대로 움직여 주지 않는다고 할머니가 말했어. 내가 이제 좀더 어른이 되면 전당포를 내서 옛날처럼은 아니지만 다나카야라는 간판을 걸 것을 고대하고 있어. 다른 사람은 할머니를 수전노라고 하지만 나를 위해서 절약하는 것이니까 불쌍해서 견딜 수가 없어. 일수를 받으러 다니는 동안에도 도오신마치通新町랑 여기 저기 꽤나 불쌍한 사람이 있으니까 몹시 할머니를 나쁘게 말하겠지, 그것을 생각하면 나는 눈물이 나. 역시 나약하지.

만약 작가 이치요의 문학적 자질을 말하라고 한다면 그것은 많은 사람들의 푸념이나 술회를 귀담아 들어주는 것이었다고 할 수 있지 않을까요. 이런 자질은 그녀의 다른 작품에서도 그렇지만, 쇼타로의 솔직한 이야기나 먼저 소개한 조키치의 감정의 고양이 잘 그려져 있습니다.

그렇기 때문에 쇼타로의 상냥함과 쇼타로에게 적대심을 불태우는 조키치의 감정이 선명한 대조를 이루며 인상적이고, 어떤 의미로는 신뇨의 온화한 인품과 공통점이 떠오릅니다. 반면에 신뇨는 자신의 집이 절임에도 불구하고 부모가 체면불구하고 돈벌기에 몰두하고 있는 것을 부끄러워합니다. 이것은 쇼타로의 조모에 대한 배려와 좋은 대조를 이루고 있습니다. 그리하여 신뇨만은 이 고장의 기풍에 융합하지 못하고 결국에는 이 고장을 떠나 타지의 상급학교에 진학하게 됩니다. 이러한 신뇨는 타지 출신이기 때문에 과잉될 정도로 지역에 동화하려는 미도리와 대조적인 운명을 걷게 되는 것입니다.

이렇게 다양한 대비 관계를 파탄 없이 구조화시킨 이야기는 이 시기까지 나타난 적이 없었을 뿐만 아니라 이후의 문학사에서도 거의 찾아볼 수 없습니다. 이것을 두 그룹의 아이들의 싸움이라는 심플한 스토리에 담고 있는 점이 이 시기 히구치 이치요의 소설적 기술의 도달점을 보여주고 있다고 할 수 있습니다. 그 구조의 베이스를 이루는 것이 성聖과 천賤, 떠나가는 내부인과 과도한 동조를 보이는 외부인이라는 대비관계였습니다. 이를 잘 나타내고 있는 것이 아래와 같이 미도리가 조키치에게 받은 모욕에 대한 분노를 신뇨에게까지 돌리고 있는 부분입니다.

> 축제는 어제부로 끝나고, 그 다음 날부터 미도리의 통학이 툭 끊긴 것은 물을 것도 없이 이마의 흙을 씻어도 지워지지 않는 치욕이 몸에 사무쳐 분하기 그지없기 때문이다. 오모테마치건 요코초건 같은 교실에 나란히 앉으면 동료인 것을 이상한 차별을 고집하곤, 내가 여자라는 너무나 당치않은 약점을 노려 축제날 밤에 한 짓은 얼마나 비겁한가? 망나니 조키치가 난폭하다는 건 모두가 알고도 남는 일이지만, 신뇨의 후원이 없이는 저렇게 마음껏 오모테마치를 휩쓸고 다니지는 못할 것이다. 사람들 앞에선 유식하고 순진한 척하다 뒤에서 꼭두각시의 줄을 조정하는 것은 후지모토 신뇨임이 분명하다. 학년이 위든, 공부를 잘하든, 류게지의 도련님이든, 이 다이코구야大黒屋의 미도리, 한 치의 신세도 진 일이 없건만 그런 거지 취급을 당할 까닭은 없다. 류게지에 얼마나 잘난 배경 — 단가檀家(절의 신자가 되어 사주 등의 경제적 원조를 지속적으로

> 하며, 장례 사십구재 등을 맡기는 가문 또는 그 가문의 사람) — 이 있는지는 몰라도, 우리 언니의 3년 손님인 은행가 가와川 씨, 증권가兜町의 요네米 씨도 있고. 키가 작은 어떤 의원은 언니를 기적에서 빼내어 부인으로 맞이하고 싶다고 하셨지만 언니가 성격이 마음에 들지 않아 싫다고 받아들이지 않았는데, 그분도 아주 이름 높은 분이라는 말을 유녀를 도와주는 할머니에게 들었다. 거짓말 같으면 물어봐라. 다이코쿠야의 오마키가 없다면 그 집은 별 볼일 없을 거야. 그러니까 주인아저씨도 아버지나 어머니, 나까지도 소홀히 대하지 못하고 〔…〕 내가 기숙사 생활을 하며 남의 집을 봐줄지언정 언니는 다이코쿠야의 오마키, 조키치 따위에게 뒤질 신분이 아니다. 류게지의 중에게 괴롭힘을 당한 것은 뜻밖의 일

여기에서도 지문에서부터 미도리의 내면 독백으로 인용부호도 없이 들어가는 서술 방식을 취하고 있습니다. 미도리의 분노가 조키치보다는 오히려 신뇨에게 향해져, 말하자면 신뇨와 내적 언쟁의 형태를 띠고 있는 듯한 이러한 특징을 잘 살렸다고 생각합니다.

확실히 조키치가 오모테마치에 뛰어들었다가 물러날 때도 "이쪽엔 류게지의 후지모토 신조가 있다구"라며 협박 같은 말을 남기고 갑니다. 여기에서 신뇨가 뒤에서 조키치들을 조종하고 있다는 추측이 생겨나고, 신뇨의 평소 태도에 대한 불만이 증폭되어 조키치의 난폭함은 참을 수 있어도 신뇨만은 용서할 수 없다는 원망과 분노로 변해 버립니다. 신뇨에게 있어서는 매우 어이없는 착각에 의한 원망이라고 할 수 있지만, 이러한 감정의 대상의 차이에서 독자는 미도리가 이전부터 신뇨에게 얼마나 민감했었는지 알 수 있습니다.

더욱 특징적인 것은 처음에 미도리는 신뇨에 대한 분노를 "같은 교실에

나란히 늘어서 있으면 같은 학생 신분에 다름없는 것을"이라며 학교제도의 평등주의에서 근거를 찾으려 하고 있다는 것입니다. 말하자면 공적인 명분론에 근거를 두고 있는 것인데, 자신의 감정을 반추하고 있는 동안 그런 명분론으론 해소할 수 없는 피차별의 원망이 터져 나와 "학년이 위든, 공부를 잘하든, 류게지의 도련님이든, 이 다이코구야의 미도리, 한 치의 신세도 진 일이 없건만 그런 거지 취급을 당할 까닭은 없다"라며 신뇨를 향해 내적으로 거듭 말하고 있습니다. 이러한 감정 속에서 미도리가 의식하기 시작한 것은 완벽하게 '성聖' 쪽에 서있는 신뇨였습니다. 그에 대해 미도리가 대항적으로 내세울 수 있는 것은 지금 요시와라에서 전성기를 뽐내고 있는 언니, 지위와 재산이 있는 훌륭한 남성으로부터 네비키根引き120를 권유받아도 단호히 거절해 버리는 심성의 오마키(언니의 유녀 이름)밖에 없었습니다. 그것이야말로 미도리의 운명의 슬픔이라 해야겠지만 미도리에겐 물론 그러한 자의식이나 마음의 여유도 없어, 지나칠 정도로 자신을 언니와 동일시하게 됩니다.

악소悪所라고 불리던 유곽은 오히려 그러한 멸시를 역으로 이용하여 유곽 외부의 신분이나 지위가 통용되지 않는, 그것들을 무화시키는 룰을 만들어 독자적인 미의식이나 가치관을 만들어 냈습니다. 미도리의 언니가 지위와 재산이 있는 남성의 네비키를 거절한 것은 이러한 견해에서 보면 확실히 칭송받을 만한 행위였습니다. 미도리는 이러한 언니와 자신을 동일시하는 데다 한편으론 언니를 네비키하려고 하는 남성의 지위와 신분을 과시하여

---

120 네비키根引き : 유곽에 몸값을 지불하고 자유의 몸이 되게 하여 자신의 부인으로 맞는 일.

조키치나 신뇨를 깔보려 하는 것입니다. 이것은 실로 유녀적 감성의 모방이며 그 모방을 통해 유녀가 되어야 하는 자신의 운명을 스스로 방향지어 버린 것이라고 볼 수 있겠지요.

초경 · 하쓰미세初店 논쟁이 환기시키는 것

〈키재기〉의 문체상의 특징은 대략 위와 같은 점에 있습니다. 그러므로 다음으로 저는 이 문체가 문체사적으로 어떤 위치를 점하고 있는가를 설명해야 하겠지만 최근의 〈키재기〉 연구에서는 거의 반드시 언급되는 문제가 있기에 조금 돌아가더라도 이에 대해 언급하고 싶습니다.

이를 위해서는 길어지겠지만 〈키재기〉의 줄거리를 소개하지 않으면 안 됩니다. 센조쿠千束신사의 축제 당일 오모테마치의 아이들이 문방구에 모여 놀고 있는데 조키치들이 난동을 부리며 들어와 조키치가 미도리에게 창피를 주곤 도망쳤습니다. 다음 날 학교를 쉬고 나카탄보中田圃의 신사에 참배하러 갔다 돌아오는 미도리를 쇼타로가 불러 세웁니다. 쇼타로는 어젯밤 싸움에 같이 있어 주지 못한 것을 사과하고 미도리를 집으로 오라고 하여 자기 가족의 실상을 털어놓습니다. 이때의 쇼타로의 고백담과 그 후 미도리가 혼자 조키치와 신뇨에 대해 분노하는 것은 앞서 소개한 대로입니다. 이런 일이 있은 후 잠시 동안은 아무 일 없이 시간이 흘러 가을이 깊어졌고, 가을비가 오는 어느 날 밤 미도리와 쇼타로들이 문방구에 모여 놀고 있으려니 가게 앞에 누군가 온 듯한 발자국 소리가 들렸습니다. 쇼타로가 쪽문을 열어보니 신뇨의 뒷모습이 보입니다. 문방구에 뭔가 사러왔으나, 오모테마치 아이들의 목소리가 들려 가게로 들어오지 못한 것이겠지요. 미도리는 신뇨의 욕을 하면서도 뒷모습을 언제까지고 보고 있었습니다.

그리고 아마 그로부터 며칠 지나지 않았을 때인데, 가을비가 내리는 아침 신뇨는 다마치에 있는 누나 집에 심부름을 가다 미도리가 사는 기숙사 앞을 지나가던 참에 게타 끈이 끊어져 곤경에 처하고 말았습니다. 집에 있던 미도리는 누군가 곤경에 처해 있는 것을 보곤 밖으로 나와 보지만 신뇨라는 것을 알고 말을 걸지 못합니다. 미도리는 게타 끈을 잇기 위한 붉은 유센 천 조각을 신뇨의 발치에 던져주고 집으로 들어가 버립니다. 신뇨도 그것을 알아차리지만 붉은 유센 천 조각을 손으로 집을 수가 없습니다. 거기에 밖에서 밤을 새고 돌아가는 조키치가 지나가다 자신의 게타를 신뇨에게 양보하고 신뇨의 게타를 손에 들고 맨발로 돌아갔습니다. 이런 일이 있고나서 11월이 되어 제 삼 닭의 축젯날三の酉の市[121]이 되었습니다. 닭의 축제란 11월의 닭의 날에 열리는 오도리大鳥신사의 축제를 말합니다. 11월에 닭의 날이 세 번이나 돌아오는 해가 있어, 세 번째 닭의 날을 제 삼 닭의 날이라 불렀습니다. 이 날은 행운을 가져다주는 장식물 중 하나인 복갈퀴熊手[122]를 파는 가게가 신사의 경내에 즐비하게 늘어서고 이를 사려는 많은 참배인들이 찾아옵니다. 다이온지마에 사람들은 그 인파를 노려 노점을 차리고, 산고로를 비롯한 가난한 집의 아이들도 용돈 벌이를 하러 먹을 것을 파는 가게를 열었습니다. 쇼타로는 이런 축제 분위기를 즐기려고 미도리를 찾지만 눈에 띄지 않습

---

121 酉日 : 십이간지의 열 번째에 해당하는 날

122 복갈퀴熊手 : 긴 장대 끝에 곰의 앞발 같이 발톱 형태로 구부러진 얇은 대나무를 몇 개 단 도구.

니다. 경단가게의 세다까背高라는 친구에게 물어보니 머리를 시마다島田[123]로 묶고 아름답게 차려입은 미도리가 도개교에서 유곽 안쪽으로 들어가는 것을 보았다는 것입니다. 그래도 더 찾아 마침내 미도리가 반토신조番頭新造[124]와 걷고 있는 것을 발견하고는 그 아름다움을 칭찬하지만, 웬일인지 미도리는 "언니 방에서 오늘 아침에 묶어 올렸어. 나는 싫어 죽겠어"라며 얼굴을 기모노 소매로 가리고 혼자서 집으로 돌아갔습니다. 쇼타로가 찾아가도 상대를 해주지 않아 쓸쓸히 축제장소로 돌아와 산고로의 가게에서 신뇨가 모처에 있는 '스님학교'에 들어가기 위해 이 마을을 떠날 것이라는 소문을 듣게 됩니다.

이 날을 경계로 미도리는 사람이 변한 듯이 어른스러워지고 친구들과 노는 것도 그만두어 버립니다. 그러니까 신뇨가 마을을 떠난다는 소문도 못 들었겠지만, 어느 날 아침 수선화 조화가 격자문 옆에 놓여있는 것을 발견하고 "왠지 그리운 생각이 들어" 그것을 화병에 꽂아 두고 "외롭고 청초한 모습을 아끼고" 있었습니다. 이 날이 신뇨가 마을을 떠나는 날이었습니다.

이야기는 이렇게 끝나고 있습니다. 지금까지 오랫동안 이것은 각각의 아이들이 어른을 향해 일보를 내딛는 것을 암시한 결말로 받아들여졌고, 미도리의 갑작스런 변화는 초경에 의한 것이라고 해석되어 왔습니다.

그런데, 이런 통설에 대하여 작가인 사다 이네코佐多稲子[125]가 〈'키재기'

---

123 시마다島田 : 시마다가미島田髪의 줄임말. 여자가 초경을 하면 소녀에서 여성이 되었다는 축하의 의미로 한다.

124 반토신조番頭新造 : 유녀의 시중을 들어주는 심부름꾼.

125 사다 이네코佐多稲子 : 1904-1998, 전전戦前 프롤레타리아 문학 운동을 대표하는 작가. 대표작에 〈캐러멜 공장에서キャラメル工場から〉, 〈수영樹影〉이 있다.

해석에 대한 하나의 의문〉(1985년 5월, 《군상》)이란 에세이에서 의문을 제기하여 미도리의 변화는 하쓰미세初店 때문이 아닐까라는 새로운 해석을 제안하였습니다. 하쓰미세란 미즈아게水揚げ라고도 하며 유녀가 된 여성이 처음으로 손님을 받는 것을 의미합니다. 만일 이 새로운 해석에 따른다면 미도리는 제3의 닭의 날에 유곽에서 손님에게 육체를 제공할 것을 강요받은 셈이 됩니다. 그 잔혹한 이미지가 충격적이기 때문에 연구자들 사이에서 화제가 되었습니다. 마에다 아이前田愛 씨를 비롯하여 몇몇 분의 연구자는 사다 씨의 의견에 반론을 폈지만, 물론 논쟁은 결론이 나지 않았습니다.

제 자신은 이 논쟁에 흥미도 없고, 지금 제 의견을 묻는다 해도 사실 이렇다할 명확한 판단을 할 수도 없습니다. 미도리가 처음으로 어른의 머리 형태인 시마다 모양으로 머리를 올린 것은 주위사람이 그녀를 어른이라고 인지한 것을 의미하고 도개교를 건너 유곽 안으로 들어가는 점이나 반토신조가 옆에 함께 있었던 점에 초점을 맞추면 하쓰미세설이 유력해 보이기도 합니다. 그러나 일본에는 소녀가 초경을 했을 때 부모가 팥밥을 지어 축하하는 풍습이 있습니다. 미도리의 집에서 팥밥을 한 것을 암시하는 기술은 보이지 않지만, 언니 오마키가 그 대신 자신의 방에서 시마다로 머리를 올려 묶어 축하해주고, 자신의 반토신조를 미도리와 함께 돌아가도록 합니다. 이렇게 생각해 보면 초경설을 부정할 이유가 없어져 버립니다. 그 반면 초경을 축하해주는 풍습을 생각하면 다음과 같은 미도리의 한탄에는 뭔가 과잉된 점이 있다고 할 수 있겠지요.

> 어제의 일은 모두 미도리에겐 처음 일어난 것이기에 그저 부끄러운 것은 말할 것도 없고, 가능하다면 어두컴컴한 방에 말을 건네는 사람도 내 얼굴을 보는

사람도 없이 혼자 하루를 보내고 싶다. 그러면 이런 우울한 일이 있어도 남의 눈이 신경 쓰이지 않고 이런 생각까지 들지는 않겠지. 언제까지나 언제까지나 인형과 종이인형을 상대로 언니와 함께 소꿉놀이만을 하고 있었다면 좋았을 것을. 싫다 싫어 어른이 되는 것은 싫은 일 어째서 이렇게 나이를 먹나, 7개월, 10개월, 1년 전으로 돌아가고 싶다.

하쓰미세설 연구자는 이 미도리의 깊은 슬픔에서 그녀가 요시와라 유곽에서 강요당한 경험을 추측하고 있으나, 초경설 연구자는 하쓰미세치고는 유곽 안에 있던 시간이 너무 짧은 것이 아니냐고 반론하여 왠지 진전없는 성적 망상 같습니다. 미도리와 같은 숫처녀에게 하쓰미세를 하게 한다는 것은 그녀의 남편이 되는 것으로, 그런 일을 바라는 남자는 거액의 돈을 유녀방에 지불하고, 또 유녀방에서는 하쓰미세 의식을 해야 한다고 합니다. 유곽의 그러한 풍습으로 본다면, 이 날 미도리는 가까운 시기에 남편이 될 남자와 첫 대면을 한 것이라 생각하는 것이 타당할 것입니다.

다만 제가 이러한 논쟁에 의해 새삼 인식하게 된 문제는 이상과 같은 점이 아니라, 물론 그것과 관계는 있지만, 어째서 그렇게 자유자재로 작중 인물의 행동과 내적으로 밀착되어 있던 화자가 이 날 미도리의 유곽 안의 행동에 한해 입을 닫아야만 했던 것일까 하는 문제입니다. 내러톨로지narratology 이론으로 파악해 본다면, 이 날 미도리의 행동은 화자의 공백이 되는 것으로 실제 몇몇 사람인가의 연구자들은 볼프강 이더의 〈행위로서의 독서〉(1982)에서 '공백'의 개념을 채용하여 텍스트 내외의 콘텍스트를 통한 접근을 시험해 보았습니다. 그러나 이 공백의 문제를 젠더의 관점에서 다룬 논문은 없었던 것 같습니다.

그것은 왜인가 하면 요시와라와 같은 성의 상품화 공간은 물론 근대적 공공질서나 미풍양속에서 보면 부정적으로 파악할 수밖에 없었습니다. 그러나 이미 그곳을 나쁜 곳惡所으로 소외시켜 온 사회상 안에서는, 그곳이 나쁜 곳이기 때문에 오히려 감미롭고 화려한 성적 소비문화의 장이라는 또 다른 의미를 부여하고 있었습니다. 중요한 것은 이러한 양면성을 분간할 수 있었던 것은 남성이며, 게다가 매스미디어가 전자와 같은 발언을 할 경우에는 여성교육론이라는 이름으로 양식 있는 여성은 당연히 그러한 공간을 회피할 것이라는, 소위 여성이 동성을 경멸하게 하는 담론을 만들어 왔습니다. 〈키재기〉의 화자는 그러한 구속 안에서 요시와라 주변사람들에게 공감하는 어조로 이야기하는 아슬아슬한 서술을 진행시키지만 결국, 그 공간에 발을 들여놓을 수는 없었던 것입니다.

그런 의미에서 텍스트의 '공간'을 서술의 전략으로 파악하고 그 전략의 기술技術을 고찰하는 연구도 필요하겠지만 그와 함께 '공간'의 사회학이라 할 수 있는 연구도 필요하다는 생각이 들었습니다.

여성의 서술 · 문체

대략 이상이 〈키재기〉의 특징입니다. 그러나 이 장의 초두에 언급한 문제가 아직 한두 가지 남아 있습니다. 첫째는 히구치 이치요가 자신의 소설을 수정, 즉 재해석하는 과정에서 어떠한 변화가 일어났는가 하는 문제인데, 지금까지의 인용문을 보면서 수정이 진행됨에 따라 문자 레벨의 수정이 점차 증가했음을 알 수 있습니다.

그러한 수정은 문장의 레벨에까지 이르렀습니다. 신뇨가 미도리의 집 앞에서 게다 끈이 끊어져 곤란해 하고 있던 장면에서, 미도리가 말도 붙이지 못하고 어머니가 부르자 망설이며 집 안으로 들어가는 이 무언극과도 같은 행동을 이치요는 다음과 같이 쓰고 있습니다.

> 어머니가 자꾸 부르는 소리가 딱해 어쩔 수 없이 한걸음씩 징검돌을 건너 힘없이 들어간다. 신뇨는 그제서야 쓸쓸히 돌아보니(진필真筆)

그러나 다시 마음을 바꾸어 다음과 같이 초기 출판본의 표현에 가까운 형태로 돌아가고 있습니다.

> 어머니가 자꾸 부르는 소리가 딱해 어쩔 수 없이 한두 걸음씩, 이 무슨 미련인가 생각하니 창피하여 몸을 돌려 또각또각 징검돌을 건너간다. 신뇨는 그제서야 쓸쓸히 돌아보니

밑줄 친 부분의 표현은 에도 시대의 닌죠본에서 단념할 수 없는 사랑을 무리해서 접으려하는 장면에 잘 쓰이는데, "'아 어찌된 일인가. 나라는 것이 참으로 미련스럽구나. 신뇨가 안다면 어떻게 생각할지, 그것이 창피하다' 하며 마음을 바꾼 듯이 몸을 돌려" 정도의 의미입니다. 아마도 이치요는 이 연극 대사 같은 표현을 되풀이하는 것을 망설였던 듯, 이 부분을 잘라내고 "징검돌을 건너 힘없이 들어간다"로 풀죽은 미도리의 이미지로 바꾸어 보았던 것 같습니다.

첫 선(?)을 보인 후의 미도리의 심정도 《문학계》 초기 출판본의 표현은 "그저 부끄러움은 이루 말할 수 없고, 어두컴컴한 방안에서 아무하고도 말

하지 않고 내 얼굴을 보는 자도 없이 혼자서만 하루를 보내고 싶다"라고 되어 있습니다. 이것이 진필본真筆本에서는 "부끄러운 것은 말할 것도 없고, 가능하다면 어두컴컴한 방에 말을 건네는 사람도 내 얼굴을 보는 사람도 없이 혼자 하루를 보내고 싶다"로 바뀌어 있습니다. 이 둘을 비교해 보아도 전자의 미도리는 스스로 방안에 틀어박혀 사람을 접근시키지 않으려는 의지를 품고 있음에 비해, 후자의 미도리는 '가능하다면' 방안에 틀어박혀 아무도 자신에게 말을 걸지 말았으면 한다는 수동적인 발상으로 바뀌어 있음을 알 수 있습니다.

이런 의미에서 수정에 의한 해석을 통해 히구치 이치요는 지기 싫어하는 성격의 미도리를 '여자아이'다운 성격으로 바꾸고 싶은 의향을 환기시킨 것은 아닐까 추측됩니다.

또 한 가지 문제는 이 문체의 위상 문제입니다. 이에 대해 말하기 전에 이것이 여성의 시점에 의한 서술이었다는 점을 다시금 확인해 두고 싶습니다.

이미 7장에서 지적한 바와 같이 이 시기 소설의 원근법은 그 장면에 내재된 화자의 시각, 청각을 통해 만들어졌으며, 그 어조는 될 수 있는 한 직업이나 신분, 젠더를 배제했다는 의미에서 중립적 인상을 주는 방향으로 진행되었습니다. 이런 어조의 지문은 작중인물 개개인의 말투나 말버릇과 가능한 한 거리를 둡니다. 즉 인용부호 안의 작중인물의 발화에 대해서는 어디까지나 지地(도図/지면ground의 지地, 혹은 기반base)로서의 일관성을 지킨다는 의미에서 중립적인 문체였던 것입니다. 이러한 방향을 만든 것은 주로 남성작가이며, 이 당시까지는 그러한 문체가 근대적 문체로 평가받고 있었습니다.

이에 비해 〈키재기〉의 화자는 자신이 여성의 어조를 쓰는 것을 조금도 숨기려 하지 않았으며 때로는 삶의 냄새마저 느끼게 하는 어조로 서술하고 있습니다. 〈매목〉에서 남성적 어조를 강조하였던 이치요가 이번엔 여성성을 나타내는 화자를 설정하였는데, 그 어조는 언급되는 작중인물 자체에 동화되어 그 인물의 내면에까지 자유롭게 들어가서 그 감정을 그야말로 그 인물의 그 당시 상황이나 감정의 상태에 어울리는 어휘나 말투로 구분해서 서술하고 있습니다. 이런 방법의 결과, 예를 들어 미도리의 분노처럼 조키치를 향한 분노가 신뇨에게 굴절되면서 미도리의 집착을 현재화시키고, 그녀의 아이덴티티까지도 이야기하는 고도의 서술방법이 가능하게 되는데, 이것은 참으로 훌륭한 기법입니다.

이러한 서술방식은 작중인물의 말투나 감정을 자신에게 동화시켜 버리거나, 감정이입적인 과장으로 흘러 결국은 단조로운 문체가 될 수도 있는 위험성을 지니고 있습니다. 그러나 여기서의 화자는 〈뜬구름〉, 〈아내〉, 〈즉흥시인〉에 뒤지지 않을 수준에서 작중인물의 감정을 대상화하여 〈뜬구름〉 이후의 작품들 이상으로 확실하게 작중인물의 의식과 감정의 개별적인 특징을 서술하고 있습니다. 문체사적으로 볼 때 이것이 〈키재기〉의 도달점이라 할 수 있습니다.

제12장

모노가타리 속의 문학사

나는 이 강의의 처음 부분에서 연표적인 방법은 일단 제쳐두고 다양한 계보가 교착하는 양상을 파악하겠다고 했습니다. 그 이유는 그때 설명했습니다만, 한두 개 더 보충하자면 우리들이 문학 텍스트를 읽을 때 경험하는 일종의 역사적인 거리감각을 중요시하고 싶었기 때문입니다.

우리들은 적어도 나 자신은 어떤 이야기를 읽을 때 종종 자신과는 이질적인 것을 느끼며 과연 나는 이 이야기를 완전히 이해할 수 있을 것인가 하는 불안감에 휩싸이는 경우가 있습니다. 그것은 문자나 문체에 관한 경우도 있으며 이야기되는 풍속이나 습관, 작중인물의 언동에 관한 경우도 있고, 장정이나 구성방법에 관한 경우도 있습니다. 그때 나는 이것은 내가 지금 살고 있는 시대나 장소와 다른 시대와 공간의 이야기이며 읽을거리라고 생각하고 읽는 과정에서 그 거리감을 메우기 위한 궁리를 시작합니다. 그 일의 의미를 이해하기 위해 지금 자신이 그 이야기의 작가나 발표 시기에 관해 아무런 예비지식도 갖지 않고 읽기 시작했다고 가정해 보십시오. 그 텍스트의 시대나 지역에 관한 단서는 이 거리감밖에 없다는 것을 깨달을 것입니다. 일본어 텍스트를 외국문학으로 읽는 사람의 입장에서는 납득이 잘 될 것이라 생각합니다.

그러한 의미에서 이 거리감은 객관적인 시공간의 격차와는 미묘하게 다릅니다. 이것은 동시대의 소설을 읽으면서 일종의 거리감을 느끼는 경우도 있는가 하면 역으로 꽤 시공간적으로 떨어진 작품을 순조롭게 받아들이는 경우도 있기 때문입니다.

그러나 이것은 물론 객관적인 시간의 순서에 따라 정리된 문학연표가 쓸모없다는 것을 의미하지 않습니다. 앞에서 말한 거리감을 극복하는 하나의 방법으로 문학연표류의 도움을 빌리는 것은 흔히 있을 수 있는 일입니다. 다만 그 수순을 역으로 해서 연표적인 지식을 우선시하면 그 거리감이 내포한 역사 감각이라고 할 수 있는 것, 즉 문학 텍스트와 자신과의 역사적인 차이의 지각이 사라져 버릴지도 모릅니다. 읽는 행위의 근원에 있는 어떤 미지의 것과의 만남과 그것을 이해하기 위해 동원되는 '지知'의 활성화, 또 그 경험을 통해 감각되는 문학 텍스트의 역사성이나 반성적으로 환기되는 자기 자신의 역사성 같은 것을 간과해 버리게 됩니다.

문학사의 의미는 그러한 역사 감각과 — 지역적인 차이의 경우도 처음에는 이해하기 어려웠던 풍속이나 심리를 차츰 받아들이는 독서과정 속에서, 공간적인 거리감은 이해를 위한 내적 시간의 의식으로 변환되어 역사 감각화가 이루어지게 됩니다 — 연표적으로 정리된 역사의 교착과 통합 속에 생기는 것은 아닐까요.

내가 처음에 연표적인 정리를 일단 제쳐두려고 한 또 다른 이유는 하나의 문학 텍스트 자체가 내부적으로 구성하고 있는 문학사에 주의를 기울여 보고 싶었기 때문입니다. 어떤 문학 텍스트는 그것에 선행하는 몇 개의 텍스트의 재편집으로 생산됩니다. 바꿔 말하면 어떤 문학 텍스트는 그것 자체가 선행텍스트와의 관계를 이야기하며, 스스로 역사화됩니다. 이것이 이른바 상호텍스트성의 방법으로 이전에 다루었던 히구치 이치요의 〈매목〉 등을 떠올려 보면 쉽게 납득이 갈 것입니다. 내가 말하는 내부적인 문학사의 구성이라는 것은 그것과 관련되는데, 실은 상호텍스트성의 방법 또한 미리 준비된 연표적인 지식에 의존하는 것입니다. 내가 지금 생각하고 있는 것은 그것과는 다소 달라, 어떤 문학 텍스트가 명확히 문학사적인 관련을 이야기화하면서 그것을 통해 문학사적인 '지'를 생산하기 시작하는 그런 방법입니다. 말을 바꾸면 이야기가 자신의 문학사를 이야기함으로써 '문학사'라는 장르를 생산하려고 한 장치에 관한 것인데, 이번 장에서는 두 편의 소설을 예로 들어 그 점을 검토하고 이 강의를 끝내도록 하겠습니다.

시마자키 도손의 〈봄 春〉의 경우

시마자키 도손의 〈봄〉(1908년 4월 7일-8월 19일, 《아사히신문朝日新聞》)은 메이지 20년대의 학문 · 예술 · 문학에 정열을 쏟아 붓는 청년 군상을 그린 이야기로, 그 주인공은 기시모토 사키치岸元捨吉입니다. 단 청년들의 중심적인 존재는 아오키靑木라는 인물이었습니다. 아오키는 그들 중에서는 약간 나이가 많아 이미 결혼하여 활발한 문학 활동을 개시하고 있었습니다. 당시는 아직 연애결혼이라는 말이 인습타파적이며 고무적인 영향력을 가지고 있던 시대이며, 그런 의미에서도 과감하게 연애결혼을 실행한 아오키는 기시모토를 비롯한 젊은이의 경외와 관심의 대상이었습니다. 그러나 경제적인 벽에 부딪혀 가정을 파탄내고 병에도 걸려 결국 자살해 버립니다. 이 소설은 아오키의 비극을, 가정생활에 관해서는 기시모토 등의 젊은이의 눈을 통해서, 정신생활에 대해서는 아오키의 시나 에세이의 인용에 의해 추구한 이야기라고도 할 수 있습니다. 문체적으로는 구어체를 바탕으로 한 글 속에 문어체인 아오키의 문장을 인용하면서 아오키가 활약한 시대와 이 작품이 쓰인 시대와의 거리를 문체적인 차이에 의해 독자에게 지각시키는 방법을 취하고 있습니다.

이야기가 시작되고 얼마 안 있어, 다음과 같은 표현이 나옵니다.

> 미사오操는 실로 그가 사랑하는 부인이다. 두 사람이 교회로 서둘러 가서 거기서 결혼식을 올리기 전, 얼마나 사모의 정이 깊었나 하는 것은 아오키가 이렇게 고백하는 것으로도 알 수 있다.
>
> "만약 내가 그녀와 만나기 전의 일을 생각하면, 쓸쓸한 들판의 소나무가 바람을 맞기 쉬운 것처럼 세상사에 느끼는 일이 많았다. 그녀의 정을 얻은 후에는 모든 것이 봄빛을 띠지 않는 것이 없고 스스로 신기할 만큼 안개 속에 있는 것처럼 생각될 정도로, 괴롭고 고통스럽고 재미없는 것에서는 멀어지고, 달콤하고 아름답고 부드러운 것에만 가까워졌다. 살찐 말에 올라타 봄의 들로 나갈 때 유채꽃이 아침햇빛에 빛나는 두렁을 지나 여유로이 흐르는 실개천가에 말을 세워둔 마음은 — 이러한 사랑의 참맛이다."
>
> 연애는 강건한 아오키를 울릴 만큼 미묘한 음악이었다. 이 세상에 속한 것이라 하면 명예든 부귀영화든 일절 희망을 두지 않는다고 하는 오로지 무구한 요량에서 세상의 현상 모두 거짓이라고 볼 만큼 젊은 아오키였으나, 단

> 하나 그의 눈에 거짓이 아닌 것으로 보이는 것은 연애였다. 그처럼 연애 사상을 중시하고 또 그것을 거리낌 없이 발표한 사람도 적을 것이다. 그의 말에 의하면 연애는 인간 세상의 비밀을 푸는 열쇠이다. 연애가 있고 인간세상이 있다. 연애를 뺀 날에는 인생에 어떤 색도 맛도 없다—
>
> 신기한 것은 연애가 손쉽게 그의 눈을 어둡게 한 것처럼, 결혼은 또한 손쉽게 그의 마음을 실망시켰다. 그는 염세시인에 대해서 이렇게 말했다. "무릇 그들은 사회의 규율에 따를 수 없는 사람들이다. 사회를 집으로 보지 않는 자들이다. 보통의 쾌락을 쾌락으로 인정하지 않는 자들이다. 그들은 규범의 규칙을 꺼리는 사상은 있으면서 인간 세상에 구속되는 것은 생각지도 못하는 바이다. 혼인이 그들로 하여금 더한층 더욱 사회를 혐오하게 하며, 더한층 의무에 등을 돌리게 하며, 더한층 불만을 많게 한 것은 바로 이 때문이다"라고 하고, 또한 "아아 불행한 것은 여성인가, 염세시인 앞에 우미고묘優美高妙를 대표함과 동시에 추잡한 속세의 통역사가 되어, 그 비웃음거리가 되고, 그 냉소의 대상이 되어, 평생 눈물을 삼키며 자나 깨나 신랑을 그리워하고 신랑을 원망하며, 결국 그 깊이 슬퍼하는 바가 되는 것이야말로 가슴 아프구나"라고 한 것은 확실히 그의 심중을 폭로한 것이다.

화자는 이와 같이 아오키의 두 문장으로 연애감정의 고양과 가정을 가진 이래의 환멸을 얘기하는 방법을 취하고 있습니다. 만약 아오키가 이와 같은 문장을 남기지 않았다면 화자는 아오키의 사랑과 환멸의 경위를 많은 말을 사용하여 설명했어야 할 것입니다. 그러나 화자는 그렇게 하지 않고 아오키의 문장을 읽는 위치에 자신을 두면서 사랑에 뜨거워지기 쉽고 이른바 환멸도 너무 빨리 느끼는 아오키의 성격상 그리고 사상상의 '신기함'을 제기하고, 이후에는 아오키의 텍스트에서 그 '신기함'의 원인을 해독하는 방식으로 이야기를 진행해 갑니다.

그 점에서 이 소설은 만약 아오키의 에세이까지도 시마자키 도손이 지은 것이라고 한다면 그 텍스트를 다른 작중인물에게 해독시켜 비평시키는 이른바 메타텍스트적인, 상당히 구조가 복잡한 이야기가 되었을 것입니다. 메이지 문학 텍스트를 그다지 많이 접하지 않은 독자로서는 오히려 그러한 이야기로 보는 것이 당연하며, 보는 방법에 따라서는 그것이 적당한 수용 방법이라고 할 수도 있을 것입니다.

그러나 이 소설은 그처럼 읽혀지지는 않았습니다. 다시 말해, 〈봄〉이 발표되기 이전부터 신문의 문예란에 "지금 시마자키 도손 씨는 《문학계》 그룹을 모델로 한 작품을 구상 중이다"라는 기사가 보이고, 사실 도손 자신도 모델소설 방식을 취하고 있었기 때문입니다. 요컨대 읽는 방향의 설정이 사전에 이루어진 것입니다.

《문학계》(1893년 1월-1898년 1월)라는 잡지에 소설이나 시나 문예평론을 발표했던 동인 중에서, 1907년 무렵에는 기타무라 도코쿠는 1894년 5월에 자살해서 이미 죽었고 호시노 덴치星野天知는 서예가가 되고, 히라타 도쿠보쿠平田禿木와 도가와 슈고쓰戸川秋骨는 영어영문학 교사가 되었으며, 바바 고초는 문학적인 에세이를 쓰고는 있었지만 그렇게 눈에 띄는 존재는 아니어서 결국 도손 한 사람만이 현역 창작활동을 계속하고 있는 상태였습니다. 도손은 그들이 아직 문학 활동을 개시하기 이전, 도코쿠 한 사람이 《여학잡지》를 무대로 활발한 발언을 시도했던 시기의 문학적 교우를 그렸는데 신문의 문예란이 모델에 대한 흥미를 부채질하는 형태로 도손의 〈봄〉 집필을 기사로 했고, 그 결과 기시모토는 도손 자신, 아오키는 기타무라 도코쿠로 읽혀지게 되었습니다. 앞 인용문의 아오키의 문장은 말할 것도 없이 도코쿠의 에세이에서 가져온 것입니다.

다시 한번 확인하기 위해 도코쿠의 〈염세시인과 여성厭世詩家と女性〉(1892년 2월 6일, 20일, 《여학잡지》, 303, 305호)에서 관련된 부분을 소개해 보겠습니다.

> (1) 연애를 하지 않는 자는 봄이 오기 전의 나무숲처럼 왠지 쓸쓸하게 땅에서 있는 자이며, 각 개인이 인생의 깊은 뜻의 일부를 알 수 있는 것은 연애의 시기를 통과한 후가 될 것이다. 연애는 투명하고 미의 진실을 꿰뚫으며, 연애 없는 동안은 사회는 한 타인처럼 상관없고 연애 있은 후에는 정취 있는 풍물의 광경이 왠지 거짓을 떠나 진실에 임하고 이웃에서 우리집으로 옮기는 것처럼 느껴진다.
>
> (2) 연애는 강건한 바이런을 울린 미묘한 음악의 경계를 넘어서 펴진다.
>
> (3) 그리하여 성실과 신뢰로써 염세를 극복하는 바 없고 경험으로써 염세를 깨뜨리는 바 없는 순수한 이상을 가지고 있는 젊은이의 눈 속에는 실세계의 현상 모두 거짓인 것처럼 보일까, 말하건대 아니다. 그중 거짓이 아닌 것이 하나 있다. 성실충신 '죽음'도 빼앗지 못하는 자 있으니, 무엇이냐 하면 연애다. 정은 투쟁할 만한 성질을 가지고 태어난 원소이지만 그 연애의 영역으로 나아갈 때는 매우 평화롭고 아름다운 것이며, 부지불식간에 한 여성 속에 충만하게 하는 정인을 상대할 때는 천지에 강적 없으며, 불평등도 불융화도 모조리 그 자리를 내주고 진정한 아름다운 천사로 하여금 앉게 한다.
>
> (4) 연애는 인생의 비밀을 푸는 열쇠이며, 연애가 있은 후에 인간세상이 있다. 연애를 떠나 인생에 무슨 색과 맛이 있으랴.
>
> (5) 이상하도다. 연애가 염세가를 현혹시키기 쉬운 것처럼 결혼은 염세가를 매우 쉽게 실망시킨다. 무릇 염세가라는 자는 사회의 규율에 따를 수 없는 자들이며, 사회로써 집을 이룰 수 없는 자이며, "세상에 사랑받을 수 없고, 세상을 사랑할 수도 없는 자들이다." 규율에 제약받을 수 없는 자이며 보통의 쾌락을 쾌락으로 인정할 수 없는 자이다. 한마디로 그들이 속세로 매도하는 이 사바세계에서 사회社界라는 조직을 이룰 수 있는 자격이 없는 자이다. 때문

에 많은 희망과 많은 상상을 가지고 들어가는 혼인의 결합은 그들로 하여금 적지에 발을 들여놓게 하는 것과 같을 뿐이다. 그들이 명경리明鏡の裡에 자신의 참모습이 비치는 것을 보고 점점 염세의 정도를 높일 수 있는 것도 혼인의 환락은 그들을 성실함과 신뢰와 낙천으로 이끌기에는 역부족이기 때문이다.

그들은 인간세상을 혐오하며 멀리하는 사상을 가지고 있어 인생에 구속되는 것은 상상도 못하는 바이다. 혼인이 그들로 하여금 더욱 사회를 혐오하게 하고, 더욱 의무에 등 돌리게 하고 더욱 불만을 많게 하는 것은 이 때문이다. 그러므로 처음에 과중한 희망을 가지고 들어가는 혼인은 후에 비교적 실망을 불러오며, 참혹하게도 부부 대립하는 일이 일어난다.

이와 같은 표현과 〈봄〉에서인용 방식을 비교해 보면, 도손은 꽤 자유롭게 어떤 의미에서는 자의적으로 고쳐쓰기를 했음을 알 수 있습니다. 도코쿠가 바이런에게 준 '강건'이라는 형용을, 도손은 아오키(도코쿠)에게 전용하듯이 바꿔 썼습니다. 그와 같은 조작 결과 도코쿠가 〈염세시인〉을 논한 문장은 도코쿠가 "그(아오키=도코쿠)의 심중을 폭로한 것"이라고 번역되어, 말하자면 사소설이 아닌 사평론으로 바뀌어 버린 것입니다.

문학사적 원류의 주장

현재 기타무라 도코쿠는 매우 높은 평가를 받고 있습니다. 확실히 그는 당시의 언론인 중에서는 남들보다 한 단계 뛰어난 문체와 사상을 가지고 있었습니다. 그러나 그것을 그의 사상적 경력과 결부하여 이해하는 습관이 없었다면, 그만큼 높은 평가를 받지는 못했을 것입니다.

그는 젊어서 자유민권운동[126]에 참가했습니다. 그러나 그 동지들이 일본에서의 운동의 좌절을 타개하려고 조선혁명을 일으키고 그 자금조달을 위

해 강도를 계획하고 실행에 들어가려는 단계에 이르러 그는 운동에서 이탈해 버립니다. 그 후 기독교에 입신하여 같은 기독교 신자였던 이시자카 미나石坂ミナ라는 여성과 결혼하여 기독교적 반전평화 조직을 만들기도 하고 세속의 공리주의에 대하여 정신의 자립을 역설하는 문장을 《여학잡지》에 투고하던 중 《문학계》의 멤버와 알게 되었습니다. 이와 같은 경력 때문에 1935년 전후의 '전향'기에 비합법 일본공산당 운동에서 이탈한 사람이나 전후의 정치운동에 '좌절'하여 문학 활동으로 옮긴 사람들은 마치 빨려들듯이, 그에게 같은 유의 정신을 추구하며 엄청난 양의 기타무라 도코쿠론을 썼습니다.

그 결과 그는 생전에 세상의 주목을 받은 문학자라는 이미지가 생겨 나가하타 미치코永畑道子 씨는 도코쿠 전기에서 도코쿠가 자살했을 때 많은 신문이 크게 다루었다고 하고 있습니다. 그러나 도코쿠 연구가이기도 한 역사가 이로카와 오키치色川大吉 씨가 지적하고 있듯이 신문이 그의 죽음을 다루는 방식은 오히려 무관심했을 정도였습니다. 도코쿠가 쓴 것이 정리되어 읽히고 문학자로서의 상이 조금 명확해진 것은 《도코쿠전집透谷全集》(1902년 1월, 하쿠분칸)이 나온 뒤라고 할 수 있을 것입니다. 문학자의 자살을 신문이 커다란 사회적 사건처럼 다루거나 그 시대정신의 혼미의 상징으로 논하게 된 것은 1927년의 아쿠타가와芥川[127]의 자살 무렵부터입니다.

---

126 자유민권운동 : 인민의 권리나 자유의 확대를 목표로 하여, 막번정치에 대항해서 정치에 참여하고자 했던 메이지 전반기의 광범위한 정치운동.

127 아쿠타가와 류노스케芥川龍之介 : 1892-1927, 소설가. 나쓰메 소세키 문하. 기쿠치 간菊池寛 등과 제3차, 제4차 《신사조》 간행. 작품에 〈코鼻〉, 〈라쇼몬羅生門〉, 〈지옥변地獄変〉, 〈어느 바보의 일생或阿保の一生〉 등이 있다.

원래 《문학계》라는 그룹 자체가 큰 영향력을 가진 존재는 아니었습니다. 게다가 1907년 무렵부터는 앞에서도 지적했듯이 옛 동인은 문학 활동에서 손을 뗐기 때문에 실제로 도코쿠는 전집 덕분에 간신히 잊혀지는 것을 모면한 문학자였다고 해도 과언이 아닙니다.

그런 이유로 도손이 〈봄〉을 쓴 것은 자신의 사상형성의 흔적을 더듬어 보고자 하는 동기에서였다고 생각되지만, 그와 동시에 《문학계》의 복권 요구의 의도가 있었음은 충분히 생각할 수 있는 일입니다. 자신들의 《문학계》는 현대문학의 원류의 하나였다라고 말합니다.

실은 이 무렵까지 일본에는 현재와 같은 메이지 문학사는 없었습니다. 물론 회고록적인 문학사나 연대기적인 정리가 없었던 것은 아닙니다. 그러나 현재와 같은 문학사는 일본의 '근대화'를 포괄적인 이야기로 보고 여러 사실과 현상을 정리하고 인과관계를 배열해서 구성한 '역사'와 대응관계가 깊은 작품의 흐름을 역사적 순서에 따라서 기술해 가는 것으로, 그러한 방법을 가진 문학사는 존재하지 않았습니다. 만약 그런 방법을 취하지 않았다면 이 〈봄〉 시기까지의 문학은 지금까지 내가 말해 왔듯이 무엇이 주류이며 어느 것이 방류인지의 구별이 없는 다종다양한 표현의 계보가 병존하며 교착하는 상황으로 되돌아가 버립니다. 그와 같은 일종의 방법적 환원으로 각각의 텍스트와 계보의 의미를 새삼 확인하는 것이 제 의도로, 그러한 입장에서 봐야 비로소 〈봄〉이 초래한 것이 무엇이었는지 이해가 됩니다. 그것은 위와 같은 상황 속에 원류나 원점이라는 발상을 도입한 것입니다.

〈봄〉의 시도는 어떤 의미에서 꽤 성공적이었다고 할 수 있습니다. 《문학계》를 원류화함으로써 원류적인 사고를 하게 하고, 그렇게 함으로

써 〈봄〉 자체의 '역사'적인 의미를 독자에게 계속 사고시키는 데 성공했기 때문입니다.

이리하여 기타무라 도코쿠는 부활했습니다. 그는 개개의 문학 텍스트의 배후에 있는 시대정신을 읽는 것을 특기로 하는 평론가였습니다. 말을 바꾸면 그는 각각의 시대에는 그 고유의 정신이 있다고 가정하고 그 정신의 다양한 출현으로서 개개의 텍스트에 의미를 부여하는 방법을 생각해 냈습니다. 현대 연구자의 다수는 〈봄〉이 그린 도코쿠상, 혹은 〈봄〉에 나오는 도코쿠의 텍스트를 읽는 방법에는 비판적인 것 같습니다. 그러나 도코쿠의 평론을 사평론적으로 읽는 점에서는 여전히 도손이 깔아놓은 노선에서 벗어날 수 없고, 사평론적인 읽기로 파악한 도코쿠의 정신을 그 시대의 정신의 표상으로 삼는 방법에서 벗어날 수 없습니다.

〈시골교사田舎教師〉의 연표

도손의 〈봄〉은 한 무리의 청년들의 청춘을 그려 그 시대의 젊은 세대의 정신생활을 표상하는 방법을 취하고 있었습니다만, 다야마 가타이의 〈시골교사〉(1909년 10월, 사쿠라 쇼보佐久良書房)는 무대를 도쿄에서 간토지방의 시골마을로 옮겨 〈봄〉의 다음 세대를 주인공으로 택한 소설로 볼 수 있습니다. 이는 우연히 그 성격이 비슷한 것이라기보다 오히려 가타이가 그것을 의도하고 있었음은 청년들의 교제방법이나 이성을 화제로 하는 방법 등으로 판단할 수 있습니다.

그러나 가타이는 그 이상의 것을 실현했습니다.

그 점을 명확히 하기 위해 다음과 같은 〈시골교사〉 연표를 만들어 보았습니다. 이 연표는 〈시골교사〉의 이야기 내용을 시간적으로 정리한 것입니다. 그러므로 내용 소개는 그것으로 대신하도록 하겠습니다. 단 이것은 이야기의 순서에 따른 것이 아니라 그것을 일단 해체해서 이야기되는 사건을 연표화해 본 것입니다. 그 사건이 이야기의 순서 속에서 언제(몇 장째에)이야기되고 있는지를, 편의상 그 사건이 나오는 장의 숫자를 ( )안에 표시하였습니다.

그에 반해 하단의 '관련사항'은 이 이야기 속에서 언급되고 있는 역사적인 사건을 연표적으로 정리한 것입니다. 언급하는 사항은 기본적으로 〈시골교사〉에 나오는 것을 중심으로 다야마 가타이나 내용에 관련된 것을 두세 가지 보충했습니다.

이야기	관련사항
전사前史 하야시 세이조林清三가 8세 때, 아시카가足利에서 구마가야熊谷로 이사함. 구마가야에 8년을 산 뒤, 빚을 남긴 채 교다行田로 이전(13). "1893년 고산故山을 나와 구마가야의 사쿠라桜 근처에 살기를 몇 년…"(50). 세이조의 집은 포목집을 경영하고 있었는데 아버지가 다른 사람에게 속은 뒤부터 고물상이 됨(5). 세이조는 친우 가토 이쿠지加藤郁治	**1882** **3월 20일** 우에노上野공원에 동물원 개원. **4월 14일** 군마群馬현에서 공창제도폐지 통지. **1887** **2월** 도쿠토미 소호가 민우사 창립. 《국민지우》 창간. **1890** **1월** 아시오동산足尾銅山의 광독鉱毒

등과 구마가야 중학교에 5년 동안 다님(1). 1899년, 야마가타 고조山形古城 조간지成願寺의 주지가 됨(11). 같은 해, 세이조의 동생, 병으로 15세의 나이로 사망(12). "…1900년에는 여기 오시누마忍沼 부근으로 이사하고 나서…"(50).

사건 발생.

〔**1월** 모리 오가이 〈무희〉, 《국민지우》 6월호〕

3월 《에이사이신시穎才新誌》, 시유샤誌友社에서 다야마 가타이는 오타 교쿠메이太田玉茗를 알게됨.

3월 모리 오가이 역, 〈지진〉(《국민신문》, 17-26일)

4월 모리 오가이 역, 〈악인연〉(《국민지우》, 80-89호)

8월 모리 오가이 역, 〈세상의 파도うきよの波〉(《국민지우》, 92- 99호)

10월 31일 교육칙어 발포.

1891

10월 10일 모리 오가이 역, 〈지진〉, 〈악인연〉, 〈세상의 파도〉가 민우사 발행의 《제이국민소설第二国民小說》에 수록.

12월 18일 다나카 쇼조田中正造가 제이제국의회에 아시오 동산 광독에 관한 질문서 제출.

11월 1일 구로이와 루이코黒岩涙香, 《요로즈초호》 창간.

1893

1월 《문학계》 창간.

8월 12일 학교 축제일이나 의식 등에 사용하는 가사・악보가 선정됨.

1895

1월 하쿠분칸에서 《문예구락부文芸倶楽部》, 《태양》, 《소년세계少年世

界》 창간. 《제국문학帝国文学》 창간.

1896

1월 《메사마시쿠사めさまし草》창간.

7월 《신성 親声》 창간.

9월 1일 소학교의 체육, 위생에 대한 훈령이 내려지고, 운동회 등이 성행.

〔**11월 23일** 히구치 이치요 사망〕

1897

1월 1일 오자키 고요, 〈금색야차 金色夜叉〉(《요미우리신문》) 연재 시작함.

1월 《이치요 전집》 간행.

3월 3일 아시오 광독에 대한 항의데모. 농민 2천 명이 도쿄를 향해 행진.

3월 20일 제2회 데모.

4월 29일 다야마 가타이, 구니키다 돗포, 마츠오카 구니오 松岡国男, 오타 교쿠메이, 사가노야 오무로, 미야자키 고쇼시의 공저, 《서정시 抒情詩》(민우사).

7월 《요시아시구사よしあし草》창간.

8월 29일 시마자키 도손, 《와카나슈 若菜集》(슌요도).

1898

1월 구니키타 돗포 〈지금의 무사시노 今の武蔵野〉(《국민지우》, -2월).

6월 15일 시마자키 도손, 〈일엽주 一葉舟〉(슌요도).

9월 가타이, 미에 현 三重県의 교쿠메이 방문, 쓰키가세 月瀬에 놀러감.

11월 29일 도쿠토미 로카, 〈불여

귀〉(《국민신문》) 연재 개시.

12월 6일 시마자키 도손, 〈여름풀夏草〉(슌요도).

1899

2월 가타이, 교쿠메이의 여동생 리사와 결혼.

5월 교쿠메이, 조통종 건복사曹洞宗建福寺 주지로서 하뉴羽生로 이사. 이후, 가타이는 종종 이곳을 작업장으로 이용.

1900

2월 13일 아시오 광독을 고발하는 데모대 2,500명이 도쿄로 향하다가 도네 천利根川 북쪽에서 경관, 헌병대와 충돌.

4월 《명성明星》 창간.

8월 시마자키 〈구름雲〉(《천지인天地人》). 후에 1902년 간행의 《라쿠바이슈落梅集》에 수록됨.

12월 《명성》 제8호가 나체화 게재 때문에 발매금지 당함.

1902

1월 《여학세계女学世界》 창간.

2월 《한보란寒牡丹》이 오자키 고요와 나가타長田秋涛의 공역으로 출판됨.

3월 28일 〈시골교사〉의 세이조의 모델 고바야시 히데조小林秀三, 구마가야 중학교 졸업.

3월 구로이와 루이코黒岩涙香 역, 〈암굴왕巖窟王〉이 《요로즈초호》에 연

	재. 구니키다 돗포의《무사시노》(민우사) 간행. 대일본곽청회大日本廓清会〈문단조마경(제1) 요사노 뎃칸文壇照魔鏡(第壱) 与謝野鉄簡〉이라는 뎃칸 비방 문서가 유포됨. **3월** 구니키다 돗포〈지금의 무사시노〉를〈무사시노〉로 개제하여 동명의 단편집에 수록, 간행.
이야기의 시간적 경과 **1901** **4월 初** 문학을 좋아하는 사람들이 모여 잡지《교다문학行田文学》을 내다(6). 세이조와 가토加藤는 문학 · 장래 · 연애에 대해 이야기하다. 두 사람은 미호코美穂子의 집을 방문하지만 부재중(1). **25일** 세이조는 하뉴의 미로쿠弥勒 소학교의 교사가 되기 위해 교다行田를 떠나다. 먼저 이즈미井泉 동사무소에 도착(1). 미타카야三田ヶ谷 동사무소로 가서, 촌장과 만난 후 미로쿠 고등보통소학교弥勒高等尋常小学校로 가서, 교장과 만나다(2). 미타카야 동사무소에 하루 묵고 양친에게 편지를 쓰다. 저녁부터 교장 집에 가서 이야기를 듣고 동사무소로 돌아오다(3). **27일(토)** 비가 내리는데 교다로 돌아오다(4). 어머니에게 일 이야기를 하다. 가토의 어머니와 동생 유키코	**1901**

雪子가 찾아오다(5).	
28일(일) 세이조는 가토의 집을 방문하다. 이시가와石川도 오다. 명성파明星派1)에 대한 논쟁(6). 귀가 후, 밤늦게까지 《명성》(4월호)을 탐독(7).	**4월 28일** 고바야시 히데조, 미로쿠 소학교의 교사가 되다.
29일(월) 세이조는 아버지와 함께 교다를 출발, 신고新郷로 향하는 갈림길에서 헤어져 교다로 향함(8).	**4월 29일** 히로히토 친왕(후의 쇼와천황)탄생.
30일(화) 학교에서 채용 결정. 다른 교사에게 소개됨. 처음 교단에 섬. 숙직실에서 묵음(9).	
5월 친왕親王 탄생이 신문에 발표. 세이조는 히라히토裕仁친왕의 이름을 학생들에게 가르침. (10)	《명성》 5월호, 호 아키코鳳晶子(요사노 아키코) "동백도 그렇고 매화도 그렇듯이 새하얗다. 내 죄를 묻지 않는 복사꽃을 본다"
5월의 어느 토요일 세이조는 오규 히데노스케荻生秀之助와 조간지成願寺로 야마가타 고조山形古城를 방문하여 《교다문학》에 기고힐 것을 의뢰. 《문학계》 이야기를 들음. 세이조는 절에 하숙 희망(11).	**5월** 요사노 뎃칸与謝野鉄幹, 〈마서《문단조마경》에 대해서 魔書《文壇照魔鏡》に就いて〉(《명성》 발표)
금요일 세이조는 반달치의 월급을 받음. 토요일, 세이조는 교다의 집에서 지냄. 밤에 가토를 방문. 가토의 아버지와 유키코도 만남. 유키코는 미호코에게 받은 《여학세계》 부록인 그림엽서를 보여줌. 일요일 아침, 동생의 묘를 찾음. 오후에 인쇄소, 이시가와의 집 등을 방문. 저녁 식사 후 가토와 산보. 도중에 미호코의 집에 들러 미호코의 어머니와	

오빠인 기타가와北川와 이야기함. 돌아오는 길에 가토는 세이조의 집에 들림. **일요일** 세이조는 늦잠으로 학교에 지각(12). 세이조는 한 달에 한두 번 구마가야熊谷의 친구집에 간다. 어느 날, 고하타小畑와 사쿠라이桜井 셋이서 중학교에 가다. (13)	
6월 1일 세이조는 조간지로 옮긴다. 오시마 고게쓰大島孤月 사망 전보가 절에 도착. 《와카나슈》를 읽음(14). 다음날, 야마가타 고조가 오시마 고게쓰의 장례에 참석. 세이조는 고게쓰에 관한 신문기사를 읽음. 며칠 후, 고조, 도쿄에서 돌아오다(14). **6월 초 토요일** 가토가 《교다문학》 1호를 가지고 와서 세이조의 방에 머물다 가다. 일요일, 하라 교카原杏花와 아이하라 겐지相原健二와 고조를 방문하고, 월요일에 구키久喜로 출발하다. 이 무렵, 휴일에는 고하타小畑나 가토가 절로 놀러 오다. 세이조, 오르간을 치기 시작하다(도손의 〈라쿠바이슈〉의 〈해변의 노래海辺の曲〉 등. 실제 간행은 8월 25일). 부친 이때 마침 하뉴에 오다. 친구와의 편지교환 잦음(《문단조마경》에 대한 것 등)(15). **7월의 어느 토요일** 세이조는 오랜만	**6월 1일** 하쿠분칸 사장, 오하시 오토와大橋乙羽 사망.

에 교다로 돌아가, 일요일은 가토와 지내다. 다른 토요일, 하뉴의 소학교에서 강습회가 열리고 그 후 교원들은 가미마치上町의 쓰루노유鶴ノ湯에 가다(15). 세이조에게 월급 나오다. 오규에게 빌린 돈 갚다(16). 미호코, 여름휴가로 우라와浦和에 귀성하다. 세이조, 가토와 미호코의 집을 방문. 세이조는 그 날 이후로 절로 돌아가다. 7월 말, 고조의 권유로 열심히 독서(《무사시노》, 오가이의 번역소설집이 수록된 《국민소설国民小説》 등)(17).	
7월 30일 1학기 종료. 〈잊을 수 없는 사람들忘れ得ぬ人々〉의 작가(돗포)를 생각(17).	
8월 세이조, 문필의 재능을 시험하지만 실패로 끝나 단념. 8월말까지 군마현의 아카기赤城에서 묘기妙義까지 여행(18).	**8월** 호 아키코, 〈흐트러진 머리〉(신시사新詩社) **25일** 도손 〈라쿠바이슈〉(슌요도)
9월 2학기 개시. 도손의 〈라쿠바이슈〉의 '히비키 린린響りんりん'을 좋아해 읊조리다. 〈흐트러진 머리みだれ髪〉와 〈에노쿠아덴エノックアーデン〉을 읽다. 〈일엽주〉를 모방해 〈평원의 구름 연구平原の雲の研究〉를 쓰기 시작. 절에서 피안회가 열리다(19).	**9월 18일** 《시사신보》가 사이타마현埼玉県 하의 여공 학대에 관한 재판 보도. 여론이 고조되다.
10월 세이조는 종종 학생들을 운동시키기 위해 홋토発戸의 송원으로	**10월 23일** 다나카 쇼조田中正造, 도치키 현 제3구 선출의원직 사직.

데려간다(20).
하뉴에서 군대가 기동연습을 하다. 어느 토요일, 세이조는 교다의 집에 가지만, 부친에게 경제력이 없는 것을 안타깝게 생각하다. 《교다문학》이 4호로 폐간되다. 세이조는 오르간으로 일본 전통음악 신곡을 연습하는데 흥미를 갖는다(뎃칸 〈잔조残照〉 등). 고하타에게 편지를 쓰다. 〈무사시노〉에 새삼스레 감명 받다(21).

11월 3일 소학교에서 천황탄생기념일인 천장절天長節2) 식이 있고, 이후 교원들은 오가와야小川屋에 간다.

11월 말, 세이조는 가토, 이시가와, 사와다沢田가 청하여 연극을 보러 가지만, 도중에 혼자 돌아오다. 이시가와에게 편지를 쓰지만 보내지 않고 버리다. 고조는 세이조에게 여행 이야기를 하다(23).

연말 겨울휴가. 세이조는 교다에 돌아오다. 가토를 방문하지만, 부재중이라 유키코와 이야기하다. 미호코의 집에서 돌아오는 가토와 만나다(24).

12월 30일, 31일 세이조는 구마가야로 가서 고지마, 사쿠라이 등과 만나다. 교다에 돌아오자, 집에 빚쟁이가 와있다. 일가는 집에서 검소한 연말을 보내다. 《명성》, 《신성新星》 등을 읽다(25).

12월 10일 다나카 쇼조田中正造, 천황에게 아시오광독사건足尾鉱毒事件을 직소直訴.

12월 11일 《시사신보》에 직소상황 보도. 12일 《요미우리신문》에 직소장의 전문이 게재.

〔**12월 27일** 도쿄대 등의 학생이 아시오광독지 시찰을 위해 출발〕

1902

1월 1일 세이조, 고하타에게 편지를 보내다. 스즈키鈴木를 만나다. 4일, 사와다, 가토와 셋이서 기타가와 집으로 트럼프를 가지러 가다. 5일, 학우회 대회에 가다. 6일, 스즈키, 유키코, 스즈키의 여동생과 트럼프를 하다. 7일, 조간지로 돌아가다. 10-20일, 세이조는 아무 의욕도 없이 절에도 교다에도 돌아가지 않고 학교 숙직실에서 혼자 지내다(26).

1월의 어느 토요일 오규가 세이조를 방문. 세이조는 학교에서 묵는 날이 많아지게 되다. 가토, 사쿠라이, 고하타가 고등사범학교의 입학시험을 위해 우라와에 가다. 30일(고메이천황孝明天皇제의 날) 세이조는 교다로 돌아가다. 이전만큼 문학서를 읽지 않게 되다.

2월 중순 세이조는 하숙을 절에서 학교로 옮기다(26). 얼어죽은 가헤이의 삽화(27).

2월 중순 세이조는 자취생활 시작. 심리학, 윤리학 책을 열심히 읽다. 학생들이 영어를 배우기 위해 모이게 되다(28).

2월 말 자작시에 곡을 붙여 미호코의 언니 이쿠코에게 보내다.

3월 초순 다카토리高取의 덴만궁天満宮에서 큰 잔치가 열리다(28).

1902

1월 중의원에서 제5사단의 탈취사건에 대한 질문서가 제출되어 신문지상을 떠들썩하게 함(의화단 사건에 출병한 일본군이 북경에서 압수한 전리품을 사단간부가 횡령했다고 하여 시끄러웠던 사건).

1월 우에노동물원에 사자가 들어오다.

23일 핫코다八甲田 산기슭에서 아오모리보병青森歩兵 제5연대 제2대대가 눈보라로 조난.

〔**30일** 영일동맹협약, 런던에서 조인〕

3월 《미술신보美術新報》 간행.

〔**17일** 광독조사위원회관제 공포〕

봄 세이조, 산보 시작. 신체시를 만들다. 홋토 쪽으로 향하게 되다(이때, 1903년 5월 후지무라 미사오의 일을 화제로 삼게 된다)(29). **5월** 세이조, 가토들의 합격 소식을 받고 축하장을 보내다(29). **6월** 세이조, 가토와 만나지만, 이전의 친밀함은 없다. 이 무렵 미호코와 한 번 만나다(29). **8월** 여름휴가에 들어가다. 중순, 가토는 도쿄로 떠나다. 이시가와는 가마쿠라鎌倉에서 요양하다. 20일, 세이조는 교다에서 미로쿠로 돌아가다. 조간지에 들르다. 오규를 요리집으로 부르지만 거절당하고 돌아오다(29). 세이조는 마을의 본오도리盆踊り[3]에 나가다(30). **9월 24일(土)** 추계황령제秋季皇霊祭.[4] 세이조는 오에쓰의 노교사의 집에 놀러 가다. 그 후 나카다의 유곽에 가다(31). **25일** 세이조는 나카다에서 돌아오는 길에 무기구라麦倉 강가 찻집에서 낮잠을 자다(32). **10월 1일(土)** 세이조, 나카다에 가다. 교다에 가지 않아 아버지가 와서 돈을 갖고 가다. 어느 금요일, 오규 등에게 돈을 빌려 나카다에 가다. 여자에게 도손의 시 〈히비키 린	〔**8월 10일** 제7회 총선〕

린〉을 읊어 들려준 적도 있다(33). 한 달에 두 번은 나카다에 다니게 되다(34).

10월 23일 세이조는 그 날로 일기를 끝내다(40).

1903

겨울방학에 어머니는 결혼을 권하지만 세이조는 거절하다. 가토와 두세 번 만나다. 오타키小滝의 제적이 신문에 실리다. 미로쿠로 돌아오다(35).

3월 15일 세이조의 소꿉친구였던 여자가 눈에 들어오게 되다. 나카다에서 여자의 편지와 사진을 받다. 다음날 오에쓰大越로 가서 노교사를 방문(36).

여름휴가 중, 세이조, 세키와 3일 정도 지치부秩父산지에서 놀다. 식물채집을 하다(41).

9월 세이조, 우에노의 음악학교 시험을 보지만 실패. 피아노/오르간=도쿄/시골. 동물원을 보고 미로쿠로 돌아오다(37). 빚이 늘다(39).

11월 15일 다시 일기를 쓰기 시작하다(40).

12월 22일경 학교 일이 바빠지다. 감기에 자주 걸리다.

연말 조간지를 방문하려고 하지만 열과 기침 때문에 인력거로 교다에 돌아가서 몸져 눕다. 유키코 결혼.

1903

〔**3월** 제8회 총선거〕

〔**1일** 가쓰라桂 수상, 고무라小村 외상, 이토 히로부미伊藤博文, 야마가타 아리토모山縣有朋 등이 대러시아책을 교토 무린인無隣院에서 협의〕

〔**4월 13일** 소학교과서 국정화 결정〕

5월 22일 제1고등학교 학생인 후지무라 미사오가 닛코 게곤폭포華厳滝에서 투신자살. 27일《통지신문報知新聞》[11] 이 상세한 기사를 게재.

6월 12일 최초의 러시아 육군대사 크로파트긴A. N. Kuropatkin, 여순에 온 참에 도쿄에 들러 가쓰라 수상을 만나다.

6월 23일 어전회의에서 만한滿韓 문제에 관해 러시아와 교섭개시 및 협정안 결정.

10월 1일 아사쿠사浅草에 활동사신상설 전기관 개장.

10월 6일 고무라 외상과 러시아주일공사 로젠 사이에 만한문제 교섭 시작. 상호협력안과 수정안 제출, 조정.

10월 8일 사카이 도시히코堺利彦 등이 가다청년관神田青年館에서 반전연설

31일, 가토와 만나다. 《요로즈초호 万朝報》[5] 의 보물찾기, 러일교섭이 화제에 오르다(41).	회. 〔10월 30일 오자키 고요 사망〕 **12월 14일** 《요로즈초호》의 쌀 조사 현상. **12월 28일** 전시 대본영 大本営조례(특별회계자금의 전환사용, 국고채권발행 등) 공포. 제1, 제2함대를 병합해서 연합함대 편성. **12월 30일** 참모본부, 군령부 수뇌회의, 개전시의 육해군 공동작전계획을 결정.
1904	**1904**
1월 1일-9일 세이조의 병세가 좋아지지 않아 귀교가 늦어지다. 《중학세계 中学世界》, 《한모란 寒牡丹》을 읽다. 학교생활이 시작되지만, 건강 악화(41). 어느 일요일, 세이조, 세키와 의사에게 가다(42). 다하라 히데코 田原ひで子가 학교로 찾아오다(43).	**1월 6일** 러시아 주일공사, 러시아 측 최종안을 고무라 외상에게 제출. 이 날 주청공사 우치다 고사이 内田康哉, 경친왕과 회담하여 러일전쟁 개시의 경우 중립 유지를 권고. **1월 12일** 어전회의에서 대러시아교섭의 최종안이 결정되다. **1월 5일** 오카아사 지로 丘浅次郎, 《진화론강의 進化論講話》 간행.
2월 8일 일본의 수뢰정 水雷艇[6]이 여순항에서 러시아 군함 습격, 9일, 일본의 함대가 인천 해전에서 러시아 군함 2척을 침몰시키고, 12일, 블라디보스토크 함대가 스가루 津軽해협을 공격. 《국민 国民》,[7] 《요로즈초호》, 《도쿄히비 東京日日》,[8] 《시사 時事》,[9] 《통지 通知》[10] 의 각 신문을 읽다. 세이조, 사생에 열중하다. 2	**2월 4일** 어전회의에서 러시아와의 교섭이 부결되고, 군사행동을 취하기로 결정. **5일** 러일국교단절. 6일, 구리노 栗野 주러공사, 국교단절 통고. 연합함대는 사세보 佐世保항을 출항. **9일** 러시아 황제, 선전 포고 발포. **10일** 러시아에 대해 선전포고를 내림. **17일** 순간지 旬間誌 《러일전쟁실기 日露戦争実記》(독립평론사 편집, 이쿠에이

월말, 고하타에게서 편지. 같은 날 여순항의 제1회 포위閉塞작전 기사가 신문에 나다(44). 고하타가 학교에 오다. 오규, 고하타, 학교에 묵다. 다음날 토요일, 오규는 하뉴로 돌아가다. 일요일, 오규, 세이조와 고하타를 하뉴로 마중 나가다. 두 사람은 세이조의 건강을 걱정하다(45).	샤 발행) 창간. **2월** 《음악신보 音楽新報》[12] 창간. **24일** 제1차 여순구 포위작전을 실시하지만 실패. **3월 15일** 대본영, 제2군 편성을 결정.
3월 러일전쟁 진행(정주 기병 공격, 군사공채응모자의 호황, 일본함대의 블라디보스토크 함대 공격, 여순구 외의 격전, 임시의회 개원, 제2회 포위운동, 히로세 중좌 전사, 제2군 편성). 학교에 졸업식이 있다. 《진화론강의》를 읽다(46). 세이조, 꽃에 열중. 다하라 히데코와 편지 교환(47). 일가, 하뉴로 이사할 계획. 어느 일요일, 세이조, 아버지와 하뉴에 집을 구하러 가다. 같은 날, 제2군이 요동반도에 상륙했다고 공식 발표(28).	**23일** 다야마 가타이, 하쿠분칸 파견의 사설 제2군 종군사진반의 주임으로 도쿄를 출발. **27일** 제2차 여순구 포위작전, 히로세 広瀬 중좌, 스기노 杉野 병조장 전사. **5월 3일** 제3차 여순구 포위작전 실패.
5월 6일 세이조의 체중, 47kg(55). **5월 10일** 세이조, 지역출신의 병사 하쿠이 쿠라노스케 白井倉之助의 장례식을 보고, 전쟁 상황에 대한 생각에 잠기다(49).	**5일** 제2군, 요동반도에 상륙 개시. **7일** 다야마 가타이, 요동반도의 엄대오에 상륙해 금주, 남산, 득리사, 개평, 대석교의 전투를 보다. 제1군, 봉황성을 점령. **8일** 도쿄 히비야 日比谷 공원에서 시민대축하회 祝捷会가 열리다. 제등행렬이 큰 혼란에 빠져, 사망자 20명

	발생. **10일** 《도쿄아사히신문 東京朝日新聞》이 그 사고를 보도하다. **31일** 대본영, 여순공격을 위해 제3군 편성 결정.
6월 금주 전쟁, 대연변의 점령, 제3군 편성, 여순의 후방 공격 등 보도. 학교 직원들은 여순함락을 예상하고 내기하다. 그 당일은 축하연회를 열기로 결의. 세이조에게는 기타가와로부터 1년지원병으로 아자부麻布의 부재사단留守師団에 있다는 엽서가 오다. 세이조는 이 무렵 나오기 시작한 하라 교카(다야마 가타이)의 《러일전쟁실기 戦争実記》를 읽다(48). 블라디보스토크 함대에 의한 수송선 히타치마루 조난이 보도되다. 우라와의 히데코로부터 세이조에게 편지가 오다(49). 농번휴가에 들어가, 세이조의 집은 교다에서 하뉴로 이사. 오규가 도우러 오다. 다음날, 세이조는 미로쿠로부터 짐을 운반하다. 농번휴가가 다시 1주일 연장되고, 사생, 《전쟁화보 戦争画報》를 읽으며 지내다(50).	**6월 15일** 블라디보스토크 함대, 대마도해협에서 육군 수송선 히타치마루常陸丸, 이즈미마루泉丸 격침, 사토마루佐渡丸 포격.
7월 15일 옛 트란스발 공화국대통령 흘클겔의 죽음을 일기에 쓰다(51). 여름휴가 반달 정도 전, 의사는 위장병이라 진찰(52). 야사가신사의	**7월 25일** 제2군, 대석교, 영구 점령.

제례(53).
여름휴가 전, 세이조의 체중은 39kg. 교장이 여순함락 내기에 졌다는 이유로 달걀 15개를 병문안선물로 주다. 의사를 바꾸다. 이번 의사는 십이지장일지도 모른다고 진단(55).
절 뒤로 10월부터 개통되는 도부東武 철도의 역이 생기다. 그 무렵 대석교 전투상세보고가 실리고 요양이 관심의 중심이 되다.
세이조의 어머니 급성위염에 걸리다. 귀성 중인 가토가 방문하다.
가토의 아버지에게 전근 운동을 의뢰하다. 가토와 미호코의 약혼을 알게 되다.
세키에게 편지를 쓰다. 병세 악화, 불면증에 걸리다. 여순 해전 상세보고가 전해지고, 도고東郷의 이름이 칭송되다(56).
세이조, 전근을 가토에게 문의. 급료를 받기 위해 인력거로 학교에 가다(57). 다음 날, 다리가 붓기 시작하다(58).
8월 13일 우라본盂蘭盆의 불을 피우다. 이 무렵부터 세이조의 병세는 더욱 악화되어, 매일 의사가 오게 되다(58).
교다의 하라다 의원에 가다. 결핵, 이미 늦었다고 진단받다(59).
야마가타 고조가 병문안 오다. 여순

8월 10일 연합함대는 황해에서 여순으로 출격한 러시아 함대와 해전하여, 패주시키다.
19일 제3군, 여순 총공격 개시.
20일 가타이, 유행성위장열로 입원.
28일 제1, 제2, 제4군, 요양 총공격 개시.

이나 요양의 전투 소문. 세이조는 전쟁에 갈 수 없는 것을 유감스러워하다. 다음날, 교장이 병문안. 2, 3일 지나 세키가 병문안 오다(60).	**9월 3일** 요양함락. 4일, 점령.
요양 전투가 시작되고, 9월 1일 수산보首山堡점령이 보도되다.	**4일**, 가타이, 퇴원. 6일, 요양에 도착해 전쟁의 흔적을 보다. 9일, 요양을 출발해 19일에 귀국.
일본군, 요양 점령. 도쿄는 제등행렬이 있고, 퍼레이드가 열리다. 세이조는 기뻤으나, 이젠 일어날 수도 없다(61).	**22일** 고바야시 히데조(세이조의 모델), 22세로 사망. **12월 4일** 가타이, 관림館林에서 종군 강연.
마을은 요양점령의 축제로 제등행렬, 그날 밤, 세이조는 숨을 거두다(62). 다음날, 조간지에서 세이조의 장례식(63).	
1년 후, 세이조의 무덤이 세워지다. 어느 가을 날, 적갈색 하카마袴 차림을 한 여학생 같은 여자아이가 국화를 바치고 있다(64).	

1) 명성파明星派 : 메이지 시대에 잡지 《명성》에 실린 새로운 가인 및 신체시인 일파. 요사노 간, 요사노 아키코를 중심으로 기타하라 하쿠슈, 이시하라 다쿠보쿠 등이 참가.

2) 천장절天長節 : 4대 절기 중 하나. 천황탄생의 축일. 1868년 제정. 제2차대전 후, 천황탄생일로 개칭.

3) 본오도리盆踊り : 우란본盂蘭盆인 7월 13일부터 16일에 걸쳐, 죽은 자의 영혼을 부르기 위해 음악에 맞춰 추는 춤.

4) 추계황령제秋季皇霊祭 : 천황이 매년 추분 날에 황령전에서 역대의 천황 · 황후 등의 영을 기리는 제례. 지금은 '추분의 날'이라고 칭하고 국경일이다.

5) 《요로즈초호万朝報》 : 투서잡지. 수험잡지. 1898년-1950년. 하쿠분칸 발행. 《소년문학》과 《외국어학잡지》를 병합한 투고를 주로 하며 중학생에게 읽을거리를 제공하는 것을 목적으로 했다. 문학자들의 글이 많아서 문학적 분위기가 짙었다.

6) 수뢰정水雷艇 : 폭탄을 물속에서 폭파시켜 적선을 파괴하기 위한 수뢰를 탑재한 함선.

7) 《국민国民》 : 일간신문. 1890년 2월 간행. 청일전쟁 이후에는 평민주의의 입장을 취했지만 전후에는 제국주의를 고취하고 막번인사를 대거 채용했다. 1942년 《미야코신문都新聞》과 병합하여, 《도쿄신문》으로 개제.

8) 《도쿄히비東京日日》 : 일간지 중 하나. 1872년 간행. 74년, 후쿠치 오우치福地桜痴가 주필이 되면서 정치부 지지의 논조가 강했다. 1911년 《오사카매일신문》의 경영하로 들어가 43년 《매일신문》으로 종합.
9) 《시사時事》 : 1882년 3월에 간행한 일간신문. 쇼와기에 들어와 쇠락하여 1936년에 폐간되고 《도쿄히비》신문과 병합.
10) 《통지通知》 : 일간지 중 하나. 1872년 간행. 초기 《우편통지신문》이라 칭함. 82년 이후, 개진당계의 신문이 되었다. 1942년 《요미우리신문》에 합병. 50년 이후 스포츠신문이 되었다.
11) 《통지신문報知新聞》 : 1872년에 마에지마 히소카前島密 등의 기획으로 창간된 일간지. 《우편통지신문郵便報知新聞》으로 불리다 1894년 《통지신문報知新聞》으로 개제했다.
12) 《음악신보音楽新報*Neue Zeitschrift fr Musik*》 : 독일의 작곡가 슈만R. Schumann(1810-1856)이 J. 크노르, L. 슝케, 비크 등과 함께 발행한 음악잡지. 낭만주의의 새 바람을 불어 넣었다.

이야기 속의 문학사와 문학청년의 생애

저는 소설의 화법(내레이션)을 분석할 때 늘 이렇게 세세한 작업을 하는 것은 아닙니다. 단, 서술의 전략이라고 할 수도 있는 조작을 할 경우에 어떤 형태로든 이와 비슷한 작업을 해 왔습니다.

작가는 자신이 만든 이야기 전체를 미리 알고 있는데, 그 속에 어떤 사건을 선택하여 독자에게 정보로 줄까, 서술자(화자)를 통해 그 정보를 어떤 순서로 전할까, 하는 방식을 여기서는 서술의 전략이라 부르겠습니다. 왜 그것을 전략이라 부르는가 하면, 사건이 일어난 순서대로 이야기하는 경우도 있고, 독자에게 강한 인상을 주는 사건을 앞에 두고 그 다음에 그 사건이 일어난 경위를 과거로 거슬러 올라가 설명하는 조작이나 작중인물의 회상을 통해 이야기하는 조작과 같은 다양한 조작이 있을 수 있기 때문입니다.

그 점에서 보면, 이 〈시골교사〉는 그렇게 복잡한 전략(스트레터지)을 사용하지는 않았습니다. 이야기는 1901년 4월에서 시작해, 그 이전의 일을 이야기 진행 도중(13장이나 50장)에 약간 언급하는 정도에 그칩니다.

다만 그것은 주인공인 세이조의 과거에 관한 경우로, '관련사항'을 보면 알 수 있듯이 역사적 사건, 특히 문학사적 사항에 관해서는 1890년경까지 거슬러 가서 가끔 언급하고 있습니다. 이것은 주인공 세이조가 문학을 좋아하는 청년이었기 때문입니다. 다만 이를 역으로 보면, 작가는 세이조를 문학청년으로 설정해서 그의 독서나 문단에 대한 관심을 빌어, 그것으로 일종의 문학연표를 만들 수 있을 정도의 많은 문학사적 사항을 담아내고 있다고 볼 수도 있습니다. 세이조는 구니키다 돗포의 〈무사시노〉(제8장 참조)를 읽고, 소학교 교사로 부임한 지방의 자연을 보는 방식을 배우거나, 시마자키 도손의 〈구름雲〉(1900년 8월, 《천지인天地人》, 후에 《라쿠바이슈落梅集》에 수록)에 촉발되어, 구름을 관찰하기 시작했습니다. 구니키다 돗포의 자연관이 후타바테이 시메이 역의 〈밀회〉의 계보를 잇고 있듯이, 가타이는 세이조의 자연관찰을 돗포의 〈무사시노〉나 도손의 〈구름〉의 계보를 잇게 하여, "일종의 문학사적 관계를 만들어내"는 조작을 했다고 할 수 있겠죠. 말하자면 이것은 지방색 문학이라는 이 시기의 문학운동이 세이조 같은 문학청년을 낳은 것이 되고, 그런 의미에서 지방의 문학청년을 생산하는 전략이었던 셈입니다.

이 소설은 일본 청춘문학의 한 패턴을 만들어 냈습니다. 대표적인 것으로는 나카노 시게하루의 〈노래의 이별歌のわかれ〉(1939년 4월-8월, 《혁신革新》)과 이토 세이伊藤整[128]의 〈젊은 시인의 초상若い詩人の肖像〉(1955년 9월-12

---

128 이토 세이伊藤整 : 1905-1969, 일본의 시인 · 소설가 · 평론가. 문학 활동 출발기에 저술한 《신심리주의 문학》(1932)의 주장에 따라 J. 조이스의 〈율리시스〉를 공역했고,

월, 《중앙공론中央公論》)이 있는데, 모두 작가의 자전적 소설입니다. 그들은 가나자와金沢와 오타루小樽와 같은 지방도시의 문학청년으로 중앙(도쿄) 문단의 동향에 관심을 가지면서 직접 시나 단가를 짓고 있었습니다. 도쿄에서 활동하는 문학자의 작품이나 자신의 시를 인용하는 텍스트 구성의 측면에서도 〈시골교사〉와 공통되는 특징을 갖고 있으며, 특히 이토 세이의 〈젊은 시인의 초상〉의 경우는 오타루 문단사라는 성격까지 갖고 있습니다.

미디어 · 역사 · 이야기

이상과 관련되는 〈시골교사〉의 또 다른 특징은 세이조를 신문을 읽는 청년으로 설정하고 있다는 점입니다.

앞서 언급한 나카노 시게하루는 마침 〈시골교사〉의 시대 설정인 1902년에 태어났는데 그의 소년시절에 관한 회상에 의하면, 후쿠이 현福井県의 시골마을인 그의 집에서는 신문을 구독하지 않아서 친척집까지 빌리러 갔었다고 합니다. 결국 이 시대는 시골에서 신문을 구독하는 집은 매우 드물었다는 것입니다. 그렇다면 나카노의 집은 가난했느냐 하면 그런 것은 아니어서, 소규모였지만 지주였고 오히려 부유한 집안이었습니다. 그러한 집에서조차 신문을 보고 있지 않았다는 것입니다.

거기에 비하면 세이조의 집은 부친이 파산해서 3명의 가족이 세이조의 적은 월급에 의존하고 있는 형편이었습니다. 그런 집에 신문을 구독할 여유

D. H. 로렌스의 〈채털리 부인의 사랑〉의 번역으로 1950년 외설문서 혐의로 기소되었다.

가 있었을까. 이것은 소설 속의 이야기지만 시대상황상 그럴 만한 여유는 없었다고 생각할 수밖에 없습니다.

하지만 작가는 세이조를 신문을 읽는 청년으로 설정했습니다. 이것은 그가 관심을 갖는 뉴스의 형태로 당시 사회동향을 이야기 속에 도입했음을 의미합니다. 우리들의 인생을 하나의 생명과정Life cycle으로 파악한다면, 요컨대 태어나 자라서 배우자를 만나 자식을 키우고 그리고 죽어가는 극히 단순한 과정을 거치는 데 지나지 않으며 그것은 어느 시대의 누구에게나 마찬가지입니다. 세이조의 경우 좀더 단순한 인생밖에 허락되지 않았지만, 어쨌든 그러한 생명과정에 큰 의미가 있다거나 보잘 것 없는 인생이었다고 생각할 수 있는 것은 사회라는 조망 속에 두고 보았기 때문입니다. 가타이는 그러한 조망을 만들기 위해 세이조가 읽는 신문을 통해 뉴스와 관련시켜, 말하자면 뉴스화된 사회적 사건에 의해 일본의 역사적 현실을 구성해서 보여준 것입니다.

그 덕분에 일찍이 이 소설은 러일전쟁이라는 국가적 사업에 참가하기를 소망하면서도 결국 아무 일도 하지 못하고 공허하게 짧은 생애를 마쳐야 했던 청년의 이야기로 읽혀져 왔습니다. 전후가 되어 그러한 감상적인 이해는 비판되어 정말 작가에게 반전소설적 의도가 있었는지 없었는지에 대한 논쟁이 이루어지기도 했습니다. 그러나 어쨌든, 역사 속의 한 청년의 이야기로 읽혀지고 있음에는 변함없습니다. 작가의 전략은 완벽히 성공했다고 할 수 있겠죠.

그런 의미에서 이는 신문이라는 미디어가 만든 미디어를 위한 이야기라고 할 수 있을지 모릅니다. 왜냐하면 신문이라는 미디어는 전쟁이라는 사건에 의해 폭발적으로 발행부수를 늘리고 시장점유율을 확대해 왔기 때문이고, 이 소설은 그러한 미디어가 시골까지 침투해서 그곳에 사는 청년의 자족적 생활을 동요시켜 그의 감정의 방향을 결정해 버리는 이야기였기 때문입니다.

어쨌든 이렇게 해서 일본 문학 텍스트는 자신의 문학사를 만들게 되었습니다.

후기

나는 1995년 가을 학기 미국의 코넬대학에서 일본의 근대문학사 강의를 담당했다. 본서는 그것을 문장화한 것으로 구성은 조금 바꾸었다. 그 간의 사정을 간단히 설명해두고자 한다.

코넬대학의 희망은 근대적 문체의 형성을 중심으로 문학사를 강의해 달라는 것이었다. 내 자신도 한번은 도전해 보고 싶은 주제였기 때문에 기꺼이 허락을 했는데, 메이지 시대 초기부터 시작되는 다양한 문체의 변천을 더듬을 만한 적당한 교과서가 없었다. 고민 끝에 근대문학관이 감수한 《신편 명저복간전집 新撰 名著復刊全集》 한 세트와 거기에 수록된 작품 중 현재 문고본으로 입수할 수 있는 것을 열 몇 부씩 보냈다. 문체사 강의의 경우 수강생은 강사와 같은 텍스트를 수중에 가지고 있어야 이해하기 쉽고 책 그 자체의 형태나 인쇄의 역사를 직접 접할 수 있다고 생각했기 때문이다. 이 전집의 〈키재기〉는 소위 진필본이었기 때문에 다른 수업을 개설해서 글 자체도 익히도록 했다.

그러나 문고본만으로는 메이지 시대의 문체의 변천을 더듬기에는 부족했다. 이를 보충하기 위해 나는 요약본을 만들어 언급한 작품과 동시대 표현도 가능한 한 많이 소개하기로 했다. 영어권에 소개되어 있는 일본의 근대문학은 자연주의 이후의 것이 많고, 메이지 시대 전기 것은 별로 없었다. 그것을 보충해서 한문내려쓰기체나 의고문체도 익숙해지도록 요약본을 80매 정도 만들었다.

수업에는 코넬대학의 브레트 드 바리Brett de Bary 교수와 사카이 나오키酒井直樹 교수 외에 코넬대학에 와 계신 토머스 라마Thomas Lamarre 씨(캐나다 매길대학)와 이요타니 도시오伊予谷登士翁 교수(도쿄 외국어대학, 당시), 나리타 류이치成田竜一 씨(일본여자대학), 나카노 도시오中野敏男 씨(이바라키대학) 등 여러분이 참가해 주셨다. 수강자는 대부분이 대학원생이었고, 미리 작품을 읽어주었기 때문에 수업을 하기에 매우 수월했다. 딸인 시노志乃(홋카이도대학 대학원, 당시)가 박사논문 준비를 위해 함께 와 있어서 학생들의 질문에 중간역할을 해주는 등 조교 역할을 해주었다.

귀국하고 얼마 안 있어 뜻밖에 이와나미 서점의 호시노 고이치로星野紘一郎 씨로부터 그때의 강의를 바탕으로 메이지 문학사를 써달라는 부탁을 받았다. 수업에 참가해 주셨던 분들로부터 요약본이 호시노 씨 손에 들어간 것이다. 이렇게 기쁜 일은 없을 것이다. 나는 기꺼이 승낙했다. 단 실제 강의는 14회 했지만, 전회의 보족 설명에 시간을 할애하는 등 각 회의 내용이 섞여 있는 경우가 있었다. 그래서 전체를 재구성하여 12장으로 정리했다.

이 강의를 기획한 코넬대학의 모든 선생님들, 수업에 참가해 주신 분들,

그리고 이 기획을 후원해 주신 일본국제교류기금에 감사의 뜻을 전하고 싶다.

제의를 받고나서 정리하는 데 예기치 않게 시간이 많이 들었다. 수업의 뉘앙스를 살리면서 일본에서도 충분히 통용될 수 있는 메이지 문학사로 만드는 일은 예상외로 어려웠기 때문이다. 호시노 씨의 뜨거운 격려와 적절한 조언이 없었다면 도저히 완성을 보지 못했을 것이다. 또한 교정을 보는 데 있어서는 시리타카 후미코尻高史子 씨가 정성껏 봐 주었다. 진심으로 감사드린다.

2000년 2월
가메이 히데오

참고문헌

가나가키 로분仮名垣魯文. 《다카하시 오덴 야차 이야기高橋阿伝夜刃譚》(1879, 辻文).

가메이 히데오亀井秀雄. 《고바야시히데오론小林秀雄論》(1972, 塙書房).

가와타케 모쿠아미河竹黙阿弥. 〈가나로 된 오덴 편지 묶음綴合於伝仮名書〉(1879년 5월 30일 《가부키신보歌舞伎新報》 17호).

고노 겐스케紅野謙介. 《서적의 근대書物の近代》(1992, 筑摩書房).

고다 로한. 《풍류불》(1889년 9월, 吉岡 서적점).

구니키다 돗포国木田独歩. 《무사시노武蔵野》(1901년 3월, 民友社).

______. 《거짓 없는 기록 欺かざるの記》(1908년 10월, 1909년 1월, 佐久良書房・隆文館).

기요사와 요쥬清沢与十 편. 《독학자재방청부호필기법 일명 언어 속사법独学自在傍聴符号 筆記法 言語速写法》(1888년 5월, 清沢与十刊).

나쓰메 소세키夏目漱石. 〈풀베개草枕〉(1906년 9월, 《新小説》).

______. 《우미인초虞美人草》(1908년 1월, 春陽堂).

나카노 시게하루中野重治. 〈이시카와 다쿠보쿠石川啄木에 관한 단편〉(1926년 11월, 《驢馬》).

다니가와 게이이치谷川恵一. 《말의 행방言葉のゆくえ》(1993, 平凡社).

다카야마 조규高山樗牛. 〈문명비평가로서의 문학자〉(1901년 1월, 《太陽》).

도카이 산시東海散士. 《가인의 기우》(1885년 11월-1897년 10월, 博文館).

도쿠토미 로카德富盧花. 《두견새不如帰》(1900년 1월, 民友社).

______. 〈최근 후지의 새벽此頃の富士の曙〉(1898년 1월, 《国民新聞》).

______. 《지렁이의 헛소리みみずのたはこと》(1913년 3월, 新橋堂・服部書店・警醒社).

도쿠토미 소호. 《장래의 일본将来之日本》(1886년 10월, 経済雑誌社).

______. 〈인스피레이션インスピレーション〉(1888년 5월, 《国民之友》 22호).

______. 〈언론의 부자유와 문학의 발달〉(1889년 4월, 《国民之友》 48호).

______. 〈관찰観察〉(1893년 4월, 《国民之友》 186호).

도키에다 모토키時枝誠記. 《국어학원론》(1941, 岩波書店).

렌가 간진聯画閑人. 〈신문지新聞紙의 소설〉(1885년 12월 27일, 《読売新聞》).

마사오카 시키政岡子規. 〈서사문〉(1900년 1월 29일, 2월 5일, 3월12일, 《日本》).

마에다 아이前田愛. 《근대 독자의 성립》(1973, 有精堂).

모리 오가이森鴎外. 〈'문학과 자연'을 읽는다'文学ト自然'ヲ読ム〉(1888년5월, 《국민지우》 제50호).

______. 《즉흥시인即興詩人》(역서 ; 1892년 2월, しがらみ草紙 38호, 1901년 2월 《目不酔草》 권4).

미야자키 고쇼시. 《귀성帰省》(1890년 6월, 민우사).

미카미 산지三上参次·다카쓰 구와사부로高津鍬三郎. 《일본문학사日本文学史》(1890년 11월, 金港堂).

사카이 쇼조酒井昇造. 〈일본속기대가경력담日本速記大家経歴談〉(1911년 11월 《日本速記雑誌》).

산유테이 엔초三遊亭円朝. 《괴담모란등롱怪談牧丹灯籠》(1884년 7월-12월, 東京稗史出版社).

스기우라 시게타케杉浦重剛. 《일본교육원론》(1887년 2월, 金港堂).

쓰보우치 쇼요坪内逍遥. 《당세서생기질当世書生気質》(1885년 6월-1886년 1월, 晩青堂).

______. 〈아내細君〉(1889년 1월, 《国民之友》).

시가 시게타카志賀重昂. 《일본풍경론日本風景論》(1894년 10월, 政教社).

시마자키 도손島崎藤村. 〈지쿠마강의 스케치千曲川のスケッチ〉(1911년 6월-1912년 8월, 《中学世界》).

시미즈 우사부로清水卯三郎. 《화학의 사다리ものわりのはしご》(1874, みづほや).

아리시마 다케오有島武郎. 《어떤 여자或る女》(1919 3월, 6월 叢文閣).
야나기타 구니오. 《메이지 다이쇼사 세상편明治大正史 世相篇》(1931년 1월, 朝日新聞社).
야마다 비묘山田美妙. 〈무사시노武蔵野〉(1887년 11월 20일, 23일, 1887년 12월 6일, 《読売新聞》).
야마모토 마사히데山本政秀. 《근대문체발생의 사적연구近代文体発生の史的研究》(1965, 岩波書店).
_____. 《언문일치의 역사논고言文一致の歴史論考》(1971, 桜楓社).
_____. 《근대 문체형성사료집성 발생편近代文体形成史料集成 発生(1978, 桜楓社).
_____. 《근대 문체형성사료집성 성립편同 成立》(1979, 桜楓社).
야마지 아이잔山路愛山. 〈근세 물질적 진보〉(1892년 10~11월. 《国民之友》).
야즈 쇼에이矢津昌永. 《일본지문학日本地文学》(1889년 3월, 丸善商社書店).
어니스트 페놀로사. 《미술진설美術真説》(大林維中역, 1882년 10월, 竜池会刊行).
오오카 쇼헤이大岡昇平. 〈무사시노부인武蔵野夫人〉(1950 1월-9월, 《群像》).
오치아이 나오부미落合直文. 〈장래의 국문〉(1890년 2월, 《国民之友》).
요시모토 다카아키吉本隆明. 《언어에 있어서 미란 무엇인가(言語にとって美とはなにか)》(1965, 勁草書房).
우에다 가즈토시上田万年. 〈국어와 국가〉(1895년 6월, 《国語のため》).
우치무라 간조内村鑑三. 《지인론地人論》(1894년 5월, 警醒社).
_____. "Justification of The Corean(Korean) War"(1894년 8월, 《国民之友》).
와카바야시 간조若林玕蔵. 《와카옹 자전若翁自伝》(1926년 10월, 古稀記念出版).
와타나베 고키渡辺洪基. 〈본회개설의 주지〉(1887년 3월, 《国家学雑誌》 제1호).
이와모토 요시하루巌本善治. 〈문학과 자연文学と自然〉(1889년 4월, 《여학잡지》 제159호).
하야시 시게아쓰林茂淳. 《빨리 받아쓰기 방법早書き取りの仕方》(1888년 7월, 興文社).
후쿠치 오우치福地桜痴. 〈문장론〉(1881년 5월 23일, 24일, 《東京日日新聞》).
_____. 〈문론文論〉(1875년 8월 29일, 《東京日日新聞》).
후타바테이 시메이二葉亭四迷. 《뜬구름浮雲》(제1편, 1867년 6월, 金港堂).
_____. 〈그 모습其面影〉(1906년 10월 10일-12월 31일, 《東京朝日新聞》).
_____. 〈밀회〉(역서 ; 1888 7월, 8월, 《국민지우》).

히구치 이치요樋口一葉. 〈키재기たけくらべ〉(1895년-1896년 1월, 《文学界》).

_____. 〈매목〉(1892년 11월-12월, 《都の花》).

히라타 도스케平田東助. 〈《내셔널리테이트》와 국가의 관계를 논한다〉(1887년 9월, 《国家学雑誌》 제7호).

히로쓰 가즈오広津和郎. 《작가의 감상作者の感想》(1920년 3월, 聚英閣).

찾아보기

일본학총서 · 1

메이지 문학사

초판 발행 2006년 12월 5일
초판 1쇄 2006년 12월 5일

지은이 가메이 히데오
옮긴이 김춘미

펴낸곳 고려대학교출판부
www.kupress.com
kupress@korea.ac.kr
136-701 서울특별시 성북구 안암동
02-3290-4230, 4232
Fax 923-6311

찍은곳 이환 D&B

ISBN 89-7641-590-6 04830
ISBN 89-7641-589-2 (세트)

값 16,000원
* 잘못 만들어진 책은 바꿔드립니다.